超真説　日本史の謎

世界史から解読する

歴史研究家
跡部蛮

ビジネス社

はじめに

大化の改新のクーデター（乙巳《いっし》の変）は、専横極まる蘇我入鹿《そがのいるか》を排除するために仕組まれたものではなかった――クーデターの黒幕の狙いは別の人物だった。このように古代史上の重要なクーデター事件一つをとってみても、新しい歴史の解釈、すなわち「新説」が世間をにぎわせている。書店では「新説」という二文字が冠になっている書名をよく見かける。本書も発表されている「新説」や筆者独自の解釈を取り入れ、新しい日本史の像を描くことができたと思う。

しかし――なのだ。

ハタと気づいたことがある。たとえば、前述した大化の改新のクーデターも古代の朝鮮史がわからないと、その謎が完全には解けないのではないかと。現代の日本は複雑な東アジアの環境下に置かれ、外交の舵《かじ》取りはますます難しくなっている。だったら、七世紀の日本も同じだったのではないかと。そこで朝鮮の古代史をひも解いてみた。すると、大化の改新のクーデターをはさんで六年の間に、朝鮮半島の三国、すなわち高句麗《こうくり》・新羅《しらぎ》・百済《くだら》でも同様のクーデターが相次いでいたのである。当時、各国間で使節が互いに行き来していたことを考えると、当然それぞれのクーデターは関連しあってしかるべきなのだ。こうして日本史のみの視点で検証していた結論とはまるで違う景色が見えてきた。

このように世界史というツールを読み解くことで「新説」を超えた事実が見えてくる。同じ手法で日本史と世界史を読み解いていくうち、二回にわたってモンゴルの襲来を防いだ日本と、連戦連勝だったモンゴル軍に世界史上初めて土をつけたエジプトにはそれぞれ共通点があり、日本史が世界史の中の一つのパーツにすぎない事実を再認識させられた。また、なぜ応仁《おうにん》の乱があのように長引いたのかと考えているうち、その答えがヨーロッパの百年戦争に隠されていたことを知った。

したがって本書は、日本史というぐつぐつ煮込んだ鍋《なべ》に世界史という調味料を加えることでどう味が変化するのか、それを楽しみながら、「超新説」を導きだすことを主眼とする——とでもいったらいいだろうか。

また、「日本史は好きだが、世界史はサッパリ……」という読者にも、世界史の流れを理解していただけるよう図表や地図をできるだけ付けて書き下ろしたつもりである。

二〇一九年一月吉日

著者記す

第3章 平将門の乱とフランク王国の分裂にみる「武士」と「騎士」の揺籃期

第4章 日本・朝鮮・エジプトで「武家政権」を生んだ一三世紀の謎

第7章 豊臣秀吉の「朝鮮出兵」はスペインの野望を打ち砕くためだった!?

第8章 ドイツ「三十年戦争」と島原の乱が幕府の外交に重大な影響を与えた

第1章

倭国大乱・後漢滅亡・ローマ帝国内乱をつなぐ「点と線」

検証1 「倭国大乱」の勝利者は誰？ 「倭国建国」の謎に迫る

倭王《わおう》の誕生　農耕がはじまり、日本各地に「ムラ」が生まれると、やがてスケールメリットを求めて「ムラ」同士が離合集散を繰り返し、同じ文化圏内に多くの「クニ」が誕生する。『漢《かん》書《じょ》地理志』に「分かれて百余国と為《な》す」とあり、紀元前一世紀ごろ、「倭《わ》」（中国から見た日本の呼び名）と呼ばれた日本列島は一〇〇以上の「クニ」に分立していたのである。

それら「クニ」の一つ、奴国《なこく》（戸数およそ二万余）は一世紀半ばの紀元後五七年、後漢の光《こう》武帝《ぶてい》から金印（金で作られた印章）を授けられている。奴国が後漢に臣従し、通交を求めている証しである。これを朝貢《ちょうこう》という。その金印（「漢委奴国王印《かんのわのなのこくおういん》」）は福岡県の志賀島《しかのしま》から出土しており、倭の奴国は現在の福岡県福岡市から春日市にかけてのエリアに存在したと推定される。このように九州地方の「クニ」は後漢との朝貢で朝鮮半島を通じて鉄器などの最先端技術を列島の中でいち早く入手し、鉄器は九州文化圏から西日本・東海・関東へと伝播《でんぱ》していったとみられる。

　こうして一〇〇余に分立した「クニ」が「三十余国」へ再編される。それらの「クニ」は連合して地域政権をつくり、おのおのの地域政権が一人の倭王を立てた。『魏志倭人伝《ぎしわじんでん》』によると、「その国（倭国）、もとはまた男子をもって王と為す」とある。王といっても名目にすぎず、実際には各地に誕生した地域政権が互いに合従連衡《がっしょうれんこう》や抗争を繰り返しつつ、勢力伸長を図っていたとみられる。『後漢書《ごかんじょ》倭伝』によると、「桓《かん》・霊《れい》の間、倭国大いに乱れ」とある。「桓・霊の間」というのは、後漢の皇帝桓帝と霊帝の時代をいう。二世紀半ばから後半にかけての一四七年から一八八年にあたる。これを倭国大乱という。

　中国の戦国時代（紀元前二二一年に秦《しん》の始皇帝が中国を統一するまで

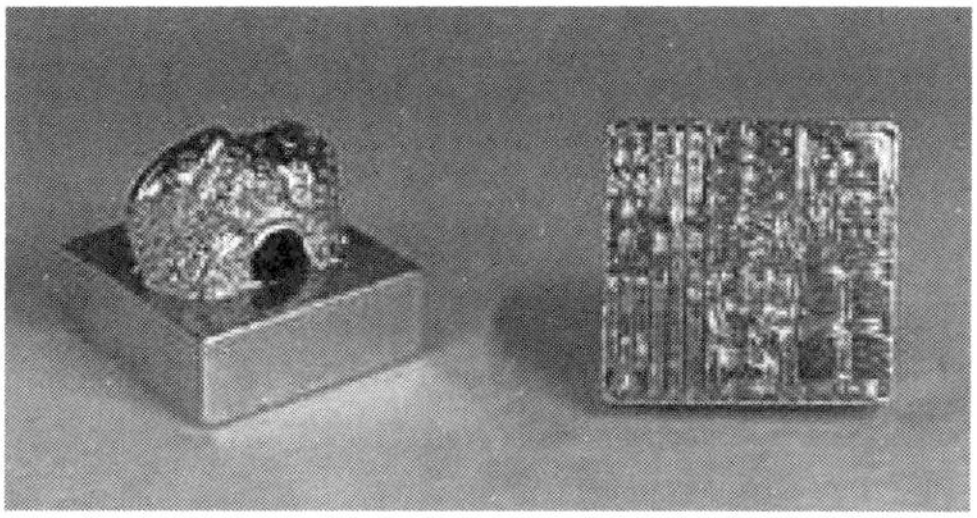

純金製の漢委奴国王印

の争乱の時代）に覇を競った七国（韓《かん》・魏《ぎ》・趙《ちょう》・秦・楚《そ》・斉《せい》・燕《えん》）を地域政権だとすると、その歴史の流れが五五〇年ほど遅れて、倭国にやって来たというイメージだ。

倭国大乱が勃発《ぼっぱつ》していた時代、九州や近畿で矢を射こまれたり、銅剣が突き刺さったりしたままで埋葬された人骨が相次いで発掘され、勝部《かつべ》遺跡（大阪府豊中市）で発見された遺体には二個の石鏃《せきぞく》の先端が腰骨と肋骨に食いこんでいた。さらに各地で高地性集落跡のほか、平地でも環濠《かんごう》集落（周囲に堀をめぐらせた集落）跡が確認されている。いずれも、敵から村を守る備えである。以上の考古学的発見からも激しい戦乱の時代をうかがわせる。

ここで地域政権を紹介すると、ヤマト（大和＝近畿地方）、キビ（吉備＝瀬戸内海沿岸地方）やツクシ（筑紫＝九州地方）など。大乱の原因については、それら地域政権による鉄器の供給をめぐる争いだったという指摘がなされている（山尾幸久著『日本古代王権形成史論』）。倭国大乱がおさまってのち、日本列島で鉄器が普及することからみても、大乱当時、貴重品の鉄器（通貨の代わりとしても使われたと推測される）の争奪という視点は的を射ている。

鉄器は、後漢から冊封《さくほう》（主従関係を意味する）を受けた北九州文化圏の「クニ」、つまりツクシ政権がほぼ独占していた。ところが、ヤマト政権やキビ政権がツクシ政権に代わって鉄器の供給源を独占しようとする。ヤマトとキビが同盟関係にあったともいわれる。こうしてヤマト政権を中心にツクシ政権の制圧が意図され、それが成功した可能性は、畿内《きない》や吉備地方の土器が北九州へ流入する一方、北九州の土器が畿内や吉備地方に入ってきていないという考古学上の視点からもうかがえる。また、中国の鏡の変遷をみてみると、方格規矩四神鏡《ほうかくきくししんきょう》（方格と規矩形に四神などを隆起した細線で表した鏡）に代表される後漢の初め（すなわち一世紀ごろ）の鏡の分布は北九州地域に集中しているものの、時代が下って、「卑弥呼《ひみこ》の鏡」ともいわれる画文帯《がもんたい》神獣鏡《しんじゅうきょう》（縁が平らで鏡の周辺に神仙や悪獣を描いた画文帯をめぐらしたもの）になると、北九州からはほとんど見つかっておらず、逆に畿内に集中している。つまり、鉄器を含めた先進文物を独占的に輸入していたツクシ政権から、ヤマト・キビ政権側がその支配権を奪い取った結果だとみられているのである（橋本輝彦・白石太一郎・坂井秀弥著『邪馬台国からヤマト王権へ』）。

女王卑弥呼の登場と倭国建国

敗れたツクシ政権内の一国である伊都国《いと》（福岡県糸島市付近か）が一人の「王女」に属していたと『魏志倭人伝』に書かれており、「王女」を「女王」の誤りだとすると、その女王こそが邪馬台国《やまたいこく》の卑弥呼となろう。邪馬台国はヤマト政権の中核を担う「クニ」だと類推され、これまた、ヤマト政権がツクシの国々を制圧した傍証といえよう。

倭国大乱について『魏志倭人伝』は、「歴年」の間、乱れたのち、

「共に一女子を立てて王と為す。名づけて卑弥呼という」

と記している。「共に」とあるところから、共立、すなわち連合して邪馬台国の女王を立て倭国の王としたことがわかる。大乱はヤマト政権が勝ち組となる形で終息したのだろう。

中国・魏《ぎ》の景初《けいしょ》二年（二三八）、卑弥呼は使節の難升米《なしめ》を魏へと派遣し、魏の皇帝から「親

「魏倭王」という称号を賜っている。倭国大乱が仮に二世紀後半の一四七年から一八八年（桓・霊の間）ごろにはじまったとすると、内乱が収束する卑弥呼の登場（二三八年）まで半世紀以上。それだけの内乱を鎮めた卑弥呼という女王は偉大だったのだろうか。『魏志倭人伝』はごくわずかながら、卑弥呼の人物像を探る手がかりを残している。

「（卑弥呼は）鬼道につかえ、よく衆を惑わす。年すでに長大たるも夫婿《ふせい》なし。男弟あり。たすけて国を治む。王となりしより以来、見る者あること少なし」

この前半部分の「鬼道につかえ」という部分が、卑弥呼をシャーマン（巫女《みこ》）とする根拠になっている。おそらく当時は呪術《じゅじゅつ》的な能力が尊ばれたのだろう。地域政権の首長らが共立する対象として、やはり女王卑弥呼の呪術的才能は大きな要素であったはずだ。

しかし、それより重要なのが後半部分。卑弥呼は「年すでに長大」、つまり高齢者であり、夫は持たず、弟の助けを借りて倭国を治めていたという。また、即位してからほとんど人前に顔を見せることはなかったこともわかる。このことから、地域政権の首長に倭国王として共立された卑弥呼には、地域連合国家の象徴としての役割しか期待されていなかった事実が浮かび上がる。男王を立てた場合、諸地域の利害が相反するため、諸地域の首長が合議した結果、あくまで大乱を鎮める目的で、女王（卑弥呼）を誕生させた可能性があろう。

したがって卑弥呼即位後も、弟が実際の政治を担い、高齢の彼女は、宮殿の深窓に籠《こも》り、神秘性を高めることにのみ努めたのではなかろうか。

こう考えると、卑弥呼に比定される人物の中で倭《やまと》迹《と》迹《と》日《び》百《もも》襲《そ》姫命《ひめのみこと》がもっとも近いように思える。彼女は第一〇代崇神《すじん》天皇（当時はまだ天皇という尊称は用いられなかったが、便宜上使用する）の大叔母にあたり、巫女的性格を備えていた。また、百襲姫命の「姫命（ヒメミコ）」から「メ」を省略すると、「ヒミコ」となる。卑弥呼は魏の正始八年（二四七）以降に崩御したことが『魏志倭人伝』によって確認できるが、同書は卑弥呼のために「大いに塚を作る」と書き残している。卑弥呼の死後、男王が立ったものの、「国内服さず、さらに相誅殺《ちゅうさつ》し、当時、千余人を殺す」（『同』）と混乱したため、卑弥呼の宗女（後継者）として女王台与《とよ》が即位し、「国中ついに定まる」（『同』）ことになった。その女王台与の次の男王が崇神天皇だという。

現在の大和盆地東部に目を移すと、奈良県桜井市の箸墓《はしはか》古墳は百襲姫命の墓だとされ、同じく桜井市の磯城《しき》瑞籬宮《みずがきのみや》は崇神天皇の宮だといわれる。いずれも三輪山《みわやま》の西麓《せいろく》から西南麓付近に営まれており、同じく三輪山の北西山麓には、宮殿跡（卑弥呼の宮殿か）や大規模な集落跡（邪馬台国の首都か）などの複合遺跡である纏向《まきむく》遺跡がある。つまり、「卑弥呼＝百襲姫」と「台与の次の男王＝崇神天皇」への流れをつくる邪馬台国はヤマト政権の中核を担った。そして女王台与の時代に、邪馬台国がライバルの狗奴《くな》国（所在は諸説あるものの、筆者は伊勢湾岸にあったという説をとりたい）の男王である卑弥弓呼《ひみここ》と戦闘状態に入ると、魏は張政を派遣して支援した。以降、地域の連合国家という形をとりながら、日本は、ヤマト政権を中心に統一への道を歩みはじめる。それが崇神天皇を初代とする「三輪王朝」の時代と考えられる。

日本・中国関連年表

日本

時代

縄文時代

- BC1世紀ごろ　「倭国分かれて百余国と為す」（『漢書地理志』）
- 57年　倭奴国、後漢に朝貢し金印を授かる（『後漢書倭伝』）
- 146～189年　**倭国大乱始まる**

中国

殷の時代

周の時代

「春秋」「戦国」時代

- BC221年　秦の始皇帝が中国統一
- BC206年　秦の滅亡・漢の成立

前漢の時代

- 25年　漢王朝の皇族・劉秀《りゅうしゅう》（光武帝）が王莽に滅ぼされた漢を再興（後漢時代）
- 184年　黄巾の乱が勃発し、中国が群雄割拠の時代を迎える

弥生

238年
倭の女王・卑弥呼が魏に朝貢し、「親魏倭王」の称号賜る

247年以降
卑弥呼崩御

古墳時代

478年
倭王武（雄略天皇）が中国南朝の宋に朝貢し、朝鮮の軍政長官、安東大将軍となる

208年
赤壁の戦い

220年
曹操の子・曹丕が後漢の献帝から禅譲され、魏の文帝として即位（後漢の滅亡）

三国時代

225年
魏の文帝（曹丕）観艦式が淮水《わいすい》の凍結で中止になる

263年
蜀が魏に滅ぼされる

265年
魏王家が配下の司馬炎（晋《しん》の武帝）に皇位を奪われて魏が滅亡

280年
晋の武帝が呉を倒して中国を統一

291年
八王の乱が起こる

316年
晋の滅亡

南北朝時代

北朝
五胡十六国時代

南朝
（東晋→宋→南斉→梁→陳）

317年
東晋の建国

420年
東晋の滅亡

（注）▒▒ 寒冷期のピーク

ちなみに、邪馬台国は出雲族《いずも》が大和の三輪地方に入って築いたという説もある。事実、三輪山をご神体とする大神《おおみわ》神社は出雲系の大己貴命《おおなむちのみこと》を祀《まつ》り、三輪山の南麓には出雲という名の集落がいまも残っている。

いずれにしても、ヤマト政権は古墳時代にいく度か王朝の変遷を遂げながらも、豪族への支配力を強めていった。かつて「クニ」の王だった豪族らは、六世紀前半になると、国造《くにのみやつこ》として、ヤマト政権の統治機構に組みこまれる。こうして連合国家だったヤマト政権はしだいに中央集権国家への道をたどり、「朝廷」と呼ばれる政治組織も整えられていったのである。

検証2 飢えと旱魃がもたらした「世界大乱」の謎

諸葛孔明《しょかつこうめい》が発見した邪馬台国と卑弥呼

倭国大乱は後漢の皇帝桓帝と霊帝の時代（一四七～一八八年）に勃発している。同じころ、中国でも大規模な反乱が起きた。張角《ちょうかく》を首領とする農民らが一八四年に挙兵した黄巾《こうきん》の乱である。東アジアの大陸と島国で同時多発的に動乱の時代を迎えたのだ。張角らは腐敗した後漢を倒すことをスローガンに掲げ、黄色い頭巾をかぶったため、黄巾の賊と呼ばれた。

この黄巾の乱による動乱が群雄割拠の時代の到来を告げることになる。まず、後漢の辺境部の武将に任じられていた董卓《とうたく》が首都の洛陽《らくよう》に入って天子を廃立した。地方の豪族一族である袁《えん》紹《しょう》らが反董卓の兵を挙げると、董卓は献帝《けんてい》を擁して長安へ逃れた。袁紹には人望があり、地方の豪族がこぞって彼のもとへ馳《は》せ参じた。「三国志」で有名な曹操《そうそう》もその一人だった。しかし、曹操は袁紹に不満を抱くようになる。曹操はやがて献帝を迎えて後漢の丞相《じょうしょう》（いまでいう首相）となり、許《きょ》（いまの河南省許昌《きょしょう》）を本拠に華北の統一を図る。

もう一人、「三国志」の英雄である劉備《りゅうび》は曹操と戦って敗れ、揚子江《ようすこう》中流域の荊州《けいしゅう》（いまの湖北省）へ逃れるが、諸葛亮《しょかつりょう》（孔明《こうめい》）の「天下三分の計」を入れて、揚子江下流域の孫権《そんけん》と同盟。倭国大乱の渦中であった二〇八年、劉備・孫権連合軍は、曹操の南下を赤壁《せきへき》（いまの湖北省咸《かん》寧《ねい》市）の戦いで阻止した。こうして三勢力の鼎立《ていりつ》が実現し、曹操が没した二二〇年にその子の曹丕《そうひ》が後漢の献帝から禅譲を受けて魏の文帝《ぶんてい》として即位（これによって後漢は滅亡）。荊州から西進して蜀《しょく》（四川省）に入っていた劉備が蜀漢《しょっかん》の昭烈帝《しょうれつてい》、孫権が呉《ご》の大帝となる。

倭の女王卑弥呼が魏に朝貢するのは文帝の次の明帝《めいてい》の時代のこと。中国は、魏・呉・蜀による三国鼎立時代を迎え、それぞれの背後にはライバル国の勢力圏があったがゆえ、その方面へ勢力を伸ばすことはできなかった。そこで三国は、互いに中華圏の外へ経略の手を伸ばした。たとえば中華圏の西南部に成立した蜀は、いまの雲南省方面の土酋《どしゅう》を鎮撫《ちんぶ》する目的でジャングルへ分け入って勢力を広げ、南の呉はさらに南の台湾や海南島を経略し、交趾《こうし》国（ベトナム）を支配した。そして魏は東方経略へ乗り出す。朝鮮半島はもとより、倭の邪馬台国へ使節を遣わしたのもその一環だ。結果、邪馬台国の女王卑弥呼は「親魏倭王」の称号をたまわり、魏の冊封《さくほう》を受けた。魏からすると倭国を臣従させたことになる。『日本書紀』などの日本の文献に邪馬台国や卑弥呼の記述はなく、われわれは『魏志倭人伝』によってその存在を知ることができた。諸葛亮が「天下三分の計」を劉備へ進言し、三国鼎立の時代がやってこなければ、魏が東方経略を進めることもなく、使節をはるばる邪馬台国まで遣わすこともなかった。

批判を恐れずにいうと、諸葛亮によって、邪馬台国と卑弥呼が歴史に見いだされる結果をもたらした。いや、「天下三分の計」は三国時代を経験した後世の歴史家の創作だという意見もあるだろう。だが、少なくとも赤壁の戦いで魏軍が大敗しなければ、劉備も孫権も滅ぼされていただろうし、そうなったら三国鼎立の時代はこず、邪馬台国と卑弥呼の存在は歴史の闇の中に葬《ほうむ》り去られ、邪馬台国の所在地をめぐる論争は起きなかったかもしれない。

ところで、その卑弥呼の時代をもたらした倭国大乱は、一四七年〜一八八年ごろに勃発して半世紀以上つづいており、黄巾の乱にはじまる後漢末の内乱期と丸ごと重なりあう。こうなると倭国大乱も、中国の内乱と関連する東アジア情勢という視点で検討し直す必要がある。

後漢の冊封を受けていたツクシ政権は、他の地域政権よりいち早く進んだ文明を取り入れることができた。鉄器の供給源をツクシ政権に握られている他の地域政権からツクシ政権制圧の意図が語られるのは自然の成り行きだ。そこまでは日本史だけの視点で理解できる。

ではなぜ、ヤマト政権はツクシ政権の制圧を考えるようになったのだろうか。なんの波風も立たないところから急にそうした動きが出るはずはない。そう考えると、倭国大乱の背景に、後漢末の混乱があったという事実へと至る。ツクシ政権の後ろ盾である後漢の屋台骨が揺らぎ、黄巾の乱で大いに国が乱れると、ツクシ政権は倭国内において、これまでのような優位性を保てなくなる。こうして必ずしも九州地方が文明の窓口とはいえなくなり、その機に乗じ、ヤマト・キビ政権がツクシ政権の制圧を図ろうとしたのだろう。

以上、後漢の混乱と弱体化が倭国大乱をもたらしたといえる。しかしこの問題は東アジアの歴史のみならず、より世界史的な視点でとらえる必要がある。

そこで東アジアから遠く、当時の地中海世界に目を向けてみよう。

ローマ帝国暗黒の「軍人皇帝時代」

オクタヴィアヌスが紀元前二七年にアウグストゥス（尊厳なる者の意味）の称号をえて、共和政だったローマは帝政の時代に入った。紀元九六年に第一二代皇帝のネルウァ帝が即位し、マルクス・アウレリウス・アントニヌス帝までを五賢帝時代といい、ローマは「パックス・ロマーナ」（ローマの平和）の時代を謳歌《おうか》した。帝位の継承が養子縁組という形でおこなわれ、血縁者にこだわらなかったことも黄金時代を築いた理由だろう。

ちなみに、一六六年、大秦王安敦《だいしんおうアントン》の使者が後漢に朝貢を求めてきており、その大秦王安敦が最後の五賢帝であるアウレリウス帝（在位一六一～一八〇年）だとされるが、定かではない。

黄金時代を築いた五賢帝の時代も、アウレリウス帝の時代になるとややかげりをみせ、在位

古代ローマ関連年表

共和政時代

BC27年　オクタヴィアヌスが「アウグストゥス」の称号を得て初代ローマ皇帝となる

BC30年ごろ　イエス・キリスト刑死

帝政時代

五賢帝時代（96年〜180年）
ネルウァ帝時代 ← トラヤヌス帝時代 ← ハドリアヌス帝時代 ← アントニヌス・ピウス帝時代 ← アウレリウス帝時代（アントニヌス疫病の時代）

192年　コンモドゥス帝暗殺

セウェルス朝時代

軍人皇帝時代（235〜284年）
26名の皇帝が乱立する内乱の時代

284年　ディオクレティアヌス帝が即位し専制君主的な中央集権を敷く

倭国大乱
黄巾の乱

中、彼の名をとって「アントニヌスの疫病」と呼ばれる病魔がローマを襲う。ペストとされている。またアウレリウス帝は養子という形を取らず、その死後、嫡男のコンモドゥス帝に継承させた。コンモドゥス帝は凡庸《ぼんよう》な人物ではなかったが、暴君といわれ、彼が一九二年に殺害されると、ローマは皇帝の座をめぐる内乱の時代に入る。ちょうど倭国が大いに乱れ、中国では黄巾の乱（一八四年）が猛威をふるっていた時代だ。

次に帝位についたのはローマ属州（北アフリカ）出身で、ドナウ川沿岸属州の軍団を率いたセウェルス帝。彼の子孫が二三五年まで帝位を継承するが、この間、軍団指揮権を元老院（文民）から奪い、軍事政権色が強まった。そのセウェルス家最後の皇帝が殺害されると、ディオクレティアヌス帝が即位するまでのおよそ五〇年間（二三五～二八四年）に二六名の皇帝が乱立する時代となる。単純計算すると皇帝の在位は二年にも満たず、また彼らは各地の軍団によって推戴《すいたい》され、短期間統治したら殺害されるという混乱が繰り返された。セウェルス帝と同じく属州出身者も多く、この時代を「軍人皇帝時代」という。

このように東アジアから遠く離れた地中海社会でもローマ帝国の統治が大きく揺らいでいたのだ。二世紀半ばから三世紀の終わりにかけて、洋の東西は争乱の時代を迎えていたといえる。

では、どうして洋の東西で同時に国が乱れたのだろうか。共通項を探っていくと、寒冷化という気候変動が世界をおおっていたことにたどり着く。

地層が見つけた「大乱」の原因　当時、中国が寒冷期にあたっていたことは史書からいくつか確認できる。その一つが大河の凍結だ。曹操の子曹丕（魏の文帝）の時代、二二五年の冬の寒さが厳しく、淮水《わいすい》（黄河・揚子江に次ぐ中国第三の大河）が凍結し、観艦式を中止せざるをえなかった。淮水の緯度を考えると、冬とはいえ、水路が凍結するというのはよほどの寒さだ。また日本でも、倭国大乱のころと推測される遺跡から、寒冷を好むオニグルミの種子などが出土している。

より詳細な研究データもある。東京都立大学の福沢仁之教授が福井県の水月湖《すいげつ》（三方五湖《みかたごこ》の一つ）の湖底に年縞《ねんこう》（長い年月にわたって湖沼などに堆積《たいせき》した土の層）があることを見つけ、地層の筋一本一本が一年を示していることを確認した。この地層の筋を分析することによって、過去一万年分のわずかな気候の変動がわかるようになった。また福沢氏は中国の史書に記された災害件数を参考に、紀元前三世紀から紀元三世紀ごろの東アジアの気候変動を明らかにした（安田喜憲著「寒冷化と大化の改新」科学朝日一九九四年一一月号）。

それらによると、寒冷・乾燥期のピークはいくつかあり、まずは二〇年ごろ。次いで一八〇年ごろとなる。この二回目の寒冷期のピークは、倭国大乱や黄巾の乱が起きた時代と符合する。

その時代、中国の史書から旱魃《かんばつ》がつづいていた事実もうかがえる。一世紀の初めに六〇〇〇万人近くいた中国の人口が二世紀半ばに五〇〇〇万人以下に減少したといわれるが、寒冷化による飢饉《ききん》のほか、旱魃も大きく影響していたのだろう。むろん政治の混乱という事情もあったが、後漢の滅亡を招いた黄巾の乱が発生した背景には気候が関係していたとみていいだろう。

同じことが日本にもいえる。大乱の背景に鉄器の供給をめぐる地域政権同士の争いがあったのはたしかだろう。後漢末の混乱でツクシ政権の優位性が保てなくなり、それが大乱の引き金になったのも事実だろう。しかし寒冷化が列島各地を襲い、飢饉による食糧不足が地域政権同士、「相攻伐すること歴年」という状況をより悪化させたといえよう。

ただし三世紀前半になると、いったん温暖期に入るようだ。倭国大乱が収束し、邪馬台国の女王卑弥呼が活躍した時代にあたる。卑弥呼を継いだ女王台与の時代に「国中ついに定まる」ことになったことも、温暖期という気候変動との関連として注目できる。

しかし、三世紀も後半に入るとふたたび寒冷化が進み、三回目のピークが二九〇年ごろに訪れる。中国ではまず蜀が魏に滅ぼされた後、その魏も二六五年、配下の司馬炎《しばえん》（晋《しん》の武帝）に国を奪われ、彼は都を洛陽《らくよう》に遷《うつ》して国号を晋とあらためる。武帝がやがて呉を滅ぼして中国にふたたび統一国家が現れるものの、三回目の寒冷期のピークである二九〇年に武帝が死去すると、その翌年、帝室内で「八王の乱」という争乱が起きる。その混乱に乗じて北方から五胡《ごこ》（鮮卑《せんぴ》・氐《てい》・羌《きょう》・匈奴《きょうど》・羯《けつ》）の異民族が華北（黄河流域）へ流れこみ、晋は三一六年、天下を統一してわずか三十数年で滅びた。

一方、遠くローマでも、寒冷期の三回目のピークである二九〇年は混乱を繰り返した軍人皇帝時代の末期にあたっている。

こうして日本・中国・ローマという世界史の「点」が気候という「線」でつながる。あらためて寒冷化がこの時代の世界史に与えた影響を見直してみる必要がありそうだ。

コラム

朝鮮半島の「軍政長官」になった倭王たち

倭国王と安東大将軍《あんとうだいしょうぐん》　三輪山の西麓に大型の前方後円墳である箸墓古墳が築かれ、卑弥呼の後継者である女王台与が安定した政権を築いた三世紀半ばをヤマト政権（倭国）の成立期とみなし、それ以降の展開を東アジア情勢との関連でみていこう。

三輪山の山麓には崇神・景行《けいこう》天皇らのものとみられる前方後円墳が散在しており、三世紀後半から四世紀初めにかけては三輪王朝が栄えたと考えられる。大王家《おおきみ》（のちの天皇家）が現在の皇統となるまで、いくつか王朝（仁徳《にんとく》天皇朝など）の変遷があったとみられるが、残念ながら日本の四世紀は「空白の時代」と呼ばれ、詳細は明らかではない。

そのころの中国は、揚子江の北（江北）と南（江南）とで異なる歴史が展開する。南北朝時代の到来だ。まず江北（北朝）では、異民族である五胡（鮮卑・氐・羌・匈奴・羯）の首長がそれぞれ十六の国を建て、興亡を繰り返した。一方、江南（南朝）では三一六年に晋が中原で滅亡した翌年、晋の帝室である司馬一族の睿《えい》が江南に逃れ、建康《けんこう》（いまの南京）で新たに東晋を建国した。結果、江北の洛陽を王都としていた晋は西晋と呼ばれるようになる。

四世紀の中国・江南地方は江北地方とちがい、しばらく平和な時代がつづいた。しかし、四世紀の終わりに政治が腐敗すると、やがて漢の高祖である劉邦《りゅうほう》の裔《すえ》と称する劉裕《りゅうゆう》が、クーデターによって安帝《あんてい》を廃した東晋の武将桓玄《かんげん》を倒し、帝位を回復させた。こうして東晋の実権を掌握した劉裕は北伐を開始する。江北の五胡諸国のうち南燕《なんえん》・後蜀《こうしょく》・後秦《こうしん》を滅亡させて漢民族のナショナリズムをあおり、四二〇年、東晋の恭帝から禅譲を受けて即位する。彼が南朝の宋《そう》の太祖《たいそ》武帝《ぶてい》である。

その後、南朝では、宋・南斉《なんせい》・梁《りょう》・陳《ちん》と王朝が変遷。すでに東晋の時代に五胡に追われる形で江南に移住した漢民族は、南朝時代に南方土着の人たちとの融和が進み、中国文化圏が江南にも拡大していった。

この中国の南北朝時代は、日本の古墳時代中期にあたっている。中国（南朝）の史書から五世紀のヤマト政権に関連する記述を抜き出してみると、東晋の安帝や宋の武帝・文帝からいわゆる「倭の五王」が安東大将軍などに任じられている。

この「倭の五王」はそれぞれ、『古事記』『日本書紀』に登場する履中《りちゅう》天皇（讃）・反正《はんぜい》天皇（珍）・允恭《いんぎょう》天皇（済）・安康《あんこう》天皇（興）・雄略《ゆうりゃく》天皇（武）に比定されている（ただし諸説あり、讃に応神《おうじん》もしくは仁徳《にんとく》天皇、珍に仁徳天皇をあてる説がある）。このうち倭王武は雄略天皇とみてまちがいない。埼玉県稲荷山古墳（埼玉県行田市）から鉄剣が発見されたことが大きな手掛かりだった。鉄剣に金象嵌《きんぞうがん》（溝を彫り、そこに金を埋めこむ技法）された一一五文字には、雄略天皇とみられる大王の名が刻まれ、「辛亥《しんがい》年七月中記す」という鉄剣の製作年代が記されていたからだ。辛亥年は四七一年にあたり、倭王武が宋に朝貢した年代（四七八年）とも矛盾しない。

ところで、古墳時代前期には濃尾地域や関東平野では近畿とは形態が違う前方後方墳が築かれていたが、鉄剣が発見された稲荷山古墳はヤマト政権のスタンダードともいうべき前方後円墳。つまり古墳の形態や天皇から下賜されたとみられる鉄剣が関東地方の豪族の墓（稲荷山古墳）から発見された事実によって、五世紀終わりの雄略天皇の時代にはすでに関東にまでヤマト政権の支配地域が広がっていることもわかる。

また、倭の五王の時代に倭国王たちが「安東」の大将軍にこだわったのは、当時の日本をめぐる国際情勢（東アジア情勢）と関係している。中国から見て東の地域、つまり朝鮮半島への進出である。

倭国の朝鮮半島進出　朝鮮半島は紀元前の時代から中国の支配下にあった。

紀元前一〇八年、中国の漢王朝は朝鮮半島北部に楽浪《らくろう》郡を置き、統治機関である郡治《ぐんじ》（いまの平壌《ピョンヤン》）を拠点に支配した。その後、後漢王朝の統治が揺らぐと、後漢の地方長官だった公孫《こうそん》氏が遼東半島で自立して楽浪郡を手に入れた。さらには二世紀末から三世紀初めにかけて倭国で大乱が勃発していたころ、楽浪郡の南に帯方《たいほう》郡（郡治は漢城《ソウル》）を新設した。

しかし、公孫氏が東方経略を進める魏に討たれ、楽浪・帯方の二郡は魏に平定された。

二郡は晋（西晋）に引き継がれるものの、朝鮮半島東北部で満州族（諸説ある）によって建国されていた高句麗《こうくり》（王都は丸都《ガント》＝いまの中国吉林省集安＝のち平壌へ遷都）は、日本でヤマト政権（三輪王朝）が成立して半世紀ほどたった四世紀（日本の「空白の時代」）初めに、楽浪・帯方の二郡を滅ぼし、これで朝鮮半島はほぼ中国による支配から解放されることになった。

一方、漢江《ハンガン》の南では韓《ハン》族の小国家が分立していた。それらの小国は地域同士連合しつつ、馬韓《マハン》（半島の南西部）と辰韓《チンハン》（同東南部）、両韓の間に位置する弁韓《ピョンハン》（洛東河《ナクトンガン》流域）の各連合国家を形作っていたとされる。三韓は、かつて倭国王のもとで連合していた地域政権と同じような存在だったのではなかろうか。四世紀に入ると、馬韓諸国の中では伯済《パクチェ》国を前身とする百済《くだら》（王都は漢城《ハンソン》。最後の王都は四沘《サビ》＝いまの扶余《ブヨ》）が、辰韓諸国からは斯盧《サロ》国を中核として新羅《しらぎ》（王都は慶州《キョンジュ》）がそれぞれ勃興する。こうして朝鮮半島は四世紀に高句麗を含めて三国（高句麗・百済・新羅）の時代に突入した。

残る弁韓は馬韓の百済や辰韓の新羅と違い、抜け出す強国が現れず、いまだ諸国が分立している地域でもあり、ヤマト政権にとって朝鮮半島への足場作りとしてはうってつけだった。しかも、弁韓地域は鉄を産出する。五世紀より前に倭国内で鉄の精錬がおこなわれていた痕跡《こんせき》は見つかっておらず、三輪王朝の誕生で国内が安定したヤマト政権は三世紀後半から四世紀にじかに鉄資源を求めて弁韓（加耶《かや》諸国）へ進出したとみられる。『日本書紀』

でいう「任那《みまな》」は、この加耶諸国の一国（金官加耶国）だとされる。

倭国VS高句麗　『日本書紀』には垂仁《すいにん》天皇のころに任那の王子と考えられる都怒我阿羅斯《つぬがあらし》等《と》が来日したとある。さらに四世紀半ばごろとされるが、『日本書紀』はヤマト政権と百済との通交のはじまりをこう述べている。百済の使者が、卓淳《とくじゅん》国（加耶諸国の一国）にやって来ていう。「もし倭国の使者が卓淳にやって来たらぜひ連絡してほしい」と。やがて卓淳を訪れた倭国の使者が従者らを百済へ遣わした。百済王は大いに喜び、珍宝を倭国へ献上する旨を伝えた。百済がヤマト政権に朝貢したいというのだ。なぜ百済が倭国に通交を求めてきたのか。それは当時の朝鮮半島情勢と密接に関係する。

四世紀も半ばになると、北の高句麗が勢いを増し、南下を図っていたからだ。百済はその高句麗対策として倭国に支援を求めたのである。倭国では空白の時代である四世紀を通じ、いくつか王朝の変遷があって、とても外交まで手が回らなかった。それでも四世紀も終わりになると、国内が安定し、緊迫した東アジア情勢の中へ投げ出される。高句麗の長寿王が父の功績を記念して王都近くの王陵に建てた広開土王《こうかいどおう》（永楽太王《えいらくたいおう》）の碑文によると、三九六年、高句麗が百済を討ち、漢江流域まで領域を広げたという。

ところが、いったん降伏した百済は高句麗との誓約を破り、倭国と通じた。そこで広開土王は、倭国が朝鮮半島東南部の新羅へ進出したという知らせを受け、四〇〇年、大軍を率いて半島南部へ軍を進め、倭国と戦ったという。ちなみに、それまで乗馬の経験がなかったヤマト政権の兵士たちだが、高句麗の騎馬軍団との戦いを通じてその重要性を知り、古墳時代中期以降の古墳に馬具が副葬品として埋葬されるようになったといわれる。

こののち倭の五王は中国の南朝から「安東大将軍」などの職をたまわることにこだわるが、これも朝鮮半島の三韓（馬韓・辰韓・弁韓）地域への影響力を確保するためだとみられる。四七八年には、倭王武（雄略天皇）が宋から「安東大将軍」とともに、「使持節都督《しじせつととく》倭《わ》・新羅・任那・加羅・秦韓（辰韓）・慕韓（馬韓）六国諸軍事」の号を授かっている。新羅や加耶諸国および秦韓・慕韓、つまり、漢江より南の現在の韓国エリアほぼ全域の都督（軍政機関の長官）という意味がこめられているのである。

こうしてヤマト政権は中国の南朝に朝貢し、その支持を取り付けることによって、鉄の供給を含む朝鮮半島での権益を確保する狙いがあったとみられる。そのために高句麗の攻勢に苦しむ百済へ軍事的支援をおこなって朝貢させ、百済を通じて大陸の文物を輸入していたのである。

これが五世紀、日本で倭の五王が相次いで南朝に朝貢していた時代の外交戦略だった。しかし六世紀を経て七世紀に入ると、朝鮮半島情勢は一変し、東アジアそのものが新たな時代を迎えた。ヤマト政権は大きな外交戦略の見直しを求められるのである。

第2章

朝鮮半島緊迫す！ 日朝関係と「大化のクーデター」の真実

検証1 大化の改新の黒幕と史上初の「生前退位」の謎

軽皇子《かるのみこ》と蘇我入鹿《そがのいるか》　六世紀に入って、中央集権国家への道をたどりはじめたヤマト朝廷で権力を掌握したのが大臣《おおおみ》の蘇我稲目《いなめ》と大連《おおむらじ》の物部尾輿《もののべのおこし》であった。

稲目は二人の娘を欽明《きんめい》天皇に嫁がせ、彼女たちの血筋から用明《ようめい》・崇峻《すしゅん》・推古《すいこ》天皇、さらには著名な厩戸《うまやど》皇子（聖徳太子）が誕生する。その蘇我氏は、稲目につづく馬子《うまこ》の時代の用明天皇二年（五八七）七月、政敵である物部守屋《もりや》を葬り去る（丁未《ていび》の役《えき》）ものの、馬子の子蝦夷《えみし》と孫の入鹿の時代に蘇我氏の専横が際立ち、乙巳《いっし》の変（大化の改新のクーデター）へとつながる――これが通説であった。

蘇我入鹿が皇位継承権のある厩戸皇子の子山背大兄王《やましろのおおえのおう》を殺害（六四三年）し、中大兄皇子《なかのおおえのおうじ》（舒明《じょめい》・皇極《こうぎょく》天皇の皇子）らがその二年後の大化元年（六四五）六月、入鹿を宮中におびきだし、殺害したクーデターだ。しかし、いまでは、この乙巳の変がそう単純なものでなかったことが明らかになってきた。

『上宮聖徳太子伝補闕記《じょうぐうしょうとくたいしでんほけつき》』によって、まず山背大兄王殺害事件は山背の皇位継承に反対する者六名が共謀し、巨勢徳《こせのとこ》太《た》らを斑鳩寺《いかるがでら》（法隆寺）に遣わして軍勢で取り囲み、山背を殺害（実際には自害）した事実が浮かび上がってくる。徳太は入鹿の側近であり、入鹿はむろん、その六名の内の一人に含まれているが、同書には、「悪逆を発《ほっ》した」六人の一人として「軽王」の名が記載されている。軽皇子である。

彼は、甥の中大兄が中臣《なかとみの》（のち藤原）鎌足《かまたり》とともに飛鳥板蓋宮《いたぶきのみや》（奈良県明日香村）で入鹿を殺害したクーデターの後、同母姉の皇極天皇から生前譲位されて即位し、孝徳《こうとく》天皇と

飛鳥・蘇我馬子の墓とされる石舞台古墳

なる。孝徳天皇はクーデター後、都を飛鳥から難波《なにわ》（大阪市）へと遷《うつ》し、乙巳の変のあった六四五年を大化元年とし、その翌年に「改新の詔《みことのり》」を発布する天皇である。皇位継承への意欲は十分にあった。

そんな軽皇子にとって、有力な皇位継承者である山背は目障《めざわ》りな存在だった。また、軽皇子は敏達《びだつ》天皇系に属し、上宮王家《じょうぐうおうけ》（聖徳太子系）と対立していた。

一方、入鹿は皇極天皇の次に、祖父・馬子の娘が生んだ古人大兄皇子《ふるひとおおえのみこ》を皇位につけようとしていた。有力な皇位継承者である〝山背の消去〟という意味において、軽皇子と入鹿の利害は一致していた。つまり山背殺害は、入鹿の専横を象徴する事件として理解するより、利害が共通する軽皇子と入鹿による共同作戦だったと解されるようになってきたのである。

ただし山背殺害後、自ら天皇になりたい軽皇子にとって、皇極天皇の次の天皇として従兄弟の古人大兄皇子を推す入鹿が目障りになってくる。

皇極天皇の生前退位　軽皇子は乙巳のクーデター後、姉の皇極天皇から皇位を譲られる形となる。そもそも、この時点まで、天皇の崩御によって次の天皇が即位するパターンが繰り返されていて、生前に退位する天皇はいなかった。

生前退位には明確な理由がいる。舒明《じょめい》天皇の死後、その皇后が夫にかわって皇極天皇として即位したものの、女帝の誕生で「王室衰微」（『藤氏家伝』）という批判もあった。そこへもってきて、皇極天皇が蘇我入鹿の専横を許したという理由は、譲位を迫る立派な大義名分となる。専横はなはだしい入鹿を討ったという事実を突きつけ、いわば皇極天皇の責任を問うて退位させることこそがクーデターの目的だったのだ。つまり乙巳の変の首謀者（黒幕）は軽皇子で、中大兄皇子と中臣（藤原）鎌足は実行犯にすぎなかった――ということになろう。

もちろん有力な皇位継承者である中大兄も、蘇我系の天皇となる古人大兄皇子の即位には反対だったろう。クーデター当時、まだ二〇歳だった中大兄は、軽皇子から後継指名の約束を取り付けていたと考えられる。

一方、もう一人の実行犯、中臣鎌足と中大兄の関係も通説とはちがうストーリーが提唱されるようになってきた。『藤氏家伝』では、鳴かず飛ばずの地位にあった鎌足が初めに接近したのは軽皇子だった。その後、鎌足は大事な謀《はかりごと》をなすには軽皇子では器量不足だとみて、中大兄に近づき、彼に蘇我倉山田石川麻呂《そがのくらやまだいしかわまろ》の娘との婚姻をすすめる。当時、蘇我一族も一枚岩ではなく、宗家の入鹿と分家筋の石川麻呂とは「相忌《あいい》む」関係にあった。結果、石川麻呂はクーデターに加わり、孝徳政権で右大臣の要職を射止め、

クーデターの舞台となった板蓋宮跡

鎌足はその後の藤原氏繁栄の礎を築くことができたのである。

乙巳の変の一部始終　では、役者がそろったところで、大化元年（六四五）六月一二日、どのようにクーデターが実行されたかについて、『日本書紀』にもとづいて再現してみよう。

その日、まず皇極天皇の宮殿である飛鳥板蓋宮に朝鮮からの外交使節がやって来るという舞台装置が整えられた。入鹿は昼夜剣を携えている。討つ機会は宮中、しかも天皇が臨席する大極殿《だいごくでん》での儀式しかないと考えた中大兄らが、入鹿をおびきだす手段として三韓進貢《さんかんしんこう》（高句麗・百済・新羅からの朝貢使節）を持ち出したのである。そうして入鹿はまんまと宮中に誘い出される。刺客として選ばれたのは、佐伯連《さえきのむらじ》子麻呂《こまろ》と葛城稚犬養連網田《かつらぎのわかいぬかいのむらじあみた》の両名。蘇我倉山田石川麻呂が天皇へ奉る上表文を読み上げるが、その声は震え、全身から汗が流れ落ちた。入鹿の殺害計画を知る石川麻呂は緊張のあまり、致命的な失態を犯したのである。

入鹿はそれを不審に思い、「どうして震えるのか？」と問うと、石川麻呂は「あまりに御前（天皇）近くにいるので恐縮しております」と言い訳するしかなかった。刺客に選ばれた二人も入鹿を恐れてなかなか斬りつけようとしない。そのとき中大兄が真っ先に飛び出し、それを合図に刺客たちも入鹿に斬りかかった。鎌足は柱の陰に身を寄せ、いざというときのために弓で狙いを定めていた。刺客や中大兄が入鹿殺害に失敗したら矢で入鹿を射殺すつもりだとされているが、鎌足の本心はわからない。もしかすると、殺害に失敗したら、刺客や中大兄を射殺し、

天皇家・蘇我氏関連系図

・数字は即位順
・○は女性天皇

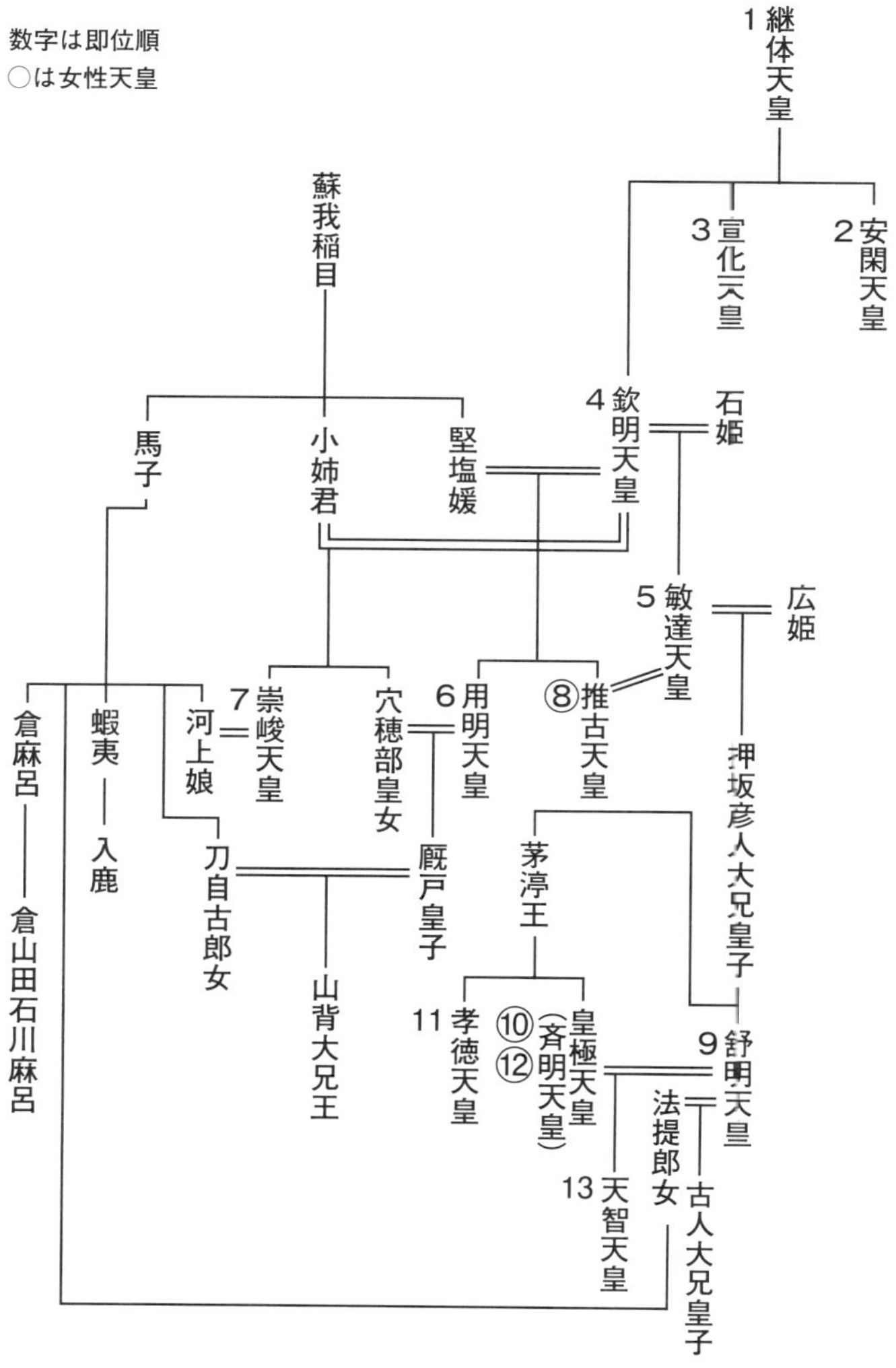

入鹿にとりいろうとする狙いがあったのかもしれない。

中大兄らに不意を襲われた入鹿は傷つけられながらも転がるように玉座近くまでたどり着き、叩頭《こうとう》して「私になんの罪がありましょうや。どうかお調べください」といった。皇極天皇も驚いて中大兄を問いただすと、中大兄は「入鹿は天皇家を滅して皇位を傾けようとした」と奏上した。すると、皇極天皇は黙って殿中へ退いたという。天皇は中大兄の一言で、このクーデターの狙いが入鹿を重用した自身の退位にあることを悟ったのだろう。それゆえ諦観《ていかん》し、黙って引き下がったのだ。こうして入鹿は斬殺《ざんさつ》された。

遺骸《いがい》は彼の父・蝦夷の邸宅のある甘樫丘《あまかしのおか》へ運びこまれた。やがて甘樫丘に蘇我氏へ心を寄せる者らが集まってきたが、彼らがクーデター実行組に諭されて武装解除すると、蝦夷も翌日、自害して果て、蘇我宗家はここに滅亡した。

こうみていくと、乙巳の変の目的が単純に有力氏族である蘇我氏の排斥にあったというだけでは説明がつかないことがわかる。乙巳の変というクーデターには、蘇我一族内の争いや中臣鎌足の権勢欲、皇位継承を狙う各勢力の思惑や野望が交錯していた。蝦夷・入鹿父子は複雑に絡み合う各勢力の権力争いのスケープゴートにされた犠牲者という見方もできよう。

しかしながら、これだけでは乙巳の変の背景にあった事実関係を見逃す恐れがある。クーデター当時、まだ二〇歳だった中大兄は孝徳天皇の次の皇位を約束されていたが、孝徳天皇即位後にその政権に不満を抱き、第二のクーデターを起こす。その理由は何だったのかがわからない。この事件をより正確に理解するには、当時の国際情勢（東アジア情勢）と関連させる必要がある。

検証2　クーデターという悪の連鎖を招く「七世紀東アジア」の謎

「日出《いづ》る処の天子」が送った一世紀ぶりの中国への使節　ヤマト政権は五世紀の倭王武（雄略天皇）の時代に関東まで勢力圏を広げて国内が安定し、かつ、朝鮮半島での権益確保が一段落したこともあって、次世代以降、後ろ盾としての中国との関係は疎遠になるが、朝鮮半島は別だった。六世紀を通じて情勢不安な状態がつづいていたからだ。

まず五世紀には半島東南部の小国だった新羅が六世紀半ばに即位した真興王《しんこうおう》の時代、急速に勢力を伸ばしていた。当時、朝鮮半島では高句麗と百済の対立がつづいており、その機に乗じて新羅は、加耶諸国の中で最後まで残った大加耶国を滅ぼした。こうして新羅・高句麗・百済の三国の力がほぼ均衡したこともあって、朝鮮半島の三国は互いに牽制《けんせい》しあい、後ろ盾を求めてそれぞれ中国の南朝への朝貢をつづけていた。

六世紀の終わり、そんな東アジア情勢に大きな変化が現れる。中国北朝・北周《ほくしゅう》の時代、隋国《ずいこく》公《こう》となった楊堅《ようけん》が帝室の外戚《がいせき》として権勢をふるい、五八一年、北周の静帝《せいてい》から禅譲を受けて国号を隋と称した。楊堅が隋の高祖《こうそ》文帝《ぶんてい》である。日本で蘇我氏と物部氏が朝廷の主導権を争っていたころの話だ。隋は五八九年、南朝の陳を滅ぼし、ほぼ三〇〇年ぶりに中国は再統一された。南北朝の戦乱の時代には郡の太守が地方の将軍として勢力を伸ばしたが、文帝は府兵制度を取り入れて地方をコントロールし、律令による中央集権国家をめざした。

　東アジアに出現した隋という統一王朝は、むろん、日本と朝鮮半島にも影響を及ぼす。六世紀を通じて中国との外交を鎖《とざ》していたヤマト朝廷の推古《すいこ》天皇とその執政・厩戸皇子（叔母と甥の関係）は六〇〇年、ほぼ一世紀ぶりに中国へ使節を遣わした。一回目の遣隋使である。このときの使節らは朝廷の制度が隋に比べて遅れていることを痛感した。こうしてヤマト朝廷は六〇三年に冠位十二階の制、一部に後世の創作という説があるものの、六〇四年には十七条の憲法を定めた。次いで、二代皇帝煬帝《ようだい》の時代の六〇七年、小野妹子《いもこ》を使節とする有名な二回目の遣隋使を送る。その国書に「日出づる処《ところ》の天子、書を日没する処の天子に致す。つつがなきか云々《うんぬん》」（『隋書倭国伝《ずいしょわこくでん》』）とあり、厩戸皇子が対中対等外交を求めたものとして高く評価されてきた。ところが最近では、「日出づる処」は東、「日没する処」は西という方角を示す表現にすぎず、対等外交を意味するものではないと理解されるようになっている。推古・厩戸のコンビが対等外交を志向したかどうかはともかく、朝廷は純粋に国家制度や先進技術などを輸入する狙いで中国に使節を送り、雄略天皇の時代までのような朝貢の意思はなかったとみていい。

隋《ずい》から唐《とう》へ　一方、中国大陸と陸つづきの朝鮮半島では半島情勢が緊迫したこともあって、中国の統一王朝への従属を強めていった。

三国の中では百済がもっとも早く、五八九年に統一を果たしたばかりの隋へ使者を送って祝賀を述べた。次いで高句麗が五九一年、もっとも遅れた新羅でも五九四年には使節を派遣している。それでも一回目の遣隋使が六〇〇年だった日本よりはるかに早い。

隋にとって、それら三国の中では東隣に位置する高句麗の動きが気がかりだった。隋の文帝は五九八年、遼西《りょうせい》地方（現在の中国遼寧《りょうねい》省西部地域）へ侵入した高句麗へ三〇万の軍勢を差し向けた。このときは高句麗が謝罪しておさまったものの、次の煬帝の時代になって、高句麗が北方の突厥《とっけつ》（トルコ系の遊牧民で五五二年に建国したが、隋の圧力を受けて東西に分裂し、東突厥はのちに唐の支配下に入る）と連携する兆候をつかむと、六一二年から三回にわたり、高句麗へ侵攻した。しかし、その高句麗遠征の失敗や運河の建設などが隋の国力を疲弊させ、農民らは窮乏した。各地で農民の暴動が起こり、中国国内ではまたもや、地方の豪族らが割拠するに至る。

その混乱の中から現在の甘粛《かんしゅく》省付近の豪族李淵《りえん》（隋の唐公《とうこう》）が兵を挙げて隋の都長安を落とし、煬帝が配下の者に殺害されると、煬帝の孫から禅譲され、唐の高祖として即位した。こうして六一八年に唐が建国された。高祖は地方の豪族と戦い、律令を整備。高祖の次男李世民《りせいみん》（のちの太宗《たいそう》）の時代に中国はふたたび中央集権国家としての輝きを取りもどす。

朝鮮半島の三国の中では、隋の侵攻を受けていた高句麗が唐建国の翌年、早くも使節を派遣したのにつづき、百済と新羅も六二一年に使節を遣わす。日本の第一回遣唐使の派遣は六三〇

日本・朝鮮・中国関連年表

日本

552年 百済を通じて仏教伝来

587年 丁未の役で蘇我馬子が物部守屋を葬り去り、蘇我氏の時代が到来

600年 一回目の遣隋使

604年 十七条憲法制定

607年 二回目の遣隋使

（600年〜607年）聖徳太子と推古天皇の時代

630年 第一回の遣唐使

642年 舒明天皇の皇后が皇極天皇として即位

朝鮮

高句麗

642年 高句麗の宰相・泉蓋蘇文が反対派を粛清し、栄留王を殺害して宝蔵王を即位させる

新羅

562年 加耶諸国を滅ぼす
※小国だった新羅の台頭期（6世紀後半）

百済

642年 百済の義慈王がクーデターで強硬路線を確立し、新羅へ攻め入る
（かつての宿敵・高句麗と同盟）

中国

南北朝時代

581年 北朝・周の隋国公楊堅が周から禅譲され国号を隋とする

589年 隋が南朝の陳を滅ぼし中国統一

隋の時代

612年 煬帝が三回にわたり、高句麗へ侵攻（失敗）

618年 隋の唐公李淵（高祖）が唐を建国

645年
乙巳の変（大化の改新のクーデター）が起こる
史上初、皇極天皇の生前退位によって軽皇子が孝徳天皇として即位

646年
大化の改新の詔

651年
飛鳥から難波へ遷都

653年
第二のクーデター
中大兄皇子、皇極上皇、間人皇后らを連れ飛鳥へもどる

659年
遣唐使が洛陽で幽閉される

661年
朝鮮半島へ第一次派兵

662年
第二次派兵

663年
第三次派兵と朝鮮の白村江海戦での敗戦（これで百済復興計画は失敗）

668年
中大兄皇子が天智天皇として即位

647年
毗曇の乱が起こり、乱を鎮圧した金春秋（親唐自立派）らが政権掌握

654年
金春秋が武烈王として即位

668年
唐と新羅によって滅ぼされる

676年
新羅が唐の勢力を排除して自立
新羅による統一

660年
唐・新羅の同盟軍の攻撃で**百済滅亡**（その後、復興計画が動き出す）

661年
日本に亡命していた王族の豊璋が日本軍に守られ、百済へ帰還

唐の時代

644年
唐が高句麗へ侵攻（失敗）

660年
新羅と百済へ侵攻

663年
朝鮮の白村江で日本軍に大勝

907年
唐の滅亡

五代十国時代

宋の時代

年と、かなり遅れている。逆にそれだけ三国の勢力が均衡する半島情勢は緊張していたのだ。

やがて、朝鮮半島で緊張が動乱へと変わる。その間に日本では、推古天皇から舒明天皇へ皇位が継承され、六四一年には舒明天皇の皇后が皇極天皇として即位していた。

同じ年に百済では義慈王《ぎじ》が即位し、翌年の六四二年、新羅へ攻め入り、大耶城《テヤソン》など四〇余城を奪い取ったのである。大耶城というのはその名からわかるとおり、新羅に滅ぼされた加耶地域に含まれる洛東河中流域の西岸にあったという。かつて新羅と加耶諸国の支配を争った百済が東へ軍を進めて、その奪還を図ったのだ。さらに翌六四三年には高句麗と和睦《わぼく》してますます攻勢を強めた。窮した新羅は高句麗に使者を派遣して援助を乞《こ》うが、逆に使者が人質となる始末であった。高句麗としても新羅に奪われた旧領を回復する好機だったからだ。高句麗は百済と結び、こうして新羅は北の高句麗と西の百済から軍事的圧力を受けるようになった。

そこで新羅は唐に出兵を求めた。東方の安定は唐にとっても重要な課題であり、唐の太宗は三国和解の労をとったが、高句麗がこれを拒み、唐は六四四年から六六八年にかけて高句麗へ侵攻した。しかし、このときも隋の煬帝と同じように高句麗の抵抗に遭い、失敗している。

つまり、日本で皇極天皇が即位するとほぼ同時に、朝鮮半島は唐を巻きこんだ動乱の時代に突入したのである。

百済の侵攻を受ける新羅は当然のことながら、日本に軍事的支援を求めることになる。新羅は舒明天皇崩御と皇極天皇即位にともない、すぐさま弔使《ちょうし》と慶賀使《けいがし》を日本へ送っている。

一方、五世紀には日本の最大の敵国であった高句麗も七世紀に入ると、日本に急接近する。六〇四年、飛鳥に宮を置いた推古天皇の時代にまず、高句麗は飛鳥寺の大仏建立のために黄金三〇〇両を貢上してきた。この八年後、前述したように隋の煬帝が高句麗へ侵攻するが、そうした東アジア情勢と高句麗の動きは関連するとみなすべきだろう。皇極天皇が即位したころ、高句麗は「金銀等ならびに献物」（『日本書紀』）をもって来日し、当時、朝廷の迎賓館のあった難波（大阪市）で朝廷側の接待を受けている。百済についてはいうまでもなかろう。百済とはヤマト政権が発足したころからの交流がある。

皇極天皇の治世下、このように動乱期を迎えた朝鮮半島情勢を背景に、新羅・高句麗・百済の三国が互いに支持と支援を取り付けるべく日本に進貢する形となった。そこに、百済から驚くべき情報が飛鳥の朝廷にもたらされた。

百済・高句麗・日本・新羅で相次ぐクーデター　皇極天皇が即位したばかりのころ、百済に派遣されていた阿曇比羅夫《あずみのひらふ》が百済の使者を伴って帰国した。『日本書紀』は「しかるにその国（百済）は、いま大乱か」と記している。『日本書紀』には具体的な内容までは書かれていないが、朝廷はむろん、百済の使者から詳細な内容を聞いている。いったい百済で何があったのか。

端緒は六四一年に百済で義慈王が即位したことにある。義慈王は翌年、百済の首席執政官（大佐平《テジャピョン》）の地位にあった沙宅智積《サテクシジョク》らを退け、義慈王の王妃である恩古《ウンゴ》の産んだ扶余隆《ふよりゅう》を太子となした。その宮廷内の混乱を避けるように太子を廃された王族の翹岐《ぎょうき》（義慈王の弟とみられる）が妻や妹、百済の貴族とともに日本へ亡命する。彼らは倭の使節である比羅夫とともに筑紫国に入り、比羅夫は彼らを筑紫国に待機させて、百済の使者とともに飛鳥へ向かい、百済で起きた政変を報告した。その後、翹岐の一行は日本にとどまり、事実上の人質となった。やがて義慈王に退けられた沙宅智積も来朝する。よって、『日本書紀』は「大乱か」といっているものの、執政と太子の失脚を目論んだクーデターというのが正しい。

即位後の義慈王の対外強硬路線をみると、沙宅や翹岐らとの外交方針をめぐる対立も背景にあったといえる、クーデターで反対派を粛清した義慈王が求心力を高め、新羅との戦争にのめりこんでいったのだ。

この百済に次いで高句麗でも同じ年にクーデターが発生し、やはり、高句麗の使者が朝廷にその知らせをもって来朝している。大対盧《だいたいろ》という宰相の職にあった泉蓋蘇文《せんがいそぶん》には残虐非道との噂があり、貴族らが栄留王《えいりゅうおう》と謀《はか》って彼を殺害する動きをみせた。ところが六四二年、泉蓋蘇文は逆にその動きを察知し、酒宴にことよせて反対派を粛清したのみならず、栄留王をも殺害してしまう。そうして国王の弟を宝蔵王《ほうぞうおう》として即位させ、泉蓋蘇文が政治をほしいままにしたという。

日本で、軽皇子や中大兄皇子らが蘇我一族（宗家）を排斥するクーデター（乙巳の変）が起こるのはその三年後。

百済・高句麗、そして日本とつづき、さらに悪の連鎖の流れは新羅にも及ぶ。百済・高句麗の侵攻に苦しんでいた新羅は唐に依存せざるをえなくなる。唐に救援を求めた新羅は援軍派遣の条件として、女王を廃し唐の王室から新王を立てることを迫られた。こうして唐との外交戦略をめぐり、新羅の宮廷は激しく対立することになる。そして日本でクーデターが起きた二年後の六四七年、新羅で宰相（上大等《じょうだいとう》）の要職にあった毗曇《ピダム》（親唐依存派）は「女王は国を治めることができない」と唱え、善徳女王の廃位を狙って叛乱《はんらん》を起こした。王族の実力者である金春《きんしゅん》秋《じゅう》と金庾信《きんゆしん》らの親唐自立派が善徳女王を支持し、乱の渦中に善徳女王は崩御するが、真徳女王が新羅の国王として即位。庾信らによって乱は平定され、毗曇の与党三〇人が粛清されて依存派が一掃された。結果、自立派の春秋が権力を握り、「親唐自立」という外交路線が確立された。

百済のクーデターを参考にした軽皇子　以上、六四一年から六四七年までのわずか六年間の間に、朝鮮の三国と日本でクーデターや叛乱が起きている。四二ページの関連年表でその流れを確認していただくと、使節が行き交う当時の東アジア情勢からみて偶然で片付けるわけにはいかないことに気づいていただけるだろう。飛鳥の朝廷では百済と高句麗から事件の一報を告げられ、その確認のために使者を遣わしている。だとすると、乙巳の変で蘇我氏を排斥する首謀者も百済・高句麗両国のクーデターの詳細を知っていたとみなくてはならない。

とくに百済のケースは、王族（義慈王と王妃の恩古）が首謀者となって、首席執政官の地位にあった沙宅智積を退けている。飛鳥の朝廷でも、首謀者の軽皇子・中大兄皇子はともにその後皇位につく王族。排斥された蘇我入鹿は大臣の父蝦夷より国政を委ねられ、事実上の執政の地位にあった。酷似しているといえる。要するにクーデターの首謀者は百済の宮廷クーデターを参考に、計画を練ったと考えられるのである。また高句麗のケースでは宰相の職にあった泉蓋蘇文が王を殺害しており、入鹿にその意思があったかどうかはともかく、朝廷の実力者である入鹿が高句麗を参考に天皇弑逆《しいぎゃく》という暴挙を図ることを想定し、事前にその芽を摘み取ったともいえる。

一方、新羅の毗曇の乱は、乙巳の変を参考にしたとも考えられる。入鹿殺害のクーデターは、『日本書紀』によると、三韓（高句麗・百済・新羅）進貢の日（六月一二日）に決行されている。クーデター当日、百済・高句麗の使節とともに新羅の使節が飛鳥に来ていたことになる。この話は後付けだという解釈もあるが、そうだとしても乙巳の変から毗曇の乱までは二年の時間がある。その間に、詳細が新羅へ伝わっていたとみるのが自然だろう。乙巳の変の狙いがただ単純に蘇我氏の排斥にあったのではなく、むしろ皇極天皇の生前退位を狙ったものであり、毗曇が善徳女王の廃位を狙った事実と似る。日本の朝廷内では舒明天皇の皇后の皇極天皇即位によって「王室衰微」（『藤氏家伝』）という批判が渦巻いており、新羅の毗曇は「女王は国を治めることができない」と訴えているからだ。

このように互いに影響し合う当時の日朝関係、もしくは東アジア情勢について、もう一歩踏みこんで検証してみよう。

親百済派VS親新羅派　百済・新羅いずれもが外交戦略の対立がクーデターの背景にあった。百済では義慈王の対外強硬路線をめぐる対立がクーデターの背景にあったとみられる。一方の新羅でも親唐依存派と親唐自立派の対立が毗曇の乱を呼び、金春秋と金庾信の親唐自立派が勝利した。

皇極天皇が即位した当時の日本でも、混乱する朝鮮半島情勢に対応して新たな外交戦略を打ち出す時代になっていた。乙巳の変の背景に外交戦略の方向性をめぐり、蘇我氏と軽皇子・中大兄皇子らの対立があったと考えられるのである。では、そのころ朝廷内で外交上、何が問題になっていたのだろうか。ここで六世紀から七世紀にかけてのヤマト朝廷の対朝鮮戦略をふり返っておこう。

五世紀の倭の五王の時代には、中国南朝から安東大将軍の称号をたまわり、朝鮮半島での権益を確保すべく百済と結び、高句麗の南下に備えた。

しかし、六世紀に入ると新羅が勢力を伸ばし、朝鮮半島情勢は複雑な様相をみせはじめる。朝廷にとって、とくに加耶諸国が新羅に編入された事実は重要だった。日本にとっての最優先課題は『日本書紀』でいう任那からの調《ちょう》、すなわち貢物《みつぎもの》の確保だ。これを任那調という。日本は古い時代から新羅とも通交していたが、加耶諸国の新羅支配がはじまって以降、朝廷は新羅を通じて任那調を確保するようになっていたのである。

一方、六四二年になって百済の義慈王が加耶諸国へ攻め入り、新羅の王都慶州をうかがう勢いをみせはじめたことによって、予断を許さない情勢になりつつあった。百済が加耶地域を制圧すれば、百済を通じて任那調を受領できるようになるからだ。もともと百済とは文化的にも深いつながりがあり、『日本書紀』にしたがうと、六世紀の五五二年、欽明《きんめい》天皇の時代に百済の聖明王《せいめいおう》から「迦《か》佛《ほとけの》金銅《かねの》像《みかた》一軀《ひとはしら》」「幡蓋《はたきぬがさ》若干」「經論若干巻」、すなわち、仏像や幡蓋《ばんがい》（仏教の荘厳《しょうごん》具《ぐ》）・経典が日本にもたらされている。いわゆる仏教伝来だ。のちの話になるが、百済が滅びた際、日本へ亡命してきた百済の宮廷貴族の中には倭人も含まれていた。百済と日本とは人的交流も盛んだったのである。

こうして百済との外交関係を基軸とするのがいいか、それとも新羅を重視した外交路線に切り替えるのか。当時の東アジア情勢からはもはや、ただ任那調を確保できればいいという曖昧《あいまい》な態度は許されなくなっていた。現代にたとえるなら、日米を基軸とする外交から転換すべきかどうかという重大な結論を迫られていたのだ。

そこで親百済派が誰で、親新羅派が誰かが問題となる。だが正直、確定的な史料はない。ただし、かろうじて「親百済派＝蘇我蝦夷・入鹿父子」、「親新羅派＝軽皇子・中大兄皇子」という構図がみえてくる。

まず義慈王に追われる形で日本へ亡命してきた翹岐は、畝《うね》傍《び》（橿原《かしはら》市）にある蘇我蝦夷の邸

7世紀の東アジア

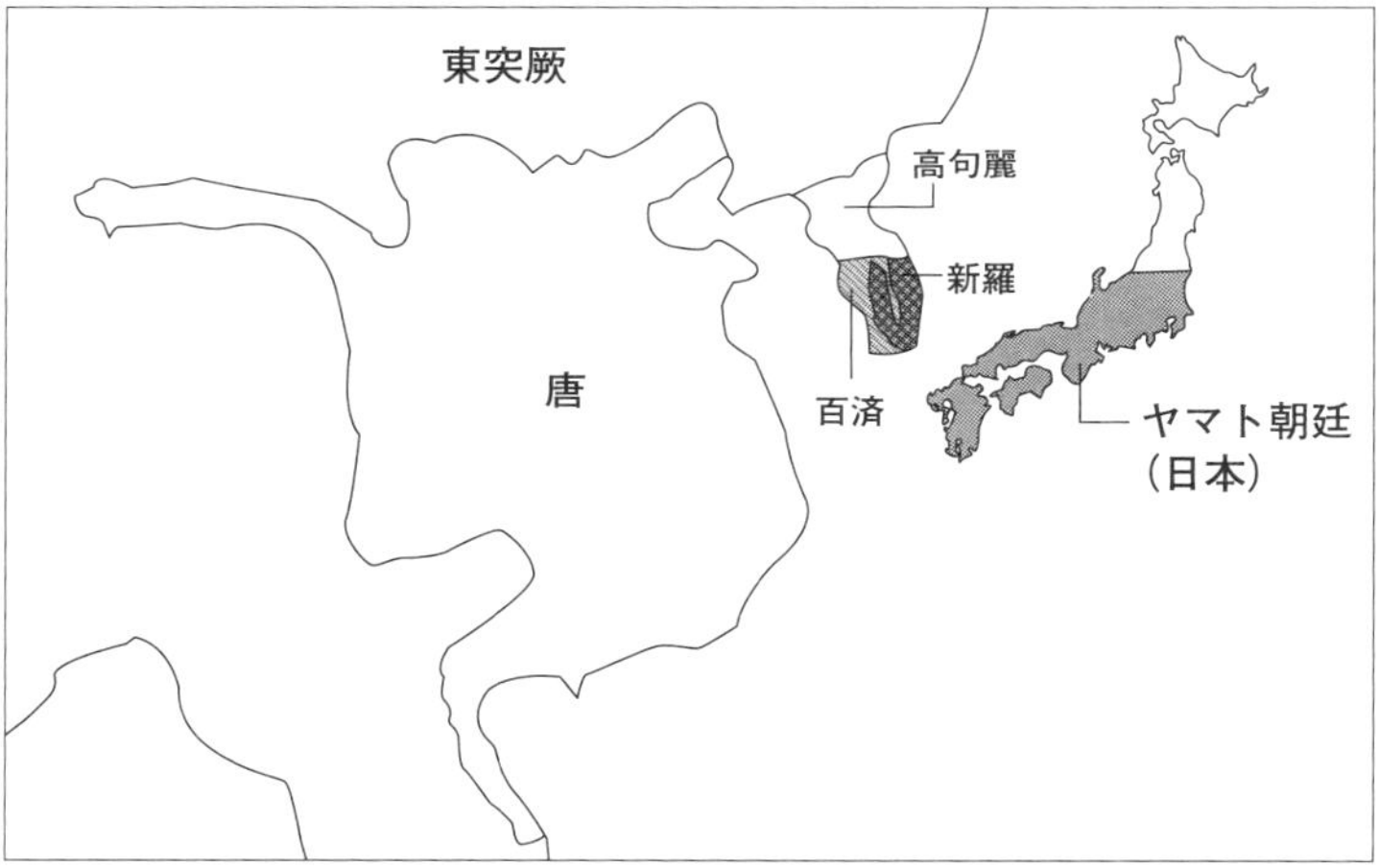

宅（当時）に招かれ、蝦夷から良馬一匹と鉄二〇鋌を与えられている。また、百済の沙宅智積が来朝した際、翹岐が住む邸宅の門へ叩頭するシーンが『日本書紀』に書かれている。当時、立派な門のある家は少なく、翹岐がそれだけ立派な邸を与えられていたことがわかる。朝廷から賓客として遇されているのである。それも大臣の蝦夷のおかげであったろう。蝦夷と入鹿は、翹岐らから朝鮮半島情勢を聞き、当然のことながら、翹岐は百済を主とした外交の継続を要請したはずだ。翹岐は百済の亡命王族である一方、日本から百済支持を取り付ける使節団的な役割も期待されていたのであろう。

一方、その蘇我氏排斥に成功した軽皇子は孝徳天皇として即位し、翌年に改新の詔を発布。中央主権的な改革を進めるというスローガンを掲げ、「大化」という元号も制定する。いわゆる大化の改新である。その大化年間に百済への使者派遣が一回だったのに対して、新羅へのそれが三回あったという（中田興吉「乙巳の変の首謀者とその動機」（『大阪学院大学 人文自然論叢』）。このことから、孝徳天皇は親新羅派であったのではないかと推測される。

山背大兄皇子殺害では蘇我入鹿と利害の一致をみた軽皇子も、ポスト皇極については入鹿と利害が対立した。それのみならず、従来どおりの外交をつづけようという親百済派の入鹿と外交戦略をめぐる対立もあったのではなかろうか。その選択は朝廷の将来を大きく左右する。そこで軽皇子は蘇我氏排斥を考えた。かつ、それは入鹿を重用した責任を問い、姉の皇極天皇に退位を迫る口実ともなる。軽皇子にとっては一石二鳥だった。

一方、クーデターの実行犯である中大兄皇子は、軽皇子の能力に疑問を抱いて近づいてきた中臣鎌足の進言をいれ、蘇我山田石川麻呂の娘を娶《めと》って彼を抱きこんだ。具体的な計画はその中大兄と鎌足のコンビで練り上げられたとみられる。百済の政変を知り、それを参考にしたのは彼らだろう。中大兄は、入鹿が古人大兄皇子を次の天皇に擁立することがわかっているから、入鹿を亡き者とする動機はあったし、鎌足にしても中大兄にせっかく近づいたのだから、彼に天皇になってもらわなくては困る。当然、二人とも親新羅派と考えられる。

第二のクーデター

乙巳の変のクーデター後、毗曇の乱を鎮圧した新羅の金春秋らは、真徳女王のもとで唐化政策を進めた。まず大化三年（六四七年）に春秋自身、親新羅派だった孝徳天皇の朝廷へ、国博士をともなって訪朝し、鸚鵡《おうむ》・孔雀《くじゃく》各一羽を献じている。その翌年に唐へ渡って以降、衣冠や年号を唐にならい、新羅では官職や名称も唐風にあらためたのである。独立路線を貫きつつも、唐の支援をえようと、ある意味、媚《こ》びを売ったのだ。

その間、百済の攻勢はつづいたが、日本の朝廷ではふたたび外交問題が政治課題になったと考えられる。日本には、太子を廃されたとはいえ、百済王家の翹岐が亡命しており、客分扱いを受けている。たとえば白雉《はくち》元年（六五〇）、長門国の豪族より朝廷へ白い雉《きじ》が献じられた。孝徳天皇はその吉兆を案じ、「百済君」、つまり翹岐にそのことを「問ひたまふ」（『日本書紀』）とある。その諮問に百済君は「後漢の明帝の永平一一年（六八）に白雉《しろきぎす》があるところに現れた」と答えた。また、僧たちもそれが「瑞兆《ずいちょう》」であると答えたので、朝廷は年号を大化から白雉にあらため、翌年には難波宮へ遷都した。

このことから、翹岐は朝廷の顧問のような役割についていることがわかる。いまでいうと、内閣の審議会の重要なメンバーの一人が翹岐だったといえるだろう。翹岐は太子を廃された立場であったものの、それでも祖国百済の前途を危ぶんでいたはずだ。当時、孝徳天皇の朝廷では新羅支持を打ち出していたが、朝廷の要路《ようろ》に再度、親百済への政策転換を働きかけたことは考えられる。そして、その話に聞く耳をもつ者がいた。それが中大兄皇子ではなかったか。

孝徳天皇が難波宮に遷都した二年後の白雉四年（六五三）、早くも朝廷を揺るがす大事件が起きた。中大兄皇子が飛鳥への還都を天皇へ進言したが許されず、先の皇極天皇や大海人皇子《おおあまのみこ》(のちの天武《てんむ》天皇)らの弟たち、さらには孝徳天皇の間人皇后《はしひとのきさき》、さらには「公卿大夫・百官」を引き連れ、飛鳥の都にもどってしまったのだ。皇子やその身内だけならともかく、大勢の官吏や天皇の皇后まで連れ帰ったのだから、一大事だ。こうして難波宮にあった孝徳天皇の朝廷は分裂する。とくに孝徳天皇は皇后を深く愛しており、『日本書紀』によると、天皇はそのことを恨んで皇后へこんな歌を詠んでいる。

「鉗着《かなき》け　吾《あ》が飼う駒《こま》は　引き出せず　吾が飼う駒を　人見つらむか」

つまり、外へ引き出しもせず逃げないように飼っていた馬を人はどうして見つけたのだろうかという意味となる。「人」は明らかに甥の中大兄皇子を指している。こうして最愛の妻に裏切られた形となり、孝徳天皇はこの翌年、失意のうちに崩御する。こうみてくると、この事件は、乙巳の変につづく第二のクーデターともいえる。仕掛けたのはむろん、中大兄皇子だ。『日本書紀』は詳細を語っておらず、事件の背景は不明だ。その解釈をめぐり諸説あるものの、筆者は前述したとおり、背景に「親新羅」か「親百済」か——という外交問題の対立があったと考えている。事実、飛鳥にもどった朝廷は、磁石に吸い寄せられるように百済へ傾倒していくのである。そこでふたたび朝鮮半島情勢に目を転じたい。

日本の「百済復興計画」　新羅が唐化政策を進める一方、百済の勢いは衰えはじめる。『日本書紀』には「君の大夫人（王妃）の妖女無道にして」とある。百済の義慈王の王妃が国政を混乱させ、そこに旱魃による飢饉が重なり、民衆を苦しめたというのだ。また、日本で第二のクーデターが勃発した三年後の六五六年には、義慈王が酒食に耽《ふけ》り、諫言《かんげん》した重臣を獄舎につなぐという状況を呈しはじめる。

そのころ、新羅の真徳女王が死去（六五四年）。王家一族である金春秋が武烈王として即位した。唐も初めのころ、百済・高句麗と新羅の争いを仲裁する立場をとっていた。しかし、六五五年に百済・高句麗連合軍が新羅北領へ攻め入ると、新羅からの救援要請を受け、六五九年、唐はその年にやって来た日本の遣唐使を洛陽に幽閉した。唐は新羅をただ救うのみならず、百済を滅ぼして統治しようと図ったのである。そして翌六六〇年三月、唐は蘇定方《そていほう》を神丘道行軍《しんきゅうどうこうぐん》大総管《だいそうかん》に任命し、水陸両軍を率いさせて百済へ侵攻した。新羅も唐の大軍に呼応し、百済にとって要衝の地である半島中央部の炭峴《たんけん》峠へ軍を進めた。七月一二日には百済の王都が唐・新羅連合軍に包囲され、義慈王は遁走《とんそう》するものの、一八日に降伏し、ここに百済は滅びた。

日本は、その滅びた百済の再興に力を尽くすことになる。百済国内では遺民《いみん》らが蜂起《ほうき》し、唐は高句麗へ兵を出す準備をしていたために救援できず、遺民らが王都を奪還するかにみえた。いったん新羅軍によって追い払われたものの、遺民らは鬼室福信《きしつふくしん》という百済の将軍らを中心にふたたび王都を包囲した。『日本書紀』によると、同年一〇月、その将軍が生け捕った唐人の捕虜を日本に送り、王子翹岐（ここからは一般的に知られる豊璋《ほうしょう》の名で呼ぶことにする）の帰還を乞うた。豊璋を百済再興の旗頭にしようというのである。ここからの朝廷の動きは早かった。おそらく、百済が再興し、豊璋が王となれば、百済を傀儡《かいらい》化できるという思惑もあったのだろう。事実、豊璋を百済に帰国させるにあたり、織冠《しょっかん》という朝廷の冠位を与え、日本人女性と娶《めあわ》せている。だが、それにしても、いったん滅びた国の再興を支援しようというのだから、当時の朝廷は親百済へ、ふたたび外交方針を再転換していたといえよう。やはり、第二のクーデターは外交問題めぐる暗闘の結果とみるべきだ。

ちなみに孝徳天皇崩御ののち、皇極天皇が重祚《ちょうそ》して斉明《さいめい》天皇となった。どうして中大兄皇子はすぐ即位しなかったのだろうか。その理由も諸説あって定まらない。軽皇子（孝徳天皇）とともに実母を王位から引きずり下ろしたことを悔やんでの判断なのか。ただ毗曇の乱を鎮定した武烈王の金春秋が大化三年に来朝しており、その際、「（春秋）よく談笑す」と『日本書紀』にある。金春秋が自身で即位せず、真徳女王を立てた話なども朝廷の有力者（中大兄皇子ももろんその中に含まれる）にしたはずだ。新羅の毗曇が日本の乙巳の変を参考にし、その毗曇の乱後、即位してもよかったはずの金春秋が真徳女王をワンポイントリリーフに立てた。さらにその話を中大兄皇子が参考にしたとはいえないだろうか。

ともあれ斉明天皇六年（六六〇）、日本の「百済復興計画」が動き出す。その年の暮れ、斉明天皇が難波へ行幸し、翌年の一月『万葉集』で有名な熟田津《にきたづ》の石湯行宮《いわゆのかりみや》（松山市の道後温泉付近）を経て、前線基地となる筑紫の那ノ津（福岡市博多区付近）に着いたが、七月二四日、日本軍が渡海する前に朝倉宮（福岡県朝倉市）で崩御した。その後、中大兄皇子がしばらく皇位につかないまま、事実上、天智天皇として朝廷を率いることになる。

天下分け目の白村江　六六一年には豊璋を伴い日本軍が渡海し、百済の王位につけた（第一次派兵）。豊璋は錦江《クムガン》河口付近の周留《する》城を拠点に勢力を盛り返したが、やがて新羅が反撃に転じた。日本はすかさず第二次派兵をおこない、新羅を攻めて豊璋政権を支援した。

　ところが豊璋と将軍の鬼室福信が反目しあうようになり、六六三年五月、豊璋が親衛隊に命じて福信を殺害する事件が起きる。また、高句麗を攻めきれなかった唐が百済問題へふたたび照準を定め、新羅と連携して復興軍の拠点である周留城陥落を図った。百済の熊津城《ウンジンソン》（公州《コンジュ》市）に駐留する唐軍は新羅軍とともに八月一七日、その復興軍の根城を包囲した。

　おそらく百済からの急報が日本に届いたのであろう。日本は「万余」にのぼる第三次派遣軍を朝鮮半島へ送った。これで日本軍はこの戦役に延べ四万余の兵力を動員したことになる。

　第三次派遣軍は一路、百済の旧王都や周留城を流域に抱える錦江の河口付近をめざした。そのあたりは当時、白村江《はくすきのえ》と呼ばれていた。八月二七日と二八日の両日、錦江の河口、すなわち白村江で日本軍と唐本国からの遠征軍との海戦がおこなわれた。ここで日本軍が唐の水軍を打ち破り、錦江をさかのぼって周留城を包囲する唐・新羅連合軍へ攻めかかっていたら、「百済復興計画」は成功したかもしれない。しかし、日本軍は天下分け目ともいえる海戦に大敗する。

唐の水軍は一七〇艘。かたや日本は、唐の記録に四〇〇艘と記されている。二倍の戦力を持つ日本軍がなぜ負けたのだろう。唐の水軍は一七〇艘とはいえ、いわゆる「戦船《いくさぶね》」、戦艦であり、船の数で単純比較できないこと。また、日本軍は二七日の着陣と同時に、準備万端整えて待ち構える唐軍と戦わなければいけなかったこと。そして、日本軍が筑紫を中心とする豪族連合軍であったこと。そのために指揮系統が乱れ、『日本書紀』によると、日本軍は「気象」すなわち風向きを考えず、我先にとばかりに無謀な戦いを挑み、唐の水軍に左右から挟み撃ちにあって、入水《じゅすい》して溺死する日本兵が後を絶たなかったという。

ちなみに通説では、孝徳天皇の大化元年（六四六）正月に改新の詔が発布され、中央集権化へ向けた改革が断行されたことになっている。その政策の中心が「公地公民の制」。すなわち皇族や豪族の私有地や私有民を廃し、日本国内のすべての土地を「公地」、人民を「公民」とする制度だ。しかし、これはスローガンに終わり、白村江では、豪族が私兵を率いてそれぞれ対等な立場で出陣していたから、指揮系統が乱れ、大敗の原因になったのである。この敗戦の反省から天智天皇は、ようやく豪族の私有民全廃へ向けた取り組みに着手する。その天智天皇の死後、天皇の弟である大海人皇子が古代最大の内乱である壬申《じんしん》の乱（六七二年）に勝利し、天武《てんむ》天皇として即位。実力で王座についたことにより、支配力を高め、孝徳天皇のときにスローガンに終わった中央集権へ向けた政策はようやく実現するのである。

コラム

奈良時代の「朝鮮出兵」の謎

恵美押勝《えみのおしかつ》と光明皇后《こうみょうこうごう》

天武天皇が即位してから、天武系の天皇がつづき、文武《もんむ》天皇の治世には大宝律令（七〇一年）が制定される。ここにきてようやくヤマト朝廷が五世紀から積み重ねてきた中央集権国家の土台が形作られ、元明《げんめい》天皇（天武・持統天皇の皇子草壁の妃）の時代の和銅《わどう》三年（七一〇）に大規模な皇城である平城京（奈良市）へ都が遷された。その奈良時代、壮大な朝鮮出兵計画が持ち上がった事実は意外と知られていないのではなかろうか。動員予定の兵士は水軍に属する人数を含めると、およそ六万。出征に使う船の数はおよそ四〇〇艘。「百済復興計画」を上回る壮大な計画だった。

計画の立案者は、皇族以外で初めて太政大臣《だいじょうだいじん》（太師《たいし》）となった藤原仲麻呂《ふじわらのなかまろ》である。何事も唐風を好み、官職名を唐風に改め、淳仁《じゅんにん》天皇から「ひろく恵む美」という意味で「恵美」姓を、「暴を禁じ、強に勝つ」という意味で「押勝」という名を与えられ、恵美押勝としても知られる人物だ。仲麻呂は、乙巳の変で蘇我氏の勢力を削いだ中臣鎌足の孫にあたる。当時は藤原一族ではない橘諸兄《たちばなのもろえ》が政権をになっていたが、藤原一族の光明《こうみょう》皇后（仲麻呂の叔母で聖武《しょうむ》天皇の妃）の後押しがあって異例の昇進を遂げる。やがて諸兄の失脚もあって、仲麻呂が朝廷を掌握する。こうして、いよいよ朝鮮出兵の計画が動き出すことになった。

渤海《ぼっかい》との共同作戦　高句麗の滅亡後、その遺民である大祚栄《テチョン》が自立し、唐もその実力を認めて、六九八年、彼を渤海郡王に封じた。やがて渤海と唐の間に緊張が高まり、渤海は日本に接近し、神亀《じんき》四年（七二七）には元正《げんしょう》天皇（元明天皇の娘）の朝廷へ使節を遣わしている。まもなく渤海と唐の緊張も解け、ちょうど日本で朝鮮出兵計画が持ち上がったころ、唐は渤海を「国」と認めた。こうして渤海国が旧高句麗の旧版図をほぼ領有したのである。

渤海の使節が初めて日本にやって来てから、日本と渤海が親密な関係を維持する一方、日本が「百済復興計画」を進めてから、新羅との関係は微妙なものになっていた。日本は新羅を朝貢国とみなす一方、新羅は対等な立場を主張していた。両国はその一事をめぐってギクシャクし、唐の都長安で日本と新羅の使節が互いに上席を争ったこともあった。さらに日本からの遣新羅使が非礼な扱いを受けたとして、当時、新羅への出兵論が朝廷内で高まっていたのである。

そこに渤海へ使節として派遣していた小野田守《おののたもり》から驚くべき知らせがもたらされる。天平宝字《てんぴょうほうじ》二年（七五八）九月に帰国した田守は、唐で大規模な内乱が勃発している事実を報告した。唐の玄宗《げんそう》皇帝の政治に不満を抱く安禄山《あんろくざん》らが大規模な反乱（安史《あんし》の乱と呼ばれる）を引き起こし、中国国内は混乱の極みにあったのだ。

日本にとって新羅を征服する好機であった。新羅は北方の渤海からの脅威を感じ、唐が後ろ盾になっていたからだ。新羅を攻めれば、必ずや唐が援軍を出す。しかしいま唐には内乱で援軍を出す余裕はない。日本は白村江の教訓を生かしていた。これは虎視眈々《こしたんたん》と新羅を狙う渤海にしてもしかりである。日本と南北から新羅へ攻め入る好機であった。

翌天平宝字三年（七五九）六月、朝廷は「将をもって新羅を伐《う》つなり」と出兵を明言し、大宰府《だざいふ》に実際の行軍計画を立てるように指示した。次いで同年九月には、三年のうちに新羅への出兵を実行に移すとして、北陸道・山陰道・山陽道・南海道の諸国に船の建造を命じるのである。ちなみに、新羅への出兵期限である天平宝字六年（七六二）には、蝦夷《えみし》経略の拠点である多賀城《たがじょう》（宮城県）の碑文に、蝦夷との国界《くにざかい》などとともに、「靺鞨国《まっかつこく》」との国境線までの距離が記されている。諸説あるものの、この靺鞨国は渤海のことだとされる。だとすると、日本が新羅を下し、碑文では早々と新羅領が日本領へ組みこまれている形だ。建碑者は藤原朝獦《あさかり》。仲麻呂の子だ。父仲麻呂の野望を知っていた朝獦は新羅征服を想定し、新たな国境として碑文にそう刻んだと考えられる。こうして仲麻呂の出征計画は動き出し、朝獦が東海道節度使《せつどし》、つまり新羅征討軍の第一軍の司令官に任じられた。節度使は南海道と西海道にも置かれ、この三軍合計の兵力がおよそ六万（前出）であった。

ところが期限の天平宝字六年を過ぎても、征討軍は海を渡らなかった。朝獦の碑文ではもはや、新羅を征服したことになっているにもかかわらずだ。最大の原因は、新羅への出兵計画がはじまってから、国内の政治バランスが崩れたことにある。

まずは仲麻呂が天平宝字四年（七六〇）に太師《たいし》にまでのぼった直後、最大の後ろ盾である光明皇后が没したことが挙げられよう。つづいて怪僧道鏡《どうきょう》が出現する。皇后崩御の二年後、孝謙《こうけん》上皇は、自身の病気平癒《へいゆ》に功のあった道鏡を寵愛《ちょうあい》するようになり、やがて批判する淳仁天皇・仲麻呂との対立が決定的となる。こうなると、仲麻呂にとってもはや朝鮮出兵どころの話ではなくなる。仲麻呂は同八年（七六四）、新羅への出兵期限である二年後、孝謙上皇と道鏡への反乱に追いこまれ、戦いに敗れて斬首《ざんしゅ》される。こうして奈良時代の「朝鮮出兵」は幻に終わったのである。

皮肉な見方をすれば、怪僧道鏡の登場で東アジアは平和を保つことができたといえよう。

第3章
平将門の乱とフランク王国の分裂にみる「武士」と「騎士」の揺籃期

検証1　国家へ反逆する意思はなかった平将門の謎

将門《まさかど》の乱、起きる！　八世紀初め、曲がりなりにも日本は中央集権国家として船出した。ところが早くも、奈良時代半ばには逃散《ちょうさん》などによって耕す者がいなくなった公地が増え、律令国家の財政基盤となる班田《はんでん》そのものが実施できなくなっていった。班田とは戸籍に記載される「民」に田地を班給《はんきゅう》する代わりに租税（税金）を納入させる仕組み（人頭税）。中国の均田制を参考にした制度だ。しかし、農民の逃散によって荒れ地が増えて班田そのものができなくなり、国家財政に影響を及ぼしだした。そこで朝廷は、貴族や寺社に荒れた公地などの私有を認めた。これを私営田（初期荘園）と呼ぶ。のちに荘園は不輸田《ふゆでん》といって税免除などの特権をえるが、初期荘園は私有地といっても、国家に税を納めなければならなかった。朝廷はすべての国土を「公地」にする原則をかなぐり捨て、私有地を認めて、そこから税を取り立てようとしたのだ。こうしてのちに武士と呼ばれる勢力が台頭する。

そんな時代の関東（坂東《ばんどう》ともいう）に目を移してみよう。

九世紀の終わり、桓武《かんむ》天皇の曾孫《そうそん》にあたる高望王《たかもちおう》が「平」の姓をえて上総国《かずさ》（千葉県の中央部）の「介《すけ》」として赴任してきた。介は国司の次席にあたり、いまでいう副知事ということになるが、上総国は親王任国で「守」は不在。平高望はナンバーツーながら、事実上の「国守」であった。彼はその〝知事〟という権限を使い、国内の農民らを使役して私営田を広げていった。いまでいうと、自治体のトップという地位を濫用《らんよう》し、私腹を肥やすようなものだろう。

その高望の男子は、上から順に国香《くにか》・良兼《よしかね》・良将《よしまさ》・良正《よしまさ》・良文《よしふみ》の五人。彼ら兄弟は父高望の任期が終わっても帰京せず、それぞれ私営田を営んでいた。なかでも三男の良将は武芸に秀でていたのだろう。鎮守府将軍《ちんじゅふしょうぐん》に任じられている。この良将の長男が将門だ。生没年は不詳ながら、将門が成人したころには父良将は他界していたと考えられる。

将門の勢力圏は下総国《しもうさ》豊田郡（現在の茨城県常総市）にあった。天慶《てんぎょう》二年（九三九）、将門は常陸《ひたち》国府（茨城県石岡市）を襲い、国府を焼いて官物を略奪した。その後、「われは天皇の末裔《まつえい》である。坂東八カ国からはじめて王城（京）を占領しようと思う」と宣言。下野《しもつけ》国・上野《こうずけ》国へ進軍し、たちどころに地方政府の象徴である国印と正倉《しょうそう》の鍵を奪った。こうして将門は「新皇」と称し、坂東各国の除目《じもく》（官職を任命する儀式）をおこなって一族の者らを「守」や「介」に任じ、下総国岩井（茨城県坂東市）に政庁を置いた。

中央の朝廷からしたら、坂東による〝独立宣言〟でもある。この前代未聞の反乱に朝廷は慌てふためいた。平将門というと、関東で反乱を起こし、「新皇」と称した大罪人というイメージがあるが、この乱の本質は、分割相続をめぐる骨肉相食《あいは》む一族内の争いにある。

将門の乱の詳細は、『将門記《しょうもんき》』という成立年代および作者不詳の史料に頼らざるをえない。しかも、『将門記』は巻首を欠いており、突然、こんな合戦シーンではじまる。

承平《じょうへい》五年（九三五）二月、常陸国の大掾《だいじょう》（国司の三等官）に任じられていた源護《まもる》（やはり土着貴族の一族で嵯峨《さが》源氏とされる）の子・扶《たすく》らが常陸国真壁郡野本（茨城県筑西《ちくせい》市）で陣を張り、将門を討ち取ろうと待ち伏せしたというのである。しかし、将門はそれに気づいて扶らの軍勢を撃破。扶らは討ち死にした。そのまま将門は護の本拠（茨城県下妻《しもつま》市）へ進軍。本拠を焼き討ちし、余勢を駆って将門は伯父の国香をも殺す。この事実関係だけを並べると、待ち伏せしたのは源扶らであるものの、将門は〝伯父殺し〟の乱暴者にみえる。『将門記』に争乱の原因は書かれていないが、別の史料（『将門略記』）から、もう一人の伯父良兼と将門の間に、諍《いさか》いが起きていたことがわかる。

その原因は二つ。将門は伯父良兼の娘を娶《めと》っており、史料に「女論《じょろん》」とあることから、彼女をめぐり、なんらかのトラブルが発生していたと考えられる。そして、もう一つが将門の父良将の遺領をめぐる領地（私営田）争いだ。将門の父良将を除き、伯父たちは源護と縁戚《えんせき》関係があり、将門と護の勢力圏は近接している。つまり、将門だけが一族から孤立し、父の遺領をめぐり、伯父や源護らとの確執が生じていたのだ。将門は、護の背後に伯父の国香の存在を感じていたからこそ、国香を殺したのだろう。その後、舅《しゅうと》でもある良兼との抗争が本格化するものの、良兼も将門に敗れ、失意のうちにこの世を去る。この平氏一族や源護らとの抗争により、将門の名は坂東一円に鳴り響いた。ただし、以上の抗争はあくまで私闘。源護が都の検非違使《けびいし》庁（警察組織）に将門を弾劾する書状を提出し、将門は都へ召喚されたものの、問題なく将門は坂東へ帰されている。だが、将門の名声が坂東で高まったことが仇《あだ》となる。

承平《じょうへい》八年（九三八）二月、武蔵《むさし》国の権守《ごんのかみ》である興世王《おきよおう》と介の源経基《つねもと》（清和《せいわ》源氏の祖とされる）が、足立郡の郡司武蔵武芝《たけしば》という者と紛争に陥り、将門が両者の調停に乗り出した。その渦中のこと。理由は不明ながら、武芝の軍勢が経基の営所を包囲。経基は京へ逃れ、「権守（興世王）と将門が武芝にうながされて謀叛《むほん》に及んだ」と中央の太政官（国政を総括する最高機関）に訴えたのである。とはいえ、このときはまだ、将門が「謀叛無実」を訴え、その主張が認められている。じっさい、武芝の軍勢が経基の営所を囲んだのは手違いであり、将門に謀叛の意思はなかったのである。ところが、翌年の天慶二年（九三九）、謀叛に及んだと訴えられた興世王が、今

平将門の乱関係者相関図

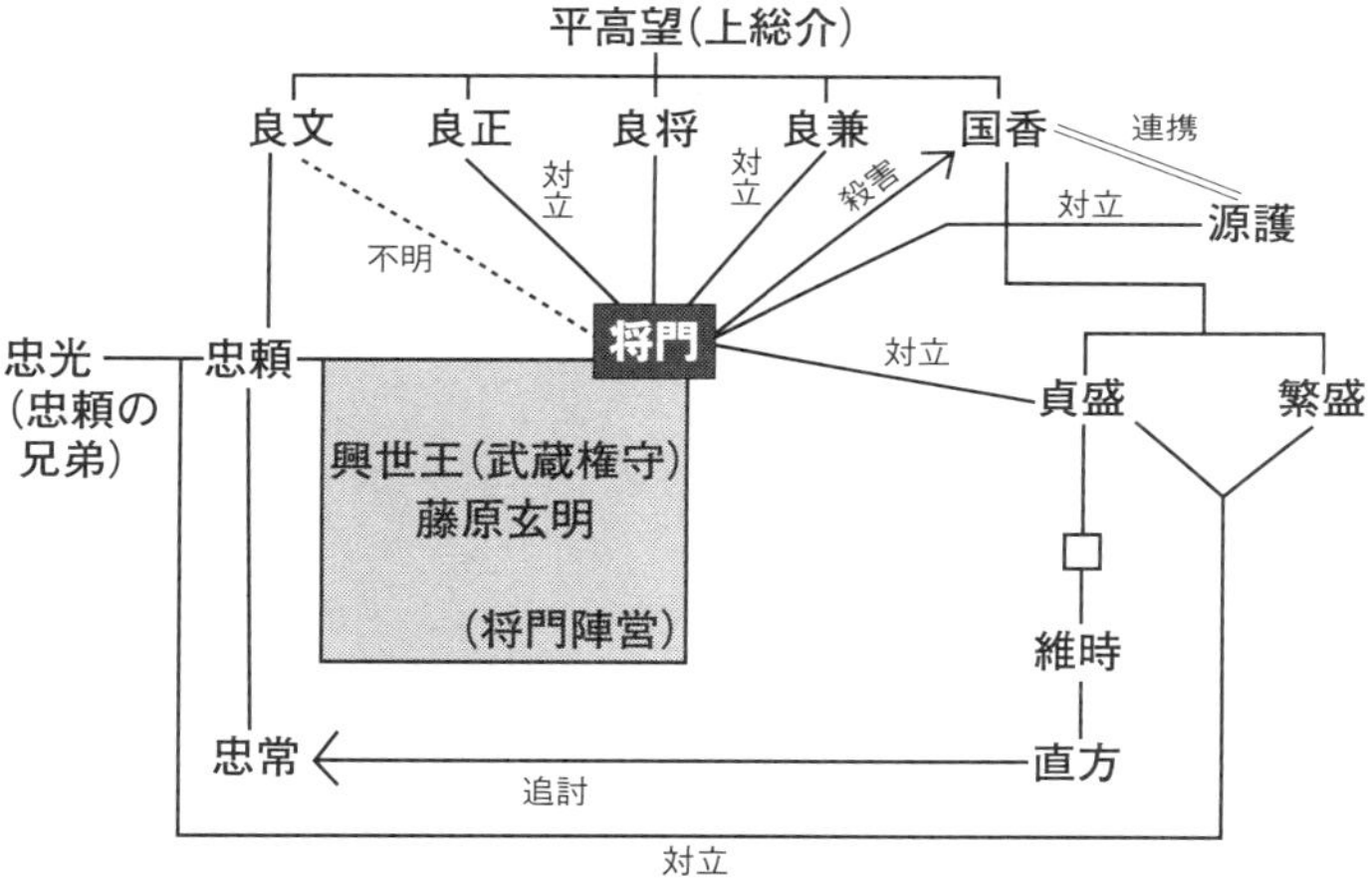

度は新しく武蔵守として赴任してきた百済《くだらの》貞連《さだつら》と対立。権守の地位を捨てて、将門の元へ出奔してきたころから風向きが変わりはじめる。

興世王につづいて、常陸国の豪族藤原玄明《はるあき》という者も将門を頼ってきた。とくに玄明は常陸の国府から官物《かんもつ》を受給、すなわち常陸の国庁から借り入れしておきながら、弁済を怠《おこた》る「乱人《らんじん》」であった。武蔵国守と対立した興世王も、官物を掠《かす》め取った玄明も権力に逆らう〝悪人〟である。将門陣営は彼らの巣窟《そうくつ》と化してしまうのである。ただし、権力側から見たら悪人でも、将門は彼らを「世に入れられず、寂しい思いをしている人」とみていたようだ。

将門は玄明の許しを国衙《こくが》に求めたがいれられず、ついに常陸の国府へ向けて進発した。

示威行動だったのかもしれないが、結果、将門の軍勢は勢いあまって国府を焼き、略奪した。ここに至り、将門はついに反逆者となる。将門は天慶三年（九四〇）二月、国香の子・貞盛《さだもり》や下野国の豪族で押領使《おうりょうし》（地方警察のトップ）に任じられた藤原秀郷《ひでさと》の軍勢に敗れ、討ち死にする。

将門の敗因と乱の本質

以上みてくると、二つの疑問が生じる。まず、新皇とまで称した将門がいとも簡単に討ち取られていること。なぜだろうか。

　理由はいまだ封建的な主従関係が確立していなかったことであろう。『将門記』では「伴類《ばんるい》」という言葉が使われている。伴類とは、将門が営んだ私営田の周辺に住む富裕な農民たち。メインの合戦ともなると、三〇〇〇人規模で動員されていたことがわかっている。彼らはのちに耕作する土地に自分の名をつけ、名田主（名主）と呼ばれる〝武士のタマゴ〟たちだ。しかし、いまだ〝武士のタマゴ〟の段階にあり、かつ、平将門と主従関係を結んでいたわけではない。彼らはまた形勢不利とみるや、平気で逃げ帰る者らでもあった。よって将門は、のちの源平争乱時のように武士団の棟梁《とうりょう》として、命懸けで戦う武士らを率いるという存在ではなかった。

　ちなみに〝武士のタマゴ〟である名主が武士に成長し、武士団の棟梁との主従関係を確立させるのは、こののち一世紀以上たった一一世紀後半。源義家《よしいえ》が奥州での利権拡大を狙い、奥州清原一族の内紛に介入した際だ（後三年《ごさんねん》の役）。義家の父頼義《よりよし》が俘囚《ふしゅう》（朝廷に帰順した蝦夷《えみし》のこと）の長である安倍頼時《よりとき》を攻めて奥州の利権を手にしようとしたときには、朝廷より頼時追討の官《かん》符《ぷ》をえている（前九年《ぜんくねん》の役）。つまり頼義の軍勢は官軍だった。これに対して義家は官符をえられなかった。官軍という大義名分を使えなかったものの、義家の野望実現のために相模《さがみ》国を中心に多くの武士が馳《は》せ参じる。このとき義家と武士らの間に主従関係が確立したとされている。

もう一つは、乱の本質がどこにあるのかという問題だ。

将門は、当初から国への叛乱を意図していなかった。むしろ常陸の玄明らの地方の豪族らにかつがれ、謀叛人となった悲劇のヒーローといえよう。将門が彼らに担がれたのは一族の領地争いに端を発した紛争にあった。もっというと、将門の父良将の兄弟たちが常陸の源護と結び、良将が亡くなったのをいいことに、その遺領を横領しようと図って、将門がその元凶である護・扶の父子と黒幕の伯父国香を討ち取ったことが私闘の原因であった。

この時代、武士の一族間で所領争いが絶えなかった。

藤原秀郷とともに将門を討った平貞盛《さだもり》（国香の長男）と弟の繁盛も、従兄弟の平忠頼と忠光（平高望の五男良文の子）と所領をめぐって争った。比叡山延暦寺《ひえいざんえんりゃくじ》へ金泥大般若経《こんでいだいはんにゃきょう》を奉納しようとして通行を妨げられた繁盛が朝廷へ訴え、忠光に追捕の官符が出される事態にまで至った。このように将門の従兄弟たちも互いに「敵」と称する関係となっていったのである。ちなみに、貞盛の流れからは平清盛《きよもり》や鎌倉幕府の執権北条氏が生まれ（貞盛流平氏）、忠頼の父良文は秩父《ちちぶ》氏や畠山《はたけやま》氏・三浦氏・千葉氏などのいわゆる「坂東八平氏」の祖となった（良文流平氏）。

忠頼の子の忠常の時代になると、国司の税の徴収を妨げたなどの理由で長元《ちょうげん》元年（一〇二八）

六月、忠常追討の宣旨《せんじ》が出された（平忠常の乱）。この叛乱の背景にも良文流と貞盛流の争いがあった。そのことは、貞盛の孫にあたる維時《これとき》が時の関白藤原頼通《よりみち》へ働きかけ、次男の直方《なおかた》を忠常の追討使とすることに成功していることからもうかがえる。

平高望の五人の兄弟は父の血統と事実上の〝知事〟という立場を利用し、それぞれが私営田を開発していった。嫡男は惣領《そうりょう》として一族を率いる立場にあったものの、戦国時代や江戸時代のように嫡男が父の遺産をすべて引き継ぐ仕組みにはなっていない。このように武士団の萌芽《ほうが》期において一族間の所領争いが頻発する理由は、分割相続という相続方法にあったといえる。

検証2　ゲルマンの伝統が「フランク王国」を分裂・崩壊させた！

ヨーロッパの誕生　分割相続による混乱は日本史上だけの特色ではなかった。そのことを確認するためにここでは、四世紀後半から、平将門の乱が勃発した一〇世紀にかけての西洋史を駆け足でたどる。それはまたヨーロッパという地域が成立していく歴史であり、「騎士」が台頭する歴史でもある。

アジア系遊牧民のフン族に圧迫され、三七五年以降、ゲルマン諸民族が「ガリア」と呼ばれていたローマ帝国の属州とその周辺部、さらには帝国領内へも大移動してくる。ローマ帝国はその末期に東西に分裂。コンスタンティノープル（イスタンブール）を首都とする東ローマ帝

8・9世紀ごろの西ヨーロッパ

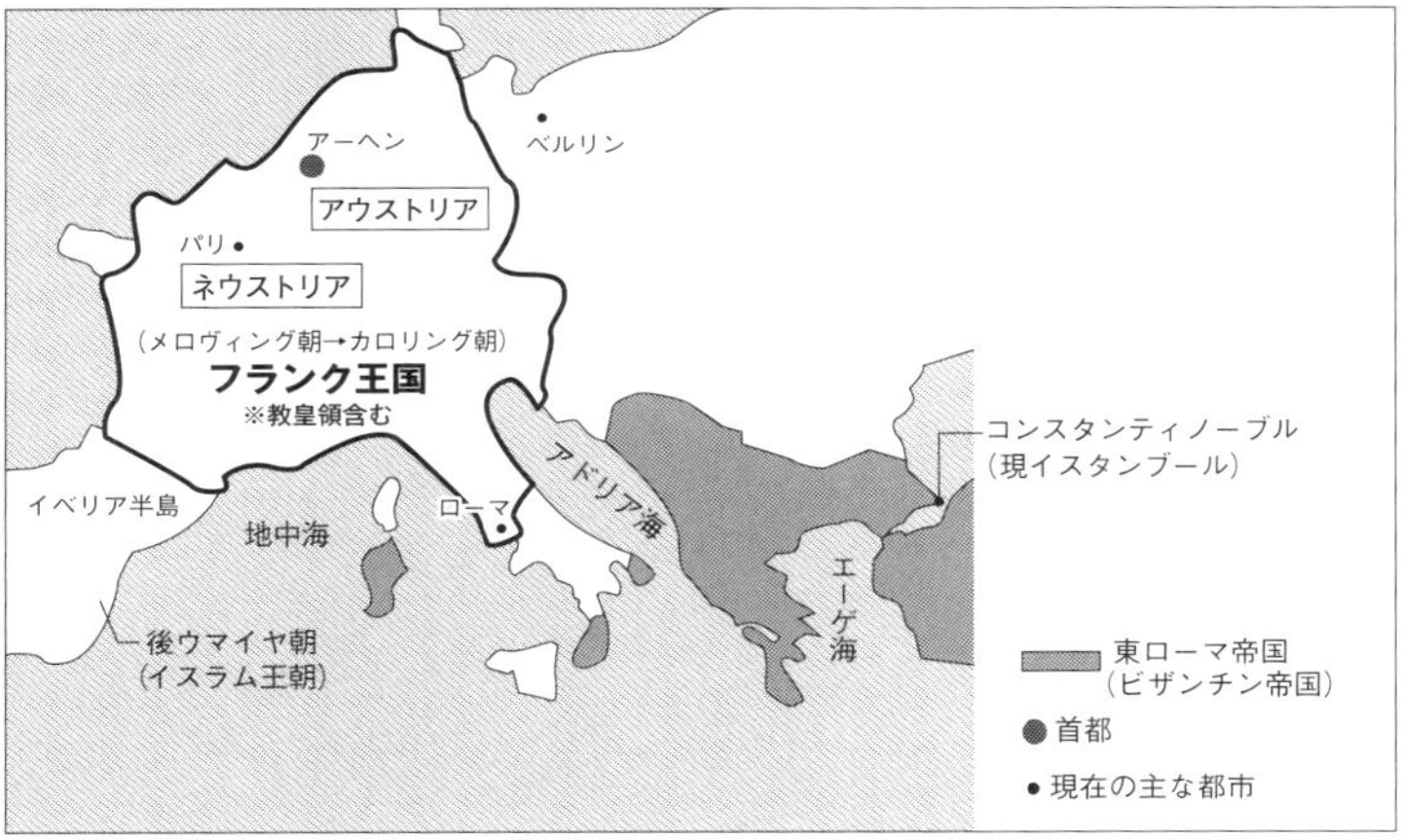

国（ビザンチン帝国）は一四五三年に滅亡するまでつづくものの、西ローマ帝国はゲルマン諸民族が属州内から帝国領内にかけて定住して部族国家をつくったことによって力を失い、四七六年、ゲルマン民族の一部族であるゴート人の王オドアケル（ローマ帝国の元傭兵隊長）に滅ぼされる。

帝国の属州や領内で部族国家を建国したゲルマン諸民族のうち、現在のブリュッセル（ベルギー）付近のトゥルネー（ベルギー最古の都市）の王であったメロヴィング家（フランク族）のクローヴィスがフランク王国（首都はパリ）を建国する。このメロヴィング朝フランク王国は古代ローマの伝統を引き継ぐ奴隷制や地中海貿易を基礎としており、いまだ年代的には「古代」といえる。

メロヴィング朝時代の社会では家族そのもの

が直系を重んじず、兄弟が平等に親の財産を相続、すなわち分割相続していた。それはまた、古代ゲルマン以来の伝統であった。まずクローヴィスの没後、王国は幾度かの分割を経て、ネウストリアとアウストリアに再編された（関連年表と地図参照）。前者は王国の西部、後者が王国の東部を領域としていた。前者のネウストリアはセーヌ・ロワール川流域のフランス、後者のアウストリアはいまのフランス東部とドイツ西部、ベルギー・オランダ地域を指している。そこでは内訌《ないこう》や争いが絶えず、抗争を繰り返した。詳細は語らないが、ネウストリア王妃のフレデグンデとアウストリア王妃ブルンヒルドの抗争は嫉妬《しっと》渦巻く陰惨なものとして知られている。

その後、アウストリアの宮宰としてカロリング家が台頭すると、王国は統一の道を歩み、ピピン三世がカロリング朝フランク王国を興す。

カロリング家が勃興した八世紀になると、王国を取り巻く様相は一変していた。七世紀にイスラム勢力が地中海沿岸の北アフリカへ進出し、やがて彼らはイベリア半島で後ウマイヤ朝を建国する。かつてのローマ帝国の勢力圏は、イスラム勢力に占拠されて地中海貿易が途絶えてしまう。そうなるとフランク王国領内は農業国家への転換を余儀なくされる。こうしてライン川からロワール川にはさまれた地域に内陸国家としての「ヨーロッパ」が誕生するのである。

このころキリスト教会もローマとコンスタンティノープルに分裂していたが、ローマ教会管内では修道院を中心にフランク王国内で布教を図り、修道院や地方貴族の「伯《グラーフ》」らによる荘園が生まれた。

日本では成長した農民の富裕層が私営田領主と主従関係を結び、初期の武士団を誕生させたが、ヨーロッパでも土地土地の荘園領主らが富裕農民を従士となし、のちに騎士と呼ばれる層を養うようになる。また、ローマ時代には城壁に囲まれた土地とそれに付随する農地というヨーロッパの古代的景観も、領主の館や城を中心に農地が広がる農業中心のヨーロッパ社会へと変容を遂げるのである。こうした変化も、フランク王国が農業国家として再編され、農業技術の進歩にともなう変化があったからに他ならない。日本で奈良時代から平安時代へ移行する八世紀から九世紀にかけての変化であった。

カール大帝の登場とヨーロッパの封建制　カロリング家がフランク王国の王となってヨーロッパを支配するためには、新たな権威が必要だった。メロヴィング家の王は民族大移動期にゲルマンの神々から優れた軍事指揮者と認められ、王位についていた。つまり、フランク族にとってメロヴィング朝はゲルマンの神という権威に裏付けされた王権だったのである。そこでカロリング家は別の権威を求めた。それがキリスト教である。キリスト教は当時、ローマ教会とコンスタンティノープル教会のどちらが上位にあたるか互いに争っており、日本で東大寺の大仏開眼を翌年にひかえた七五一年、ピピン三世はメロヴィング朝の王の退位を図り、ローマ教会の教皇ザカリアスから王位につく正当性を保証された。

ピピンはサン・ドニ大修道院（パリ北郊）で現地の最高聖職者からフランク国王として戴冠されるのだが、その際、キリスト教の儀式としてもっとも神聖とされる聖油を受けている。メロヴィング家が古代ゲルマンの神に認められて国王になっているのなら、カロリング家はキリスト教の権威にもとづき王につこうとピピンは考えた。また教皇は教皇で、コンスタンティノープル教会に対するローマ教会の優位性を確保するためにカロリング家と結んだのである。こうしてカロリング朝フランク王国が誕生し、フランク国王の即位には聖油の儀式と戴冠が慣習化する。

七五四年にはローマ教皇ステファヌス二世がフランク王国を訪れ、ピピンはあらためて教皇から聖油を受け、二人の子にも聖油を授けるように求めた。この二人の子のうち、一人がのちのカール大帝である（弟は早世）。カールは王国周辺へ盛んに兵を繰り出し、イタリアに建国していたランゴバルド族の王国を滅ぼして版図を広げ、事実上の〝ヨーロッパ王〟として君臨した。そして、いまのドイツ・フランス国境付近のアーヘンを首都と定めた。

こうして領域が広がり、中央に権力を集めようとするカール大帝の国家構想とは裏腹に、現実には地方の荘園領主に「伯」の地位を与えて地方の政治にあたらせるしかなかった。この伯も封建制度の根幹をなす「封《レーエン》」の一つだと考えられている。王国全域に伯制度が広まるのも、このカール大帝の時代であった。こうしてカール大帝の登場とともに「封建領主（城主）―騎士」という封建主従制が広がってゆくのである。日本で封建制が生まれる二世紀ほど前の時代だった。

フランク王国の分裂　カール大帝は八〇〇年から八一四年まで国王として君臨（日本では平安時代の初め、桓武・嵯峨天皇の治世にあたる）。その跡は敬虔王ことルードヴィヒ一世（ルイ一世）に引き継がれた。ところが八四〇年にルードヴィヒが死去すると、王国は乱れることになる。その理由がやはり分割相続であった。

ルードヴィヒは兄弟が早世して単独相続できたものの、彼の王子らは伝統にしたがって分割相続しなければならず、その分割をめぐり、貴族を巻きこんで激しい抗争を繰り広げた。

こうして八四三年、ヴェルダン条約が結ばれ、王国は東フランク王国・中部フランク王国・西フランク王国に分裂するのである。その後、中部フランク王国ではまたも分割相続によってイタリアとロートリンゲン（いまのフランス北東部ロレーヌ地方）に分かれ、ロートリンゲンは八七〇年のメルセン条約でそれぞれ東西のフランク王国に併合されるという混乱がつづいた。

当時、分裂した王国内にはイスラム教徒やノルマン人（北方のゲルマン民族）、アジア系のマジャール人（のちに彼らはハンガリーを建国）が侵入。八七五年にはイタリア（中部フランク王国）のカロリング家が断絶する。東西のフランク王やイタリア国内の貴族らが王位を狙い、イタリア政局は不安定な時代がつづいた。分割相続という相続法が国を滅ぼしたのである。西フランク王国（いまのフランス）でも九八七年にカロリング家が断絶。カペー王朝・ヴァロア王朝を

日本・西ヨーロッパ関連年表

日本

478年	倭王武（雄略天皇）が中国の南朝・宋に朝貢
527年	筑紫の国造がヤマト朝廷に反乱（磐井の乱）
587年	蘇我馬子が物部氏を滅ぼし政権掌握（丁未の役）
603年	冠位十二階制制定
604年	十七条憲法制定
645年	乙巳の変で蘇我宗家が滅ぶ
663年	白村江で日本軍が唐に敗れる
701年	大宝律令完成
710年	平城京遷都
759年	「新羅出兵」計画が動き出す
794年	平安京へ遷都
866年	藤原氏初の摂政誕生

西ヨーロッパ

481年	クローヴィスがフランク王国（メロヴィング朝）を建国
507年	クローヴィスが西ゴート王国を滅ぼす
511年	クローヴィスの死後王国は四人の王子に分割
561年	再び王国四分割
622年	王国第三次分割
650年ごろ	王国がアウストリアとネウストリアに再編
732年	アウストリアの宮宰・カール・マルテル（カロリング家）がトゥール・ポアティエ間でイスラム軍を破り、イスラム勢力のヨーロッパ侵攻を食いとめる
751年	カール・マルテルの子ピピン3世がフランク国王として即位（**カロリング朝**）
800年	カール大帝が即位
843年	ヴェルダン条約でフランク王国は三国に分裂（東・中部・西）
870年	メルセン条約で中部フランク王国のロートリンゲンが東西フランク王国に併合

- 887年　藤原氏初の関白誕生
- 894年　遣唐使の廃止

← 中世 →

- 939年　**平将門の乱起こる**
- 1028～31年　平忠常の乱起こる
- 1051年　前九年の役起こる
- 1083年　後三年の役起こる

← 中世

東（ドイツ）

- 876年　カール3世即位
- 880年　イタリア王を兼ねる
- 884年　西フランク王国国王を兼ねる（一時、王国統一）
- 910年　**カロリング朝断絶**
- 936年　オットー1世即位
- 951年　イタリア王を兼ねる
- 962年　ローマ教皇から戴冠され、皇帝となる**（神聖ローマ帝国の誕生）**

中部（イタリア）

- 875年　**カロリング朝断絶**
- 899年　マジャール人侵攻　※諸侯が互いに王を称す
- 951年　オットー1世、王となる

西（フランス）

- 885年　ノルマン人がパリを包囲
- 987年　**カロリング朝の断絶**（カペー王朝の誕生）

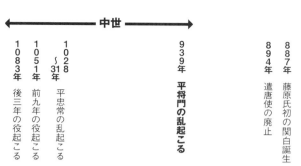

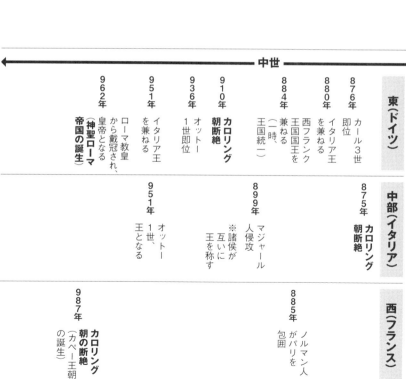

へて、一八世紀の革命で斬首されたルイ一六世のブルボン王朝へとつづいてゆく。

一方、東フランク王国（いまのドイツ）ではフランスより早く、九一〇年にカロリング家が断絶し、部族大公と呼ばれる勢力が台頭する。彼らはもともとゲルマン民族の諸部族を代表する勢力で、伯たちよりも上位の権力だ。カロリング朝の全盛期には「大公領」は解体されていたが、カロリング家の没落とともに復活する。フランケン大公がドイツ王に選ばれた後、ザクセン公がドイツ王（ハインリヒ一世）となるや、マジャール人との戦争に勝ち、王座はその子のオットー一世に引き継がれた。

神聖ローマ帝国と鎌倉幕府　ここで注目すべきは、ゲルマンの伝統を捨て去り、ハインリヒ一世が子らに分割相続させなかったことである。

ちょうど日本で平将門の乱が勃発しようとしていた九三六年、オットーは選挙によって、単独で国王に推戴され、彼は九五一年にイタリアの政局が不安なところに目をつけ、イタリア王位をもわがものとする。九六二年にはローマ教皇から神聖ローマ帝国皇帝として戴冠されるが、そのためにはローマへ行かねばならない。ローマに行くには周辺のイタリアを平定しておかねばならず、したがって、以降、ドイツ王はローマ教皇によって戴冠され、皇帝とイタリア王を兼ねることが慣例化する。イタリアのローマといえば、むろん、古代に地中海世界で栄えた帝国の首都。よって、一〇世紀に誕生したドイツとイタリアの帝国は「神聖ローマ帝国」と称され、オットー一世（オットー大帝）を初代皇帝とする。

　ドイツ語でこの帝国を正式には「ドイツ国民の神聖なるローマの帝国」と呼ぶ。帝国の最盛期にはいまのドイツはもちろんのこと、オランダ・ベルギー・フランス東部・スイス・イタリア北部・オーストリア・チェコなどもその版図とした。

　カール大帝をもって神聖ローマ帝国の初代皇帝とする説もあるが、ヨーロッパを混乱させていた分割相続を止めて皇帝権を確立したのはオットー一世の時代なのだから、やはり、彼をもって、ヨーロッパの中世史に大きな足跡を残した神聖ローマ帝国の初代皇帝としたい。

　一方、日本では源平（ともに賜姓《しせい》皇族を祖とする）という武門の二大勢力は依然として一族間の確執をつづけていた。貞盛流平氏と良文流平氏の争いがあり、源氏でも後三年の役で東国武士と主従関係を確立させた源義家の嫡男義親《よしちか》が京都で乱行を繰り返して廃嫡されたあと、義親の四男為義《ためよし》が源氏の棟梁となり、その子義朝《よしとも》と義賢《よしたか》の兄弟が東国での所領争いから、義朝の長男義平《よしひら》が叔父義賢の大蔵館（埼玉県嵐山《らんざん》町）を急襲し、殺している（大蔵合戦という）。

　その翌年の保元《ほうげん》元年（一一五六）には、京の都で崇徳《すとく》上皇軍と後白河《ごしらかわ》天皇軍が戦う保元の乱が起こり、為義と義朝の父子がそれぞれ両陣営に属し、骨肉相食《あいは》むストーリーが語られている。

　その後、平治《へいじ》の乱（一一五九年）で義朝・義平父子が平清盛に敗れ、清盛が日本史上初めて武家政権を発足させる。清盛は平治の乱の翌年に参議《さんぎ》となり、七年後の仁安《にんあん》二年（一一六七）二月、ついに従一位太政大臣にまで昇りつめた。清盛はわずか三カ月で職を放り出し、隠居するが、それは朝廷の官職に縛られない政治をおこなうためであった。前相国《さきのしょうこく》（太政大臣の唐名）という権威をえるために武家として初めて太政大臣についたのであって、清盛は隠居したとはいえ、現実的には福原（神戸市）に政所《まんどころ》（政庁）を置き、政務を執った。この政権はこの時代の研究者らによって、福原幕府、あるいは、平氏の公達《きんだち》の邸が京の六波羅《ろくはら》に集中していることから六波羅幕府という呼び方もされる（詳細は92ページ）。

清盛の死後、平治の乱の敗者として伊豆に流されていた源頼朝《よりとも》（義朝の三男）が平氏政権を倒し、鎌倉幕府を打ち立てる。この平氏の福原政権と源氏の鎌倉政権の性格については諸説あるものの、中世ヨーロッパに誕生した神聖ローマ帝国とリンクさせればわかりやすい。

カロリング朝フランク王国の王はゲルマン民族の神という「権威」から、キリスト教という別の「権威」へ乗り換え、ローマ教皇による戴冠という儀式をへて神聖ローマ帝国初代皇帝のオットー一世が即位した。ヨーロッパでキリスト教が宗教的権威であるのは自明だ。その後ヨーロッパでは、王権は神から直に授かったものという思想（王権神授説）が生まれ、王権がローマ教皇権や神聖ローマ皇帝の皇帝権に決して劣らないとする風潮が現れる。しかしそれは王政側の論理であり、やはりローマ教皇、キリスト教が最高の権威であることに変わりはない。

ちなみに、日本で「王権神授説」は成立しなかった。ローマ教皇が「神の代理」にすぎないのに対して、日本の天皇は日本神話にもとづき「天《あま》つ神の末裔《まつえい》」とされている。天皇が親政してこの国を治めた時代もあったとはいえ、神である天皇は皇帝や王という言葉だけで説明することができず、まさしく宗教的権威そのものであった。つまり日本では、天皇が神から王権ないし皇帝権を授かっているとわざわざ喧伝《けんでん》する必要はなく、だからこそ、古代の一時期を除き、中国のように易姓《えきせい》改革（天子は天命によって天下を治めており、天命に背いた場合、天は他姓の有徳《うとく》者を天子にするという思想）が起きて王朝が変遷することもなかったといえよう。

清盛の福原政権も頼朝の鎌倉政権も、宗教的権威そのものである天皇から太政大臣や将軍に任じられたことを大義名分に掲げたからこそ、権力をふるうことができた。一方、神聖ローマ皇帝も現実にはドイツ王やイタリア王にすぎなかったものの、宗教的権威であるローマ教皇によって、国王より一ランク上の地位を与えられていたのだ。

また、荘園領主であるヨーロッパの貴族たちや日本の地頭《じとう》と呼ばれる在地の武士たちにとっては、権威（ローマ教皇と天皇）によって権威（皇帝や太政大臣・将軍）を与えられているオットー一世や清盛・頼朝こそが権威となる。ドイツの貴族たちは権威となった皇帝より伯の地位を与えられ、荘園を経営する根拠となし、日本でも在地の武士が権威となった頼朝から地頭職に任じられ、所領を経営する基礎となした。

皇帝と貴族（領主・城主）・騎士、将軍と地頭らはそれぞれ封建的に結びつき、西洋史では皇帝あるいは国王を頂点とするピラミッド的国家組織を「封建王政」と呼び、日本で鎌倉政権が誕生してしばらくたった一三世紀にその政治体制が発展する。

また、ヨーロッパでは一〇世紀のオットー一世のころにゲルマン社会の伝統であった分割相続を止め、一一世紀の末ごろには荘園領主層の間にも長男による単独相続が一般化する。

日本では一一世紀の源義家の時代以降、「武家の棟梁」という考え方から武士団の上層で次第に長子相続制がとられるようになり、頼朝が範頼《のりより》や義経といった異母兄弟を冷遇し、嫡流《ちゃくりゅう》という考えにこだわったことはよく知られている。ちなみに、御家人層で単独相続制が根づくのは一三世紀の鎌倉時代半ば以降だといわれている。

日本ではこののち、室町・戦国期をへて江戸時代を迎えると、嫡男だけが重視され、次・三男はいわゆる部屋住みとして冷遇されて、典型的な直系のタテ型社会となってゆく。一方、ヨーロッパではとくに神聖ローマ帝国の影響下にあったドイツが庶民に至るまで直系型社会として現代に至っているという（鹿島茂著『エマニュエル・トッドで読み解く世界史の深層』参照）。

コラム　中国の「中世」とは？

漢と唐の相違点　中国では周《しゅう》の時代に統治方法としての封建制（一族らを国内の主要地に封ずる仕組み）が成立していたものの、日本史や西洋史でいう双務的（いわゆる「御恩《ごおん》」と

「奉公」の関係）な封建制主従関係にもとづく中世社会は訪れず、その意味での「中世」という時代はなかった。しかし、中国史もただダラダラと王朝の興亡を繰り返していたわけではない。日本の中国史研究者の間ではしっかり、古代・中世・近世・近代という時代区分がなされている。

諸説あるものの、後漢《ごかん》までを古代、後漢末の混乱の時代（すなわち『三国志』の英雄たちの時代）から唐の衰退と滅亡、それにつづく五代十国《ごだいじっこく》の時代までを「中世」とし、宋《そう》の建国から清《しん》朝末までを近世とする区分が一般的ではなかろうか。

古代は秦《しん》の始《し》皇帝に代表される皇帝の権力が強く、民の一人一人が皇帝に支配されていたが、動乱期を経て皇帝権力をチェックする貴族が登場し、その「貴族制」（貴族制律令国家ともいう）が中世を特徴付けるようになるという（竺沙雅章監修、藤善眞澄責任編集『アジアの歴史と文化②中国史―中世』総論）。たしかに日本でも、天智・天武天皇の天皇専制時代をへて、奈良時代には藤原氏が権力を握り、九世紀・一〇世紀と、次第に貴族の力が強まってゆく。

中国では魏の黄初《こうしょ》二年（二二一）、日本で邪馬台国の卑弥呼が即位していたころ、早くも「九品《くほん》官制」が生まれている。俸禄《ほうろく》（給料）の高によって官位が「一品」から「九品」の等級に分かれ、もともと上品《じょうほん》（官位の上位の者）には能力の高い官人が選ばれることになっていたが、やがて家柄などが重んじられ、かつ世襲され、彼らが貴族と呼ばれるようになる。

その貴族たちは中央では高級官僚、地方では「荘」（荘園）と呼ばれる大土地所有者という顔を持っていた。日本とヨーロッパでも中世に荘園が発展するものの、とりわけヨーロッパの荘園では領主に従属する農奴が在地の生産を担っている。だが、中国の中世の荘園に農奴はいなかった。領主の貴族層に地代を納める小作農も、均田農民（国家から口分田を支給され、租庸調《そようちょう》の税を負担した）と同じく、戸籍に編入されている。いわば、貴族の小作農たちも「国家の民」であった。

次に中国中世史のもう一つの特徴ないしキーワードは「胡族《こぞく》」。胡族が黄河流域に乱入したことによって漢民族が江南に追いやられ、華北のみならず、漢民族の文化が江南に広がった。中国史では古代の漢王朝、中世の唐王朝を代表的な国家と位置付けているが、漢王朝が漢民族による王朝であるのに対して、唐は五胡が王朝の興亡を繰り返していた北朝に興り、漢民族と胡族の連合国家だといわれている。唐は中央アジアまで版図を広げ、世界帝国となるが、漢民族と胡族の連合国家という面を考えると、建国時からある意味、国際性を帯びていたといえる。では、その世界帝国がどうやって衰退するのか。こんどは中世から近世へと至る変革期の歴史を簡単に振り返っておきたい。

安史の乱から五代十国時代へ　隋の文帝がはじめた「科挙《かきょ》制度」（試験による官人登用制度）は、盛唐と呼ばれる八世紀半ばの玄宗《げんそう》皇帝の時代になると、優秀な官僚が中央政界にどんどん進出し、伝統的な支配階層である貴族たちと対立するようになる。唐の帝室出身で貴族でもある李林甫《りりんぽ》が宰相になると、科挙組の出世を阻もうと、辺境部に設置された節度使《せつどし》（地方の財政・行政・軍政を担当した）に敢《あ》えて蕃族《ばんぞく》出身者をあて、それがソグド人（いまのウズベキスタンの古都サマルカンド付近ソグディアナに住んでいたオアシスの民）の父と突厥《とっけつ》人の母の間に生まれた安禄山《あんろくざん》の台頭を許すようになる。

安禄山は玄宗皇帝の恩寵《おんちょう》もえて、范陽《はんよう》（いまの河北省）・河東《かとう》（いまの山西省）節度使などを兼ねた。しかし、安禄山は玄宗の寵姫である楊貴妃《ようきひ》の又従兄である楊国忠《ようこくちゅう》と対立する。李林甫の死後、楊国忠が安禄山の排除を企《たくら》んでいるとの報に接し、七五五年一一月、安禄山が范陽で挙兵した。彼は藩鎮《はんちん》（節度使の幕府）に属する唐の正規兵と主従関係を結んでいた。ただし、これは安禄山が長期にわたって節度使に任じられていたからであって、日本のように御恩と奉公にもとづく主従関係が成立していたとはいい難い。

それでも安禄山は一時、長安の都に入城するが、実子に殺害され、その後、范陽にとどまっていた安禄山配下の史思明《ししめい》が長安の反乱軍から独立する動きをみせる。したがって、この反乱は安禄山の「安」と史思明の「史」をとって、安史の乱と呼ばれる。しかし、史思明もまた実子に殺害されるなどの混乱もあって、七六三年、およそ八年に及んだ動乱が終わる。唐王朝はいわば敵失によって乱を終結させた形だが、その間、これまで辺境防備のために置かれた節度使が内地にも置かれた。

前述のとおり、節度使は藩鎮と呼ばれる幕府で地方の政治をおこない、彼らはやがて軍閥化してゆき、中央集権国家である唐王朝を内部から蝕《むしば》む存在となるものの、すぐさま軍閥同士が群雄割拠して日本の戦国時代のような様相には至らなかった。

ところが、日本で菅原道真《すがわらのみちざね》の進言によって遣唐使が廃止される一九年前の八七五年、黄巣《こうそう》が兵を挙げると、やがて大規模な農民反乱となって一時、黄巣が長安へ無血入城を遂げて皇帝位についた（黄巣の乱）。この反乱は八八四年に黄巣が自害するまで一〇年間つづく。

この黄巣の乱鎮圧に貢献したのが李克用《りこくよう》と朱全忠《しゅぜんちゅう》であった。とくに李克用の騎馬兵は黒装束で統一され、「鴉《あ》軍」と呼ばれ、反乱軍から恐れられた。彼の父は、トルコ系突厥の一部族だった。それが藩鎮軍人の反乱を鎮めた功績によって皇帝の姓である「李」姓を賜っていたのである。

もう一人の朱全忠はもともと朱温《しゅおん》といい、黄巣の反乱に加わっていたが、唐朝へ寝返り、交通の要衝である黄河下流域の開封《かいほう》を拠点にした節度使に任じられた。彼は皇帝に忠誠を誓うという意味で全忠という名を賜ったものの、皇帝を殺させて幼帝を即位させると、唐の天祐《てんゆう》二年（九〇五）、貴族たちを一斉に地方官へ左遷した。しかも、その途次、彼らを皆殺しにさせ、その遺骸を黄河に遺棄したといわれる。二年後の九〇七年に唐の幼帝（昭宣《しょうせん》帝《てい》）から禅譲を受け、節度使時代の拠点だった開封を首都に「梁《りょう》」（後梁《こうりょう》と呼ばれる）を建国する。ここに中世的な貴族制律令国家の唐は、黄河に消えた貴族たちとほぼ同じくして滅ぶことになった。

その後、後梁は内訌を繰り返し、李克用（前出）が朱全忠とことごとく対立し、長男の李存勗《そんきょく》の時代に後梁を倒し、李姓を賜っていたことから、新たな国号を「唐」（後唐と呼ばれる）とした。しかし、この後梁・後唐とも全国政権とはいえず、江南には軍閥が設立した一〇の国（地方政権）が割拠し、華北でも後梁と後唐《こうとう》ののち、後晋《こうしん》・後漢《こうかん》・後周《こうしゅう》と短命の王朝が興亡を繰り返す。これを五代十国時代という。

こうして日本で平将門の乱が起きた一〇世紀の前半、中国は軍閥が割拠する分裂の時代を迎えていたのである。

このように地域政権が割拠する様は、日本の戦国時代を彷彿《ほうふつ》させる。この分裂は、趙匡《ちょうきょう》胤《いん》が後周の皇帝から禅譲を受け、開封を首都に「宋《そう》」を建国するまでつづく。宋の二代皇帝太宗《たいそう》の時代に中国はふたたび統一されるが、宋は皇帝への権力を集中させ、節度使から軍政・財政・民政権を奪うとともに、科挙制度を充実して貴族に代わる優秀な官僚を育て、文治政治を徹底する。これまた、日本で戦国時代が終わり、殺伐とした戦国の気風が過去のものになりつつあった江戸幕府四代将軍徳川家綱《いえつな》の時代から文治政治に切り替わっていった状況と似ているかもしれない。

また、唐末の動乱期から新興の地主層が登場して貴族の荘園に取って代わったが、彼ら新興地主や大商人たちが唐末に導入された両税法（農民の所有地や商人の資産に課税され、現代の税制に近い）のタックス・プレイヤー（納税者）となり、宋の財政を支えた。こうして一〇世紀後半の宋の建国によって、皇帝権力が強かった古代とも、また、貴族による支配がつづいた中世とも違う「近世」社会が中国に登場するのである。

第4章
日本・朝鮮・エジプトで「武家政権」を生んだ一三世紀の謎

検証1　鎌倉幕府の成立は一一九〇年だった！

いい国説の誤り　鎌倉幕府の成立年をめぐり、一一八〇年説・一一八五年説・一一九二年説、さらに一一八五年から一一九二年にかけて成立したという段階論を含め、さまざまな学説が提唱されている。一一八〇年は伊豆の韮崎《にらさき》（伊豆の国市）に流されていた源頼朝が挙兵した年。一一八五年は頼朝が朝廷から守護・地頭設置の権利を与えられたとされる年。そして、一一九二年は、〝いい国作ろう鎌倉幕府〟でおなじみの年。頼朝が征夷大将軍《せいいたいしょうぐん》に任じられた年だ。

初めに指摘しておきたいのは、当時の人々が鎌倉の武士政権を「幕府」と呼んだという確実な史料は見当たらず、幕府という言葉そのものが後世の人たちの呼称であったこと。そもそも幕府というのは、将軍らの武官が陣所に幕を張り、帷幄《いあく》（本営）の幹部らと戦略や戦術を練ったことに由来するという。したがって、将軍である頼朝と彼を支える御家人《ごけにん》らが集《つど》う府（役所）を幕府と呼ぶことは正しいし、そのため、通説は幕府の成立を頼朝の征夷大将軍職就任に求めてきた。しかも通説は、頼朝が将軍職就任を望んだものの、後白河法皇《ごしらかわほうおう》が警戒して与えなかったとしてきた。その後、反対勢力のドンである後白河法皇がこの世を去ってのち、頼朝はすぐさま将軍職についているから、なおさら、その考え方は真実味を増した。

ところが、将軍補任《ぶにん》から二年たった建久《けんきゅう》五年（一一九四）一〇月一〇日、頼朝がなりたくて仕方がなかったはずの征夷大将軍を辞任している事実が『尊卑分脈《そんぴぶんみゃく》』という史料で明らかになった。そうなると、話は違ってくる。

また、建久一〇年（一一九九）一月一三日に頼朝が死去し、長男の頼家《よりいえ》が後継者に立てられるが、その際、頼家はすぐさま将軍になったわけではない。まず右近衛権少将《うこんえごんのしょうしょう》から左近衛中将へ昇任し、建仁《けんにん》二年（一二〇二）七月になって、ようやく征夷大将軍に補任される。頼家は母政子の実家である北条氏と反目し、翌年九月にその地位を追われるが、頼家の弟・実朝《さねとも》が後継者となる際、朝廷が実朝に与えたのが征夷大将軍であった。こののち征夷大将軍に任じられて幕府のトップになるという慣例ができあがり、江戸幕府一五代将軍徳川慶喜《よしのぶ》まで受け継がれる。

つまり、その慣例は鎌倉幕府三代将軍実朝の時代からであって、初代将軍（頼朝）・二代将軍（頼家）の場合、将軍職が幕府の長となる条件ではなかったのである。よって、いい国説は誤りということになろう。

頼朝の上洛

それでは、一一八〇年説か一一八五年説を支持すべきか。いずれも魅力的な説だが、前項で述べたとおり、天皇という権威によって何らかの権威を与えられなければ、武門の棟梁《とうりょう》として荒々しい武士たちをまとめることはできなかっただろう。では、征夷大将軍の代わりになる権威は何だったのだろうか。それが、右近衛大将《うこんえのだいしょう》だ。

律令制度では左右に近衛府《このえふ》（天皇や内裏《だいり》、京を守護する軍事組織）がもうけられ、頼朝は建久元年（一一九〇）一一月二四日、その近衛兵の長官（右近衛大将）についた。征夷大将軍が非常時の官職であるのに対して右近衛大将は常設の官職。朝廷の武官としては最高のポストであった。しかも、頼朝はその年の一〇月、精兵一〇〇〇余騎の東国武士らを率いて鎌倉を発ち、翌一一月七日に都入りを果たしている。

頼朝は、平清盛との抗争に敗れて敗死した義朝の子だが、清盛の継母・池禅尼《いけのぜんに》の意見もあって、死をまぬがれ、伊豆へ配流された。治承《じしょう》四年（一一八〇）、打倒平氏の兵を挙げるが、東国から平氏の勢力を掃討した後も、元暦《げんりゃく》二年（一一八五）三月、平氏が壇《だん》ノ浦《うら》（下関市）で滅亡したあとも、鎌倉を動かなかった。にもかかわらず、頼朝は右近衛大将に任官するため、一四歳で伊豆に配流されて以来、三一年ぶりに都の土を踏んだのである。

しかも、この年までに、幕府の組織は固まっていた。中央組織として、侍所《さむらいどころ》（軍事や警察を担当）・政所《まんどころ》（一般の政務を司る）・問注所《もんちゅうじょ》（訴訟事務を所管）がそれぞれ発足し、すでに機能していたのである。

つまり、建久元年の頼朝上洛時には組織を含めた幕府の屋台骨が完成し、内乱の勝者となった頼朝が堂々と一〇〇〇余騎の大軍を率いて都入りを果たしたのである。あとは、幕府を開く資格をえるだけだ。当然のことながら、武官の最高ポストである近衛大将は幕府を開くことができる。二代将軍頼家も、頼朝の死後に後継者となった際、朝廷によって左近衛中将に任じられている。左近衛中将は右近衛大将に次ぐ地位にある。ちなみに、鎌倉幕府の公式歴史書である『吾妻鏡《あずまかがみ》』も頼朝のことを「前右大将家《さきのうだいしょうけ》」と表記し、頼朝の下文《くだしぶみ》（命令書）も一時期を除き、「前右大将家（の）政所（が）下（す）」という形式になっている。

よって、頼朝が武門のトップとして堂々の都入りを果たし、右近衛大将に任じられた一一九〇年をもって、鎌倉幕府の成立としたい。しかし、これで鎌倉幕府をめぐる謎がすべて解けたわけではない。まだ、幕府と朝廷との関係を検証するという課題が残されている。

福原幕府と鎌倉幕府　平清盛は隠居した福原（神戸市）に前相国府《さきのしょうこくふ》として政所（政庁）を置き、政務を執った。清盛の政権も福原幕府、あるいは六波羅幕府と呼ばれている。その清盛は治承三年（一一七九）一一月、福原から兵を率いて上洛し、関白を罷免《ひめん》したのみならず、後白河法皇に近い公家約四〇名の官職をいっせいに剝奪《はくだつ》した。さらに清盛は、後白河法皇に反平氏の動きがあるとして、法皇自身を幽閉して院政を停止《ちょうじ》させた。それまで法皇（上皇）は治天《ちてん》の君として院庁で政務をみており、福原幕府もしくは六波羅幕府との二重構造になっていたが、清盛のこのクーデター（治承三年のクーデターと呼ぶ）によって、清盛は娘徳子（のちの建礼門院《けんれいもんいん》）の産んだ安徳《あんとく》天皇を即位させ、事実上、朝廷を乗っ取った。

兵を率いて上洛した頼朝にも、この選択肢があった。天皇という権威によって武門の棟梁の地位を権威づけした頼朝が、幕府のトップとして当時の後鳥羽《ごとば》天皇（壇ノ浦で入水《じゅすい》した安徳天皇の異母弟）を傀儡《かいらい》化し、朝廷を牛耳《ぎゅうじ》ることは可能だった。事実、頼朝は文治《ぶんじ》二年（一一八六）五月、頼朝と親しい九条兼実《くじょうかねざね》を内覧《ないらん》（事実上の関白）とし、反頼朝の動きをした公家を解官《げかん》するように後白河法皇へ求め、実現させている。

しかし、頼朝は、京で幕府を開くという選択肢を選ばなかった。

頼朝が上洛したのは一一月七日。その月の二四日に右近衛大将に任じられ、一二月一日にはその拝賀（御礼の挨拶）をおこなった。だが、その四日後の一二月四日、右近衛大将の職を辞している。こうして頼朝は「前右大将家」と呼ばれるのである。この一件については清盛を手本としたのだろう。清盛は太政大臣を三カ月で退き、「前相国（太政大臣）」と呼ばれた。朝廷の官職についていたら、朝廷を乗っ取るどころか、逆に飲みこまれる恐れがあったからだ。朝廷いったん右大将や太政大臣という権威を手にすれば、それで十分だったのだ。ちなみに、時代は下って戦国時代、織田信長も右大臣を辞して「前右大臣家」と呼ばれ、本能寺の変で死ぬまで新たな官職につかなかった。

頼朝の場合、右大将についていたのは一〇日ほどであった。清盛よりも強く「朝廷のいいなりにはなりませんよ」という覚悟を示したのだ。したがって、頼朝が右大将を辞した一二月四日が「鎌倉幕府発足の日」といってもいいだろう。

さらに頼朝は右大将を辞した一〇日後の一四日、京を発ち、鎌倉に帰っていった。おそらく清盛の政権が京にあって一門が貴族化し、滅びていったことを反面教師としたのだ。こうして頼朝は東国鎌倉に幕府を開いた。

朝廷もそうした頼朝の意図がわかっていたようだ。鎌倉に去った頼朝を何とか取りこもうとした。翌建久三年(一一九二)三月二二日、朝廷は「前右近衛大将源朝臣《あそん》(頼朝のこと)」に国家の治安維持を命じる。これはかつて、清盛の長男の重盛《しげもり》に朝廷が諸道の賊徒《ぞくと》追討を命じ、全国の治安維持にあたらせた前例にならったものだ。

こうして幕府は朝廷から分離した勢力とはなりきれず、この国は、京の朝廷と鎌倉の幕府という二重構造がつづいてゆく。その象徴が外交問題にみられる。いまでもそうだが、外交は国家戦略の重要な柱だ。鎌倉時代、外交は幕府と朝廷のいずれが担っていたのだろうか。

武藤資頼《すけより》という武士がいる。平将門の乱を鎮圧した藤原秀郷《ふじわらのひでさと》の末裔《まつえい》だ。頼朝の家人となり、鎮西奉行《ちんぜいぶぎょう》に任じられ、古代より外交の窓口になっている大宰府《だざいふ》へ派遣された。幕府では大宰府守護人と呼ぶが、彼にはもう一つの顔があった。朝廷から太宰少弐《だざいしょうに》という官職を与えられているのである。つまり資頼は幕府の御家人でありながら、大宰府の現地最高責任者として、官人たち（府官）を従えて観世音寺《かんぜおんじ》（大宰府市）の東隣にある守護所で政務を執っていたのだ。幕府にも朝廷にも属しているわけだ。ちなみに、太宰少弐の官職は世襲され、その子の資能《すけよし》の時代に少弐氏を名乗る。そうして少弐氏は室町時代に肥前《ひぜん》の佐賀へ退き、重臣の龍造寺隆信《りゅうぞうじたかのぶ》（肥前を代表する戦国武将）の下剋上《げこくじょう》にあって滅びるまで繁栄する。

一三世紀の後半、中国で元《げん》を建国したモンゴル（蒙古《もうこ》）が二回にわたって日本へ襲来。文永《ぶんえい》の役（一二七四年）・弘安《こうあん》の役（一二八一年）と呼ばれるが、一二五八年に元に降伏した朝鮮の高麗王朝の使節潘阜《はんふ》が文永五年（一二六八）正月、モンゴルの国書に高麗の国書を添えて大宰府にやって来た。当時の大宰府守護人は少弐氏の初代となった資能で、彼はまず鎌倉へ国書を送った。しかし幕府でもその対応に困り、国書を朝廷に回した。とはいえ、朝廷もどう対応すればいいのかわからない。結局、この一回目の使節は無視されるわけだが、重大な外交問題をめぐり、幕府と朝廷が責任のなすり合いをしている。結果、幕府が当事者として事にあたり、執権北条時宗《ほうじょうときむね》を中心に元寇《げんこう》（蒙古襲来）という国難を乗り切るのだが、鎌倉時代の外交権を握っていたのは幕府だといいきれないのは以上の経緯をみても明らかだろう。

討幕の意図がなかった承久の乱　清盛はクーデターで後白河法皇の院政を停止させ、朝廷を乗っ取った形になったが、鎌倉に発足した幕府にとって、清盛のクーデターとまではいかないまでも、それに匹敵する事件が承久《じょうきゅう》の乱だといえる。まず、乱の発生に至る政治状況から話をはじめよう。

建保《けんぽう》七年（一二一九）正月、鎌倉の鶴岡八幡宮《つるがおかはちまんぐう》境内で三代将軍源実朝《さねとも》が甥の公暁《こうきょう》に暗殺され、将軍不在となった。閏《うるう》二月、幕府はそのころ退位していた後鳥羽《ごとば》上皇に親王を将軍とするための伺いを立てる。しかし、後鳥羽上皇は「この日本国ふたつに分《わかつ》る事」になるといって親王派遣に反対する（『愚管抄《ぐかんしょう》』）。

後鳥羽上皇は、幕府が朝廷から分離する動きとみなしたのだろう。のちに皇統は南朝と北朝に分裂し、南北朝の争乱を招くが、上皇は、鎌倉に親王を下向させることによって、幕府が親王を擁立して「東朝」を開く道を閉ざしたのである。上皇はその代わりに「摂政関白の子」、つまり「藤原摂関家の子弟ならよかろう」といった。結果、九条道家の子三寅《みとら》が鎌倉へ入り、のちに四代将軍九条頼経《よりつね》となった。こうして幕府、もっというと当時、鎌倉の武家政権を支配していた執権家の北条氏が親王を奉じて、あらたな王朝を関東に樹立する野望を打ち崩した。しかしながら、摂関家血脈の関東下向を許し、それによって武家政権は、幕府という体制を維持することができた。すでに北条氏の支配によって形骸化《けいがいか》していたとはいえ、「鎌倉殿」である将軍と御家人の主従関係が武家政権の根幹であり、後鳥羽上皇はその体制維持に協力したのである。上皇は幕府を倒そうとしたといわれるが、この点から、後鳥羽上皇に幕府打倒の意図がなかったことは明白だ。それでは、上皇は何をしようとしたのか。

上皇は「よこしまに武芸をお好みになられた」（『承久記』）とあり、武術達者な者を全国から召し集めたという。それが「西面《さいめん》の武士」である。かつて白河・鳥羽院の院政時代に、院庁の「北面《ほくめん》」に警護の武者らを詰めさせていたが、清盛の台頭によって弱体化した。後鳥羽上皇はその「北面の武士」を改編して武力基盤にしようとした。しかも、「西面の武士」には、北条氏の専横に不満を抱く在京の御家人が参集した。つまり上皇は、院に直属する武力を基盤に、北条義時《よしとき》ひいては北条氏の排斥を狙ったのである。

承久三年（一二二一）五月一四日に、後鳥羽上皇が動いた。上皇は流鏑馬《やぶさめ》に名を借り、諸国の守護や地頭に対して「北条義時が幼少の将軍の名を借りて天下を乱し、朝廷の権威をおろそかにしている」、「したがって諸国の守護や地頭は院庁に参じよ」という命令を発したのである。上皇が期待したのは、畿内《きない》の守護を兼ねる在京の御家人、さらには北条氏の最大のライバルである三浦一族であった。後鳥羽上皇は三浦義村《よしむら》の弟胤義《たねよし》を召す。胤義は「院（上皇）の命令に従わぬ武士がこの国におりましょうや。兄の義村には、日本国総追捕使《そうついぶし》に任じると仰せ下さい。さすれば喜んで参じるでありましょう」（『承久記』）といって、鎌倉の兄へ密書をしたためた。

北条義時にとって、これほどの危機はない。幕府に従うべき御家人の一部が上皇方となり、警戒するライバルの弟が院に参じたのである。しかも上皇方は「義時が幼少の将軍の名を借りて」と、北条一族にとって実に痛いところを的確についている。義時は執権の職にあるとはいえ、鎌倉殿の配下として、本来は他の御家人と対等の立場にすぎないからだ。ここで対応を誤ると、北条一族による支配体制が崩壊しかねない。一九日に京からの急使で義時追討令が発せられたことを知った北条一族は鎌倉中を探索して、院からの密書をたずさえた使者を捕えた。その中には上皇方の三浦胤義から兄義村へ宛てた密使も含まれている。

こうして北条一族は亡き頼朝の妻政子の邸に集まり、政子は招集した御家人らを前に大演説をぶつ。これが史上有名な政子の「最期の詞《ことば》」。史料によって多少の差異はあるものの、内容はほぼ共通している。

『吾妻鏡』には「みな、これを（尼の）最期の詞（言葉）だと思い、聞いてほしい。故右大将（源頼朝）軍、朝敵を征罰して関東を草創してよりこのかた、官位といい、俸禄といい、その恩は山より高く、海より深い（中略）しかるにいま、非義の綸旨《りんじ》が下った。名を惜しむ者は早く胤義らを討ち取って三代の将軍の遺跡《ゆいせき》をまっとうすべし」とある。源氏三代の「恩」を北条一族への忠誠心にスゲ替え、上皇方の「義時が幼少の将軍の名を借りて」という批判を見事、逆転させる名演説であった。この名演説を聞いた御家人らの興奮が覚めやらぬ二二日の早暁、義時の長男泰時《やすとき》（のちの三代執権）がわずか一八騎を率い先発するや、弟からの密書を幕府に提出して忠誠を誓った三浦義村や足利義氏《あしかがよしうじ》ら有力武将があとにつづいた。尼将軍政子の大演説が勝敗を決したといえよう。

結果、後鳥羽上皇が隠岐《おき》、順徳《じゅんとく》上皇が佐渡へ流されたが、新補《しんぽ》地頭といって、これまで地頭（すなわち幕府の御家人）がほとんどいなかった地域、とくに西日本に多くの地頭職がもうけられた。

そもそも、地頭職は平氏の没官《もっかん》領（没収した平氏一族の所領）と謀叛《むほんにん》人らの所領に対して頼朝に与えられた補任権であった。承久の乱で上皇方に加担した武士たちはみな謀叛人となり、上皇方の所領三〇〇〇カ所あまりが没収され、東国武士のものとなった。こうして頼朝が鎌倉に開いた東国政権（幕府）は承久の乱を経て、全国政権になったといえる。ちなみに、当時の仲恭《ちゅうきょう》天皇は後鳥羽上皇の孫であったことから幕府の圧力で退位させられる。二重構造という問題を抱えつつも、幕府の力が一気に増大する。つまり、鎌倉幕府の誕生は一二世紀末だが、幕府が全国政権として確立したのは一三世紀初め。それでは、なぜこの時期に武家政権が産声を上げたのか。

もちろんそれは主従関係を中心とする武士団の発展と荘園の事実上の支配者である地頭の誕生に因を求めるべきだが、以上のテーマをあらためて世界史から学び直してみよう。

検証2　モンゴルに滅ぼされた「高麗」と勝った「エジプト」「日本」の謎

ドミノ現象がつづいた高麗《こうらい》の武家政権

一三世紀初めの承久の乱（一二二一年）で幕府は全国

政権となって権力基盤が確立した。一三世紀は、日本のほか、隣国の朝鮮、さらに遠く離れたエジプトで武家政権を誕生させた世紀でもある。その三国はいずれもモンゴル帝国の脅威に直面し、高麗は事実上モンゴルに滅ぼされ、日本はその蒙古襲来を退けた。しかし、日本への蒙古襲来の一四年前、エジプトがそれまで連戦連勝の無敗記録を誇っていたモンゴル軍に初めて土をつけた。同じく武家政権を生んだ三国には何らかの共通項があるのか、はたまた、なぜ高麗はモンゴルに敗れ、日本とエジプトは勝ったのか。まずは、朝鮮の高麗王朝、エジプトのマムルーク王朝の歴史に触れながら、検証してみたい。

七世紀の末に朝鮮半島を統一した新羅も九世紀の終わりになると国力が衰えた。王都で爛熟《らんじゅく》した文化に浸って奢侈《しゃし》な生活を送る貴族らに反発し、地方の反乱が相次ぎ、各地で「後百済」「後高句麗」といった国が誕生する。こうして新羅は王都慶州を中心とする半島東南部の故地を保つのがやっとという情勢となる中、開城《ケソン》（いまの北朝鮮）の豪族である王建《ワンゴン》が登場する。後高句麗の武将であった王建は、王の暴虐に見切りをつけ、九一八年、高麗王朝を建国した。高麗は新羅を併合したのち、後百済を滅ぼしてふたたび朝鮮半島は統一される。高麗は郡県制度を整え、中央官制として有名な「両班《リャンパン》」を置いた。両とは「文臣」と「武臣」を指し、やがて彼ら高級官僚は門閥《もんばつ》貴族化し、高麗王朝が倒れて一四世紀末に李氏朝鮮《りしちょうせん》が成立すると、両班は支配層の身分を示す言葉へと変質する。こうして成立した高麗王朝だが、成立当初から内憂外患に苦しんだ。まず外患からみていこう。

高麗では一〇世紀の後半ごろから契丹族《きったん》（九四六年に中国・北方で遼《りょう》を建国し、渤海を併合。中国の北京・天津も版図に含まれる）に国境を侵され、その戦渦は首都開城にまで及んだ。つづいて一二世紀に入ると、北方で女真族《じょしん》が遼の支配から抜け出して勢力が盛んになった。女真族の侵攻を抑えようと、高麗は、万里の長城を越えて戦ったが、女真族の勢いは止まらなかった。なおも女真族の勢いは増し、一一一五年に満州で金《きん》を建国するや、その一〇年後に契丹族の遼を滅ぼした。さらに二年後、宋《そう》の靖康《せいこう》元年（一一二六）、金は宋の首都開封《かいほう》を落とし、宋の前皇帝徽宗《きそう》と現皇帝欽宗《きんそう》の二帝のほか、皇族や皇女・官僚らを北方へ連れ去った（靖康の変）。ちなみに、連れ去られた皇女の中には娼婦《しょうふ》にされた者もいたという。宋の文治政治が裏目に出た形だ。こうしていったん宋（北宋）は滅び、翌年欽宗の弟が江南に逃れて即位（高宗）し、首都を臨安《りんあん》（いまの杭州市《こうしゅう》）に定めて南宋と呼ばれた。これらを背景に高麗も一一二八年、女真族の金に臣従したのである。

同じころ、高麗は内憂に悩まされる。高麗国内で権勢をふるっていた門閥貴族の李資謙《イジャギョム》が王位をうかがい、その企ては失敗するものの（李資謙の乱）、こんどは西京《ソギョン》（平壌）への遷都をめぐり、風水の視点から遷都を説く僧妙清《みょうせい》らの西京派と開京派が武力衝突し、開京派が勝利するのである（妙清の乱）。

以上、契丹・女真族との戦いや李資謙・妙清の乱という内憂外患を通じ、実際には武臣らの力なくして何事も前に進まなかったにもかかわらず、それでも武臣らはたえず文臣らに酷使される立場だった。そもそも両班と呼ばれるとおり、文臣と武臣は対等な地位にあるはずだった。ところが、高麗も文治主義を重んじ、武臣のトップである上将軍・大将軍といえども、一般の文臣らの風下に置かれていた。こうして武臣らの不満が爆発する。一一七〇年と一一七三年、二回のクーデター（庚寅《こういん》の乱・癸巳《きし》の乱）を経て武臣政権が誕生する。武臣らが大勢の文臣らを殺し、権力を掌握したのである。日本では平清盛が福原で隠居しつつ、福原もしくは六波羅幕府と呼ばれる平氏政権が台頭する時代だ。

高麗で初めに武臣政権を誕生させたのは李義方《イウイバン》だった。ところが、彼が娘を王妃にしようと企むと、同じく武臣の鄭仲夫《チョンチュンブ》に殺され、彼もまた武臣の慶大升《キョンデスン》に殺されるドミノ現象が起きる。その後も、〝権力のドミノ倒し〟はつづき、武臣の李義珉《イウイミン》が慶大升に取って代わるものの、彼も武臣の崔忠献《チェチュンホン》に斬首《ざんしゅ》された。その崔の登場でようやく武臣政権、高麗の武家政権は安定するのだ。

高麗の武臣幕府　崔の登場で武臣政権は安定した時代を迎える。

日本でも平清盛が初めて武家政権を発足させてから、源頼朝が幕府を開くまで、平氏を都から追い落とした木曾義仲（頼朝の従兄弟）、平氏滅亡の立役者である源義経（頼朝の義弟）と、都で平氏に代わる武家政権を相次いで誕生させたが、安定しなかった。生みの苦しみを味わうという意味で日本も高麗も共通している。そして義仲が義経に敗れ、その義経が頼朝に京を追われて奥州平泉で討ち死にするという〝ドミノ現象〟まで酷似している。

しかも高麗の崔忠献は、日本で頼朝が死去した一〇年後の一二〇九年、幕府を開いている。『高麗史』のどこを探しても幕府という言葉は出てこないものの、その年、崔は「教定都監《きょうていとかん》」を創設し、その長官である「教定別監」に就任している。都監というのは特定の目的のために設置される官庁だが、崔がその長官になってから、国の政策は必ず教定都監を通して施行された。そのトップである教定別監のポストは、崔忠献ののちも、崔瑀《ウ》・崔沆《ハン》・崔竩《ウィ》と、崔一族に受け継がれている。つまり、教定都監という臨時の官庁が幕府、その長官である教定別監が将軍職といえよう。

この〝崔幕府〟は崔竩が武臣の金俊《キムチュン》らに殺害され、父子四代で滅びる。これまた、〝源氏幕府〟が頼朝・頼家・実朝の三代で滅んだのと似た歴史を歩んでいる。日本ではその後、執権の北条氏が都から呼んだ摂関将軍を傀儡化し、幕府の実権を握るが、高麗では金俊がやはり教定都監のポストをえて——日本流にいうと将軍職に補任され、〝金幕府〟を発足させている。金俊は当時の高麗王元宗《げんそう》から全国規模の検断権（警察権）まで与えられている。歴史学者の村井章介氏は「「日本国総守護」だった将軍と共通しており、注目されます」（『中世日本の内と外』）と書いているが、卓見だろう。

こうして高麗の幕府（武臣政権）は一二七〇年まで続くが、一三世紀、日本と朝鮮で隣国同士、まさに計ったかのように武家政権と幕府の時代を迎えた事実を「偶然」ですませるわけにはいかない。ただし、鎌倉幕府と高麗の幕府では大きな相違点がある。

中央集権国家である高麗では、武臣のトップである教定別監と高麗の正規軍の間に主従関係が成り立たなかった点だ。むろん、歴代の別監は、「馬別抄《まべつしょう》」と呼ばれる私兵の騎馬隊などを養い、権力の強化に努めたが、承久の乱を前に頼朝の妻・北条政子が「官位といい、俸禄といい、前右大将(頼朝)の恩は山より高く、海より深い」と演説して、聞き入る御家人らを感銘させた関係で武臣たちをまとめきれなかった。武家政権としては不完全なものだったといえよう。

次に遠く中東のイスラム世界へ目を移してみよう。

カイロの誕生　八世紀にアラビア人がアッバース朝を興し、バグダッドを首都にアラビア半島・イラク・シリア・パレスチナからペルシア・中央アジア・北アフリカの地中海沿岸にかけて勢威をふるっていた。だが、一〇世紀半ばになると情勢は一変する。

アッバース朝のカリフはイスラム社会を政治と宗教の両面で率いる最高指導者だったが、このころには、宗教的権威としてイスラム社会の象徴と化していた。ちなみに、カリフ継承の際には日本の三種の神器と同じく、預言者マホメットの外套《がいとう》・あごひげ・第二代正統カリフ(マホメットの死後にカリフとなった四人の治世をイスラムの理想社会と位置付け、その時代を正統カリフ時代と呼ぶ)の剣を「三種の聖器」として譲渡したともいわれている。

カリフがこうして権威だけとなる一方、実質的なアッバース朝の統治は各地の総督（事実上の独立国）やスルタン（アラビア語で権力を意味する）らに委《ゆだ》ねられていた。イラク総督が興したブワイフ朝（シーア派）や中央アジアに起源をもつセルジューク朝（スンニー派）などである。ちなみにセルジューク朝の支配は、中央アジア・ペルシア・イラク・シリア・パレスチナ・ヒジャーズ（イスラムの聖地メッカを含むアラビア半島の紅海沿岸地域）に及び、やがてアナトリア（トルコ）へも進出。アナトリアは東ローマ帝国（ビザンチン帝国）の領域だったことから、皇帝アレクシオス一世がアナトリアと聖地エルサレム奪回のためにローマ教皇へ援軍を要請し、一〇九六年、第一回十字軍が編成されることになる。

それでは、そのころのエジプトの歴史はどうなっていたのだろうか（次ページ関連年表参照）。重要なのは、シーア派の中でも過激なイスマーイール派を奉じるシリアのイスラム教徒らが北アフリカのチュニス（チュニジア）で九〇九年に建国したファーティマ朝である。翌年、イスマーイールの子孫と称するアルマフディーが、スンニー派であるアッバース朝のカリフに対抗して自らもカリフを名乗り、信者から救世主と崇められた。アルマフディーはイスラム世界をシーア派で染めるべく東進した。その目的はスンニー派のアッバース朝打倒にあった。

アッバース朝はファーティマ朝の東進を防ぐため、バグダッドから軍勢を送ってエジプトの防衛にあたらせた。やがてエジプト総督がバグダッドのカリフからイフシード（支配者）の称号を与えられ、独立勢力とみなされる。しかし九六九年、ファーティマ朝に滅ぼされ、エジプ

アラブ・エジプト関連年表

アラブ社会

570年　マホメット誕生

632～661年　正統カリフ時代

ウマイヤ朝の時代（661年～750年）

750年　ウマイヤ朝が倒れ、アッバース朝誕生

751年　タラス河畔の戦いでアッバース朝軍が唐軍を破る

945年　シーア派ブワイフ朝がバグダッド入城

1038年　現在のイラン東北部でセルジューク朝（スンニー派）が誕生

1055年　セルジューク朝がバグダッドへ入城し、トゥグリル＝ベクがアッバース朝のカリフよりスルタンの称号を賜る（ブワイフ朝の滅亡）

時代

エジプト

868年　トゥールーン朝起こる

905年　アッバース朝が直接支配を回復

935年　アッバース朝のエジプト総督がバグダッドのカリフよりイフシードの称号をえる（イフシード朝）

969年　シーア派のファーティマ朝がイフシード朝を滅ぼし、エジプトを支配

朝

アッバース朝の

1096年〜99年
セルジューク朝の聖地エルサレム占領によって第一次十字軍が遠征し、エルサレム王国を建設

1258年
モンゴルの遠征軍によってバグダッド陥落。アッバース朝滅亡

ファーティマ

1169年
サラディンがエルサレム王国の軍勢を破り、弱体化していたファーティマ朝の宰相となるアイユーブ朝を興す

アイユーブ朝

1249年
第七次十字軍でフランス王ルイ９世がエジプトのダミエッタに上陸。カイロが風前の灯となる

1250年
マムルークを中心とするアイユーブ朝が十字軍を撃退する。そのマムルークによって同朝最後のスルタンが殺され、アイユーブ朝は滅亡マムルーク朝を樹立

マムルーク朝（〜1517年）

1260年
マムルーク軍がパレスチナのアイン・ジャルートの戦いでモンゴル軍に勝利

トはその支配下に入る。第四代カリフのムイッズの時代にカイロを建設し、新しい首都とした。しかし、その後セルジューク朝に領土を侵食され、王朝の故地である北アフリカも失って失速する。一二世紀には第一回十字軍の成功でパレスチナに誕生していたエルサレム王国の軍勢、つまりヨーロッパの騎士団の侵攻を受け、カイロは風前の灯火《ともしび》となった。

ファーティマ朝は、シリア王であるザンギー朝二代目君主に十字軍と戦うための援軍を求め、シリア王は代理として、アラブの英雄サラディンにシリア兵を率いさせた。エルサレム王国の軍勢を追ってカイロに入ったサラディンは一一六九年、ファーティマ朝の宰相に任じられた。その後、ファーティマ朝最後のカリフが病没すると、後継がいなかったことから、二〇〇年つづいたファーティマ朝のエジプト支配に幕が下りることになった。

サラディンは、父の名をとってエジプトでアイユーブ朝を興し、スルタンと称す。彼は、十字軍戦争遂行のためにはイスラム社会で多数派となるスンニー派のカリフを奉じるのがベストだと考え、貨幣にアッバース朝のカリフの名を刻み、エジプト国内でシーア派からの改宗を進めた。サラディンはエルサレム王国からエルサレムを奪い返し、イングランド王リチャード一世率いる第三次十字軍の派遣を呼びこんだが、エルサレムを守り切り、リチャード一世との間で和平にこぎつけた。

しかし、そのころからヨーロッパではイスラム教徒の本拠がエジプトであるという認識が広まり、十字軍の目的がエルサレムの確保とともにエジプト侵攻へと変質してゆく。同時に、イスラム社会の中心がバグダッドからエジプトのカイロへ移りはじめ、現在に引き継がれている。

騎士団vs軍人奴隷集団　サラディンがシリアのダマスカスで亡くなって半世紀ほどたった一三世紀半ば、日本で五代執権北条時頼《ときより》（元寇の際の執権時宗《ときむね》の父）の時代に、エジプトはふたたび、十字軍の危機に見舞われる。一二四九年、フランス王ルイ九世が第七回十字軍の騎士団を率い、エジプトのナイル川河口の都市ダミエッタに上陸して占拠したのだ。ちなみにヨーロッパの歴史家たちは「征服王」だの、「獅子心王」だのと、王に何かと冠をつけたがる。ルイ九世の冠は「聖王」。死後、ローマ教会の「聖人」に列せられたからだが、それだけ彼は敬虔《けいけん》なキリスト教徒だった。その聖王は占拠したダミエッタから南進し、一路、アイユーブ朝の首都にしてイスラム世界の中心であるカイロをめざした。しかし、快進撃はそこまでだった。ルイ九世の十字軍は翌年、マンスーラ（カイロ北東の都市）でアイユーブ朝軍に撃退された。十字軍はダミエッタまで撤退しようとするものの、追撃され、ルイ九世以下の数千の騎士が捕虜《ほりょ》とされてしまうのである（ルイ九世はその後身代金を支払って釈放される）。

これを撃退したときのアイユーブ朝軍の主力がマムルークという名の軍人奴隷《どれい》集団であった。彼らの歴史は古く、バグダッドでアッバース朝が成立したころ、歴代カリフは軍事力の主力であったペルシア人らの干渉を嫌い、八代カリフのアルムオタスィムは中央アジアのトルキスタン地方からトルコ人奴隷（マムルーク）を多数買い入れた。その奴隷を親衛隊（騎兵）として組織したのである。トルコ人は馬上から前後左右に弓を射ることを得意とし、戦争ではめっぽう強かった。また、もともとアッバース朝を築いたアラビア人たちが遊牧生活から都市生活に慣れ、戦闘意欲を失くしていったこともマムルーク騎兵の誕生と関係していよう。

マムルークというのは「奴隷」を意味するアラビア語。彼らがカリフの所有物である事実に変わりはなかったが、イスラム教へ改宗した彼らは主人であるカリフの廃立を自由にするほどの権力を手に入れる。アッバース朝の実質的な統治が各地の総督やスルタンに委《ゆだ》ねられ、帝国内が分裂してしまうのも、マムルークたちがカリフの退位までおこなう現実を目の当たりにし、総督やスルタンらがカリフの権威失墜を肌で感じたからだろう。カリフたちにとって自分で自分の首を絞める結果になったわけだが、マムルークを買って軍隊の主力としたのはセルジューク朝のスルタンも同じだ。やがて、カリフと同じようにスルタンの権威も失墜し、領内は分裂する。セルジューク朝はアナトリアの地方政権ルーム・セルジューク朝（ルームは「ローマ」を指し、アナトリアがかつて東ローマ領だったことにちなむ）として残るものの、一四世紀の初めに後継者が絶えて滅亡し、その版図は後述するマムルーク朝に併合される。

こうしてエジプトのアイユーブ朝も十字軍と戦うためにこぞってマムルークを買い入れ、ついに彼らによって国を奪われてしまうのである。

アイユーブ朝の第七代スルタン・アッサーリフは中央アジアから大量のマムルークを買い、ローダ島（カイロ中心部のナイル川に位置する島）に兵営を築いて十字軍に勝つための訓練を施していた。そのアッサリーフは十字軍のエジプト侵攻中に病没し、王子のトゥーラーンが第八代スルタンとなるものの、十字軍に勝利した後、彼はマムルークらを極端に警戒した。酒宴の席で食卓の上にあったろうそくを次々と斬り落とし、「マムルークの武将たちをこのように処分してやる」と口走ったという。これに反発したマムルークたちはスルタンを襲撃し、スルタンはナイル川に飛びこんで「王国は君たちを自由にする（奴隷身分から解放する）」といったが、耳を貸す者はおらず、溺死《できし》したという（大原与一郎著『エジプト　マムルーク王朝』）。こうしてその日、一二五〇年五月二日にアイユーブ朝は滅んだ。

その後、七代スルタン・アッサーリフの妃アッドッルがイスラム社会で初めて女性のスルタンとなった。彼女はもともとバグダッドのカリフの後宮にいた奴隷。アッバース朝のカリフがアイユーブ朝のアッサーリフに下げ渡したといわれる。彼女は夫のアッサーリフがすでに他界していたため、マムルークのアイバクと再婚し、スルタンの地位を夫に譲ることになるが、彼女も奴隷だったことから、このときをもって、奴隷出身の騎士集団・マムルークによるエジプト支配がはじまったとされる。その王朝をマムルーク朝と呼んでいる。

マムルーク朝は一五一七年にオスマン帝国（ルーム・セルジューク朝に仕えていたトルコ系のオスマン家が築いた帝国）に滅ぼされるまでつづくが、オスマン帝国との戦争では、火器を用いるオスマン軍に対してマムルークたちは騎士道の象徴である弓と槍にこだわったという。それだけ騎士道というものに固執していたからだ。まぎれもなく、彼らは奴隷でありながら、騎士（武家）であった。一時、マムルーク朝のスルタンが世襲される時代があったものの、彼らはもっとも強い者がスルタンの地位を継ぐという伝統を守り、後期にはマムルークの投票によってスルタンが選ばれている。

その最強の者がスルタンになるという伝統もあって、とくに王朝が発足したころ、日本と高麗の武家政権と同じく、生みの苦しみを味わっている。血の粛清《しゅくせい》がつづいたのである。まず、アイバクが刺殺され、その死後、つなぎとしてマムルークらはアイバクの子を三代スルタンに立てたが、二年でマムルーク軍総司令のクトズがその座を奪った。しかし、クトズも部将のバイバルスに暗殺され、取って代わられる。その五代スルタン・バイバルスは名君とされ、彼の時代に政権はようやく安定する。また、バイバルスはモンゴルに滅ぼされたアッバース朝のカリフの末裔をカイロに迎え、奴隷身分である自分たちがエジプトとシリアを統治する権威をえた。

こうして一三世紀に、日本と高麗、そしてエジプトで武家政権が発足した。

保元・平治の乱と十字軍　現代の若者言葉でいうと、「北条のヤツがさあ……」とでも訳すべきだろうか。公卿《くぎょう》の九条兼実は、のちに鎌倉幕府の執権となる北条時政をさして「北条丸」と呼んでいる。そこからは、当時の公家社会が武士を成り上り者とみる意識がにじみ出ている。既述のとおり、高麗の武臣たちも両班として文臣と双璧《そうへき》をなす政府高官でありながら、事実上、文臣の風下に置かれていた。エジプトのマムルークに至っては奴隷。五代スルタンのバイバルスが亡命してきたアッバース朝のカリフを奉じたのも、奴隷身分であるマムルークのエジプト支配をイスラム社会に認めさせるためであった。

このように日本・朝鮮・エジプトの三国で誕生した武家政権の担い手には共通点があった。いわば下剋上を実現して政権を誕生させている。そこには、下剋上を生みだす条件がなければならない。

日本の場合は保元の乱（一一五六年）と平治の乱（一一五九年）がそれにあたるだろう。「鳥羽院失せ給ひて後、日本国の乱逆と云《い》う事起りて後、むさ（武者）の世になりにけるなり」九条兼実の弟・慈円《じえん》がその著『愚管抄《ぐかんしょう》』で嘆いたとおり、鳥羽法皇没後、重しを失って朝廷内の政権バランスが崩れ、保元元年七月に皇位継承問題や摂関家の内紛が重なり、権力欲にかられた両陣営（後白河天皇派と崇徳上皇派）は、禁断の〝パンドラの箱〟に手をつけてしまう。権力奪取のため、それぞれの陣営が平氏と源氏の武力を頼り、自らの衰退と「むさの世」の到来を招いてしまったのである。こうして崇徳上皇の御所である白河北殿に火が放たれ、崇徳上皇方は総崩れとなった（これを白河夜討ちという）。いったん、武力によって後白河天皇の親政が実現するものの、勝利者側がふたたび権力争いを演じる。

二条《にじょう》天皇に譲位して上皇となった後白河上皇の寵臣《ちょうしん》藤原信頼《のぶより》が同じく上皇の信任厚い信西《しんぜい》入道を排斥しようとし、信西方の平清盛が熊野へ参詣して京を留守にしている隙をとらえ、信頼は武蔵守時代に誼みを通じた源義朝らを巻きこんで後白河上皇の三条烏丸《からすま》御所を夜討ちした。信西はいったん虎口を逃れたものの、自害に追いこまれる。信頼は後白河上皇の身柄を皇居へ移し、義朝らの兵に御所を固めさせて二条天皇を幽閉してしまう。こうして天皇を掌中にした信頼のクーデターは見事、成功したかにみえた。一方、清盛は熊野からの帰洛後、いったん信頼に名簿《なつき》（臣従することの証し）を捧げて恭順の意を表するものの、信頼に見切りをつけた公卿らとともに大逆転劇を演じる。幽閉された天皇をひそかに内裏から脱出させ、邸のある六波羅へ迎え入れたのである（二条天皇の六波羅行幸という）。こうして一夜にして天皇を奪い返し、「官軍」となった清盛は、夜明け後、源氏勢を大内裏から誘い出し、六波羅へ攻め寄せてきた彼らを殲滅《せんめつ》する。結果、この一回目の源平合戦に勝った清盛が権力を掌握するのは自然の流れであった。

高麗の場合も、相次ぐ外敵との戦いで武臣の力がなくてはならなくなっていたにもかかわらず、文官に虐げられ、その不満が二回に及ぶ武臣のクーデターとなって結実する。実力ある者が自分たちの置かれた立場に不満を覚えたとき、その不満とパワーが爆発すると、時代を動かす歴史のエネルギーとなるのであろう。

エジプトでは、アイユーブ朝の時代に第七回十字軍のエジプト侵攻を招き、カイロは風前の灯火かと思われたが、マムルーク騎士がヨーロッパの騎士団を蹴散らし、聖王ルイ九世まで捕虜にしている。アイユーブ朝スルタンのトゥーラーンが彼らを警戒したのも当然だし、また、朝廷内で隠然たる力を誇示するようになったマムルークがトゥーラーンを消去しようとするのも自明の理だ。十字軍との戦争がマムルーク政権誕生のバネになったのは間違いない。五代スルタンのバイバルスもそれがよくわかっていた。エジプト国内とイスラム社会の支持を取り付けるため、シリアの諸都市を占拠している十字軍と戦い、十字軍の重要な拠点であるアンティオキア（ローマ帝国時代には第三の都市だった古都。現トルコのアンタキヤ）を焼き払い、シリアの諸都市を攻略した。バイバルスの死後に跡を継いだスルタンも、やはり十字軍と戦っている。

こうして日本・朝鮮・エジプトでそれぞれ武力を必要とする政争や戦争が起き、それが武家政権の成立をうながした。だがもう一つ、小説風にいうと、とくに日本とエジプトで鎌倉幕府とマムルーク朝が成立したのは、来るべくモンゴル帝国の襲来に備え、時代が〝戦う集団〟を誕生させた一面があったこともつけ加えておきたい。

そのモンゴルとの戦争の前に、モンゴル高原に忽然《こつぜん》と現れ、またたく間にユーラシア大陸を席巻した大帝国の歴史を振り返ってみたい。

モンゴル帝国の大遠征　のちにモンゴルと呼ばれる高原ではいくつかの部族が遊牧生活を営んでいた。テムジンは初め、高原の東北部をウルス（所領を意味する）とするモンゴル部のさらにその下の族長にすぎなかった。そのテムジンが高原を統一できたのは、人格的な魅力もさることながら、当時、高原で統一の機運が高まっていたからだろう。そのころ、女真族の金に追

モンゴル・チンギス・ハーン系図

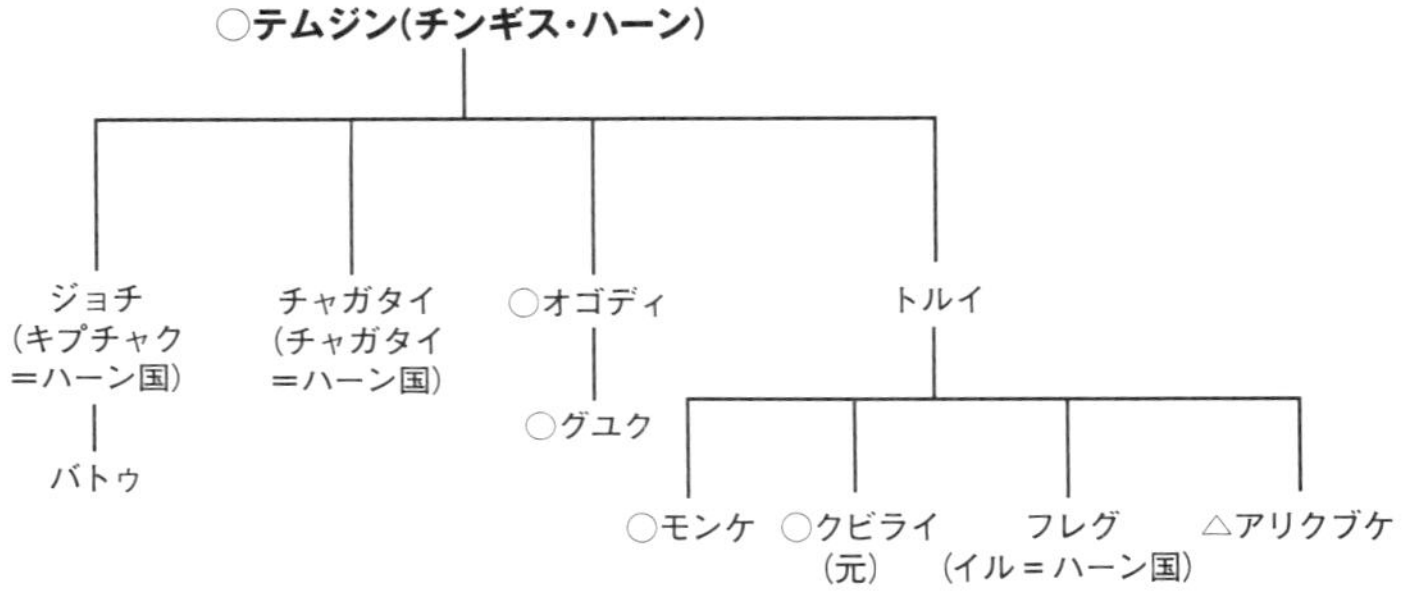

○印はハーン位（アリクブケも一時、ハーン位についていた）

われて中原《ちゅうげん》（中国・華北の中心）を去った契丹族の遼《りょう》がアルタイ山脈の西南でカラ・キタイ（西遼《せいりょう》ともいう）を建国し、モンゴル高原はそのカラ・キタイの圧迫を受けていたのである。やはり、ここでも外敵の存在が統一という歴史の流れを生んだといえる。

頼朝が死去した七年後の一二〇六年、テムジンはクリルタイ（集会を意味する言葉だが、モンゴルの最高意思決定機関）でハーン（ハーンは遊牧民の族長の称号）に選出され、チンギスと称した。モンゴル高原を統一したチンギスは武将のムカイに南の金王朝征討を命じる一方、一二一八年にカラ・キタイを滅ぼした。その後もモンゴル本軍を率い、征西に踏み切っている。ターゲットは、中央アジアのオアシス都市サマルカンド（現在のウズベキスタン）を中心にイランの一部まで領有したホラズム国であった。モンゴル軍は一二二〇年にサマルカンドを陥落させ、ホラズムのスルタン・ムハンマドは逃走する。また、カスピ海北岸から黒海北岸にかけて広がるキプチャク草原（現在のカザフスタン方面）へも、長男のジョチを派遣している。こうしてチンギスが「大モンゴルウルス」を建国しておよそ二〇年ほどで世界帝国の礎を築いたといえよう。

一二二七年にチンギスが逝去《せいきょ》すると、しばらくはモンゴルの末子相続の伝統に従い、末子のトルイが国権を代行するが、やがてチンギス第三子のオゴディがクリルタイで後継者に決定する。オゴディはハーンに「大」をつけて「大ハーン」と称し、帝都カラコルムを築いた。そこからもわかるとおり、オゴディの時代にモンゴル帝国はさらなる拡大をつづけ、まず、一二三三年には金の首都開封を陥落させ、翌年に金を滅ぼした。南宋への侵攻には失敗するものの、オゴディは父チンギスの時代をしのぐ大遠征を計画する。目的は現ロシア・ウクライナ・ベラルーシにまたがるルーシー諸国（ルーシーとはノルマン人がスラブ民族を指す呼称）への侵攻だった。一二三六年にジョチの次男バトゥが征西へ出発し、キエフ（キエフ大公国の首都で現ウクライナの首都）を落とした後、勢いを駆ってモンゴル軍は東欧のポーランドへと進んだ。レグニチャでポーランド軍とドイツ騎士団の連合軍を破り、バトゥの本軍はさらにハンガリーのブダ（現在のブダペスト）を馬蹄《ばてい》にかけ、ウィーン郊外まで迫った。こうしてモンゴルはユーラシア大陸の西北部を占領し、ヨーロッパも風前の灯火かと思われた。ところが一二四一年に大ハーンのオゴディが死去し、その報に接したバトゥが軍を反転させ、ヨーロッパ全土がモンゴル勢に蹂躙《じゅうりん》される危機を免れた。

チンギスの時代、モンゴル高原の遊牧民の集団を千戸単位に編成し、その千戸が軍事・行政の基本単位をなしていた。したがってチンギスの時代にはモンゴル高原の千戸の住民すべてがいわば〝民族大移動〟する形で遠征がおこなわれたが、オゴディの時代になると、千戸を構成する最小単位の一〇戸から若い戦士だけを徴発してモンゴル軍の主力とした。そうしてヨーロッパを戦慄《せんりつ》させたバトゥの軍団は反転しつつも、モンゴル本国が次の大ハーン選出をめぐり混乱する機に乗じ、キプチャク草原をジョチ家の所領となすことに成功する。これをジョチ・ウルス、あるいは地名をとってキプチャク＝ハン国と呼ぶ。

一方、モンゴル本国ではオゴディの長男グユクが大ハーンに選出されるものの、バトゥの刺客に殺されたとされ、トルイ（前出したチンギスの末子）の長男であるモンケが次の大ハーンに選ばれた。そのモンケの時代にモンゴルはふたたび大遠征をおこなう。

モンケには、上から順にクビライ、フレグ、アリクブケの同腹の弟がいて、次弟のクビライに中国方面の経略を委ね、フレグに征西を命じた。一二五三年に本国を出陣したフレグはサマ

モンゴル軍に蹂躙されたブダの街

ルカンドの南、ケッシュ（現ウズベキスタンの都市シャフリサブズ）に入り、そこに留まって付近の王侯へ参陣を呼びかけた。日本の戦国時代に全国を平定した豊臣秀吉が東北の諸大名へ小田原への参陣を求めたのと似ている。チンギスの時代にモンゴル帝国は東ペルシアに総督府を置いていたが、西ペルシアはもとより、アナトリア半島のルーム・セルジューク朝のスルタンやグルジア・アゼルバイジャンなどからも王侯らがフレグの陣営に馳せ参じた。まさしく、モンゴル軍団行くところ敵なしの勢いだった。

その軍隊は、各国の兵を集めた多国籍軍。その世界規模の軍隊を率いたフレグの目的はアッバース朝にあった。いまだイスラム世界の権威として君臨していたアッバース朝のカリフとその都バグダッドは、一二五八年、カリフ・ムスタースィムがモンゴル軍の前にひざを屈して投降した。ここに、ほぼ五〇〇年つづいたアッバース朝は滅びた。

イラクを席巻したフレグはシリアへ進軍し、またたく間にアレッポやダマスカスを陥落させた。ところが一二六〇年になって、快進撃をつづけてきたモンゴル軍はなぜか軍を引いたのである。理由はバトゥの征西時と同じだった。大ハーンのモンケが死去したからである。モンケの弟であるフレグも有力な大ハーン候補だった。しかし、ペルシア西北部のタブリーズまで軍を引いたところで、兄クビライがクリルタイで大ハーンに推戴《すいたい》されたことを知る。

クビライは汝南《じょなん》（いまの中国河南省）でモンケの死を知ったが、そのまま揚子江を渡河して南宋領内へ攻め入って鄂州《がくしゅう》（いまの中国湖北省）を囲んだのち、ふたたび揚子江を北へ渡った。

クビライがモンケの死ですぐさま北還する道を選ばず、南宋へ攻め入ったことが人心収攬《しゅうらん》に役立った。クビライは一二六〇年四月、開平府《かいへい》（いまの中国河北省）のクリルタイで即位したのである。その後、クビライは末弟のアリクブケとの内戦に勝利し、一二七一年、国号を「大元ウルス」（元）へとあらため、初代元皇帝となった。

クビライは一二七四年に一回目の日本遠征（文永の役）に失敗したのち、一二七六年には念願の江南平定を実現し、三年後に南宋は滅んだ。こうしてユーラシア大陸のほぼ全域を席巻した大モンゴル帝国だが、このとき本家本元の大元ウルスを中心に各ウルス（ハン国）がゆるやかに連合する体制になっていた。これはモンゴル帝国が事実上、分裂したことを意味する。まず、ユーラシア大陸の西北部にはジョチ・ウルス（キプチャク＝ハン国）、フレグも遠征地にとどまってペルシアからメソポタミアに至るフレグ・ウルス（集団というトルコ語のイルをとってイル＝ハン国と呼ばれる）が誕生。中央アジアにはチンギスの次男チャガタイのウルスを元にチャガタイ・ウルス（チャガタイ＝ハン国）が生まれていた。以下、余談ながら各ハン国のその後の歴史を駆け足でたどってみる。

まず、キプチャク＝ハン国は分裂しながらも一八世紀にロシア帝国に吸収されるまでつづき、チャガタイ＝ハン国に仕えるモンゴルの軍人ティムール（イスラム教に帰依し、チャガタイ＝ハン国のハンの婿と称した）が一四世紀にモンゴル帝国の再興を唱えてティムール帝国を建国。イスラム化しつつ、チャガタイ＝ハン国とイル＝ハン国の版図を支配した（よってティムール帝国

モンゴル帝国と13世紀後半の世界

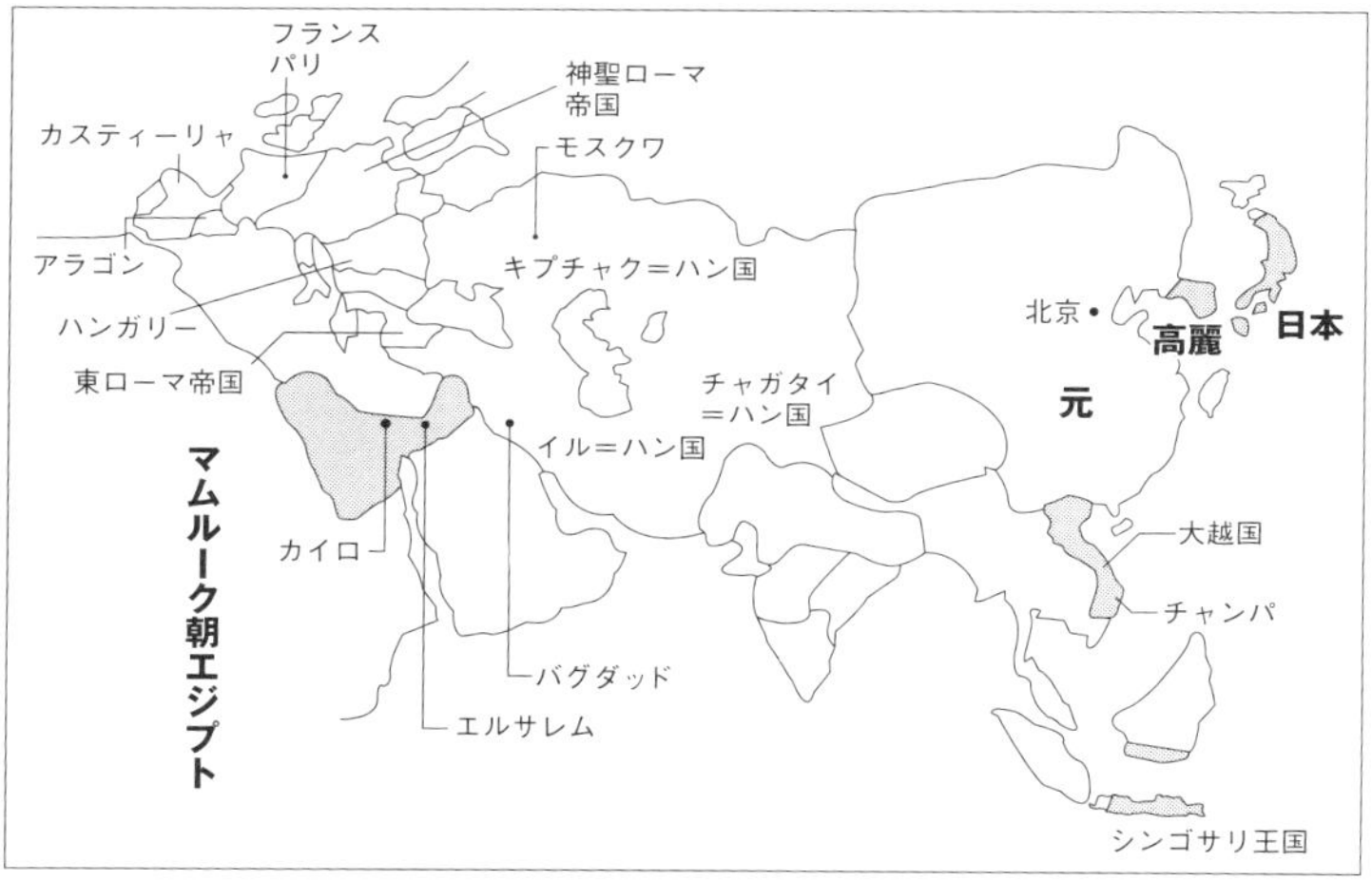

はモンゴルの継承国家とみなされる）。

ティムールの死後、帝国は分裂し、その首都サマルカンドから逃れたティムール一族がインドへ入り、一九世紀までつづくイスラム国家のムガール帝国（ムガールとはペルシア語でモンゴルを意味する言葉）を興す。こうしてインドにもイスラムの影響が及んだ。

一方、旧ティムール帝国版図のうち、メソポタミアはオスマン帝国に、ペルシアはサファヴィー朝に引き継がれた。

またクビライが初代皇帝となって開いた元王朝も一三六八年に南京で即位した朱元璋《しゅげんしょう》（明の太祖洪武帝《こうぶてい》）の北伐で首都大都（いまの北京）を追われ、モンゴル人らはモンゴル高原へ帰っていった（これを北走といい、モンゴル高原の国家を北元と呼ぶが、明朝の次に中国を治めた清朝の時代にモンゴル高原はすべて清の支配下になった）。

このように遠征先のモンゴル人らは一四世紀にムスリム（イスラム教徒）となって現地に吸収され、中国のモンゴル人も故地のモンゴル高原へと帰っていったが、一二〇六年にチンギスが即位してからの一〇〇年間、つまり一三世紀は、モンゴル騎馬隊がユーラシア大陸を駆け巡り、日本や東南アジア方面へも遠征し各地に爪痕を残した。一三世紀はまさに〝モンゴルの世紀〟といえるだろう。

歴史を変えたアイン・ジャルートの決戦　日本・朝鮮・エジプトのうち、最初にモンゴルの洗礼を受けたのが朝鮮の高麗王朝だった。実兄の大ハーン、モンケから南宋攻略を命じられたクビライは、南宋への正面攻撃を避け、東南アジアと東アジアから包囲する作戦をとった。一二三一年、クビライは高麗への侵攻を命じ、高麗は首都を江華島《カンファド》へ遷《うつ》し、幾度となく抵抗を試みた。

その徹底抗戦路線を貫いたのが、崔忠献によって開創された高麗の崔幕府であった。ところが、同じく武臣の金俊が金幕府を興すと、前政権の方針を覆し、一二五九年、モンゴルに降伏し、首都を旧都の開城へ遷都した。だが、モンゴルへの服属を決めた金幕府への反発は根強く、一二六八年、金俊はまたも武臣の林衍《イムヨン》に殺害される。つまり、高麗のモンゴルへの降伏には武臣政権の外交方針をめぐる対立があり、なお、この混乱の中で高麗の武臣政権は終わりを告げた。

クビライが元の初代皇帝になると、高麗王朝内では親元派と反元派に別れて抗争し、反元運動の中から双城《そうじょう》総管府（元が設置した植民地支配のための地方の役所の一つ）出身の武臣李成桂《イソンゲ》が台頭し、高麗王朝を滅ぼして一三九二年に李氏朝鮮を建国した。このように高麗とその武家政権がモンゴルに敗れて滅んでいった背景には、それが封建的主従関係にもとづく強固な武家政権ではなかったことに要因があろう。

次に中東へ目を移してみよう。モンゴルの大ハーン、モンケは末弟のフレグに征西を命じ、彼は一二五八年にバグダッドを陥落させる。フレグはシリア各地を馬蹄にかけて暴れまわっている最中にモンケの死を知り、ペルシア西北部のタブリーズまで軍を引いた。しかし、モンゴル軍全軍が一斉に〝回れ右〟したわけではなかった。フレグはネストリウス派のキリスト教徒である将軍キトブガ（モンゴルには同派のネストリウス派のキリスト教徒が多かった）に征西軍の指揮を委ねたのだ。したがって、モンケの死後もモンゴル軍はなお西へ軍を進めていたのだ。

モンケがフレグに征西を命じた狙いがどこにあったのか定かでないものの、このときフレグがキトブガに征西軍の指揮を任せたのは、おそらく征西の狙いが地中海世界の支配にあったからだろう。征西軍の目標はシリアの先、つまり、地中海に面したエジプトだったのである。キトブガはアッカ（いまのイスラエル）の十字軍に同盟をもちかけた。キトブガがキリスト教徒だったためだ。実現していたら、十字軍とモンゴル軍の反イスラム同盟が成立していたことになり、エジプトの地はキリスト教徒に蹂躙《じゅうりん》されていたはずだ。ところが、不思議なことに十字軍は中立を守った。ヨーロッパの騎士団はマムルーク朝エジプトより、モンゴル軍を警戒していたからかもしれない。

一方、迎え討つマムルーク朝は、のちに名スルタンとなるバイバルスがまだクトズの部将だった時代。ダマスカスを落としたモンゴル軍は南下し、逆にマムルーク軍は北上した。両軍が衝突したのは、パレスチナのヨルダン川西岸。アラビア語で「ゴリアテ(『旧約聖書』に登場する巨人)の泉」を意味するアイン・ジャルート。小さな川の上流だが、一面は砂や泥に覆われていた。

一二六〇年九月三日に両軍が戦い、マムルーク軍はスルタンのクトズみずから冑《かぶと》を脱ぎ捨てて奮戦し、モンゴル軍の大将キトブガは乱戦の中討ち死にした。軍勢の数はマムルーク軍が一〇倍以上だったともいわれるが、連戦連勝のモンゴル軍に初黒星、それも圧倒する勝利を収めたことはイスラムの歴史に輝かしい一ページを刻んだ。モンゴル軍の敗因は、戦場が砂や泥で覆われていたから得意の騎馬戦術を使えず、馬から降りて戦ったためだといわれるが、条件はマムルーク騎士たちも同じ。奴隷身分のマムルークたちにとって、自分たちの国家を建設したという誇りと士気の高さが無敵のモンゴル軍を蹴散《けち》らす力の源泉となったのだ。

こうしてモンゴル軍はもはや西へと進むことができなくなった。この一戦はその意味で歴史的なマムルーク軍の勝利であった。

蒙古襲来　クビライが高麗を下し、末弟アリクブケとの内戦に勝って大ハーンの地位を確実なものにすると、いよいよ南宋への攻略に本腰を入れる。その対宋戦略は周辺国を下して包囲網を築くことにあり、まずは日本がターゲットになった。

文永《ぶんえい》一一（一二七四）一〇月五日、兵船九〇〇艘に分乗した四万近いモンゴル軍（モンゴル人・高麗人・漢人）が対馬《つしま》・壱岐《いき》で猛威をふるい、二〇日、博多湾西部に上陸した（文永《ぶんえい》の役）。

肥後の菊池武房《きくちたけふさ》や竹崎季長《たけざきすえなが》の奮戦はあったが、わずか一日で日本軍は大宰府まで撤退した。明けて二一日の朝、奇跡が起きる。博多湾に停泊しているはずの蒙古軍の大船団が一夜にして雲散霧消《うんさんむしょう》したのだ。広橋兼仲《ひろはしかねなか》という公卿の日記（『勘仲記《かんちゅうき》』）によると、「にわかに逆風吹き来りて」、たまたま岸に打ちつけられた蒙古軍の難破船の敵兵五〇余人が捕虜になったという。こうして一回目の国難をしのいだ日本だが、蒙古軍は弘安《こうあん》四年（一二八一）五月二一日、ふたたび来襲した（弘安の役）。前回のモンゴル・高麗・漢の連合軍（東路《とうろ》軍）の四万に加えて、すでに南宋を降伏させていたモンゴル帝国は江南《こうなん》軍（旧南宋軍）一〇万を合わせていた。

南宋を下したら、日本を攻める必要性がないように思えるが、江南を手に入れたことによってクビライは東シナ海をも手に入れた。だからこそ、クビライは日本が欲しくなった。東シナ海から南シナ海・インド洋を結ぶ海の交易ルート確保を狙うクビライにとって、その延長線上にある日本海と日本はそのために欠かせぬピースとなるからだ。

しかし、モンゴル勢はまず江南軍の出帆の遅れによって、東路軍が文永の役と同じく対馬・壱岐を蹂躙して博多湾上陸をめざすことになった。だが日本側が文永の役以降、沿岸に石塁を築いていた。モンゴル軍は防備の手薄な志賀《しかの》島《しま》付近に錨《いかり》を下ろした。六月六日夜半、そこへ日本の武士らは夜討ちをかけた。とくに伊予《いよ》水軍を率いる河野道有《こうのみちあり》の活躍はふるっている。なにしろ彼は、モンゴルとの合戦をみずから望み、勝利のために起請文《きしょうもん》を氏神に捧《ささ》げ、それを灰にして飲みこんだという勇者。石弓で肩を射抜かれるものの、太刀で帆柱を斬《き》って敵船に懸け渡し、船に乗り移って散々にモンゴル兵を斬り回したというから、海賊ばりの奮戦だ。やがて日本軍の奮戦に押されてモンゴル軍は壱岐へ退却する。遅れて日本近海に到着した江南軍と合流するため、平戸島や鷹島《たかしま》（いずれも長崎県）などへ向かったが、時は真夏。このとき、上陸を阻止されたモンゴル軍に疫病が蔓延《まんえん》し、江南軍が東路軍に合流した直後、ふたたび奇跡が起きる。七月三〇日夜、モンゴル側史料の「颶風《ぐふう》

「蒙古襲来絵詞」で描かれた竹崎季長

大いにおこる」という表現のほか、前述の『勘仲記』にも、「風雨太」という表現で京都を暴風雨が襲ったことを記録している。台風が列島を直撃したのである。こうして二回目の国難も神風に救われたとされている。

　第一の疑問は、弘安の役の際には台風シーズンだったからまだ納得できるものの、一回目の文永の役は冬。台風の季節でもないのに「逆風」が吹いたとするなら、まさしくそれは〝神風〟だ。じつは、北西の季節風が吹き荒れる「冬の玄界灘《げんかいなだ》」の北上は危険であり、モンゴル軍はこのとき、予想よりはるかに早い冬の到来に慌てたようだ。そこで帰国を急ぎ、玄界灘で難破したという説が有力だが、蒙古軍の船の構造にも問題がありそうだ。というのも、九〇〇艙の船団は日本遠征のために猛スピードで建造されたものだった。鷹島沖の海底では、竜骨（キール）を含めて原形をとどめた当時の軍船が見つかっている。その研究結果によっては、モンゴル軍大敗の理由が船の構造、とくに建造の際の〝手抜き〟にあったという結果が出るかもしれない。日本への侵攻を急ぐあまり、高麗に急ぎ船を建造させていたからだ。

　しかし、まだ謎は残る。そもそも文永の役で蒙古軍は日本軍を大宰府まで撤退させておきながら、なぜたった一日で進軍をやめ、博多湾に浮かぶ船に引き揚げてしまったのか。この一回目の侵攻は武力偵察だったという説のほか、前述したとおり、早い冬の到来に慌てたということもあっただろう。ただそれより、日本軍が集団戦法を用い、モンゴル軍を苦しめたからこそ、彼らの猛攻を食い止めることができたのである。

そもそもモンゴル軍が世界を席巻できたのは、当時最強といわれた騎兵によるところが大きい。だが、当然ながら騎兵には馬や替え馬が必要だ。一方、軍船の収容スペースには限界があり、モンゴル軍が、馬を必要とする騎兵より数を稼げる歩兵を重視していたのだ。

以上、日本軍の勝因を整理すると①玄界灘の北西の季節風と台風が日本軍に幸いした②モンゴル軍が船の建造を急いだために季節風と台風の影響を受けやすかった③日本の武士が勇敢だった④モンゴル得意の騎馬戦術を用いられなかった――ということになろう。しかし、もう一つ大きな要因を見落としている。ここでも、そのことを世界史から学び直してみよう。

大越国・チャンパ王国・マジャパヒト王国　モンゴルの侵攻を食い止めたのは、じつはエジプトと日本だけではない。ベトナムとインドネシア（ジャワ島）がある。

ベトナム北部を治めた陳朝大越国は太宗の時代に一回目のモンゴル侵攻を受けた。一二五七年、モンゴル帝国の大ハーン、モンケは部将のウリヤンカダイに北方からベトナムを襲わせた。モンケの狙いはあくまで南宋攻略であり、大越国をモンゴルに従わせ、南から南宋領内をうかがうためであった。陳朝の太宗はモンゴルに従属した。しかし、モンゴルの大ハーンがクビライに代わり、陳朝が太宗の孫の仁宗《じんそう》の時代になると、様相が一変する。すでに南宋を下していたクビライの狙いは、海洋ネットワークの構築だった。一二八二年、モンゴル軍は海路からのチャンパ王国（南ベトナムの東部海岸地域を国土とする）侵攻に失敗し、陳朝の領土を通過して陸路よりチャンパを攻撃しようとしていた。このチャンパ王国は中国で「占城」などと記されているが、チャム族というインドからの移民によって建国されていた。チャンパというのはもともとインドにあった都市の名だ。

陳朝大越国の仁宗はクビライの王子トガン率いるモンゴル軍からチャンパ侵攻のための食糧調達を求められると反発し、モンゴルとの開戦を決意。モンゴル軍を一時、北へと追いやった。その後、大越国は元に朝貢し、中国の冊封体制に組みこまれるが、モンゴル軍の侵略を阻んだのは事実だ。

一方、シンゴサリ王国が栄えていたインドネシアのジャワ島へ、モンゴルはクビライの時代に船団を派遣した。しかし、モンゴルの遠征軍がジャワに着くと、シンゴサリ王国はジャヤカトワンという地方領主に国を奪われていた。モンゴルの遠征軍はシンゴサリ王国と連合軍を組み、ジャヤカトワンを討って反乱を鎮圧したものの、シンゴサリ王国最後の国王の女婿であるビジャヤは反乱鎮圧のために連合したモンゴル軍を討ち、ジャワから撤兵させ、一二九三年、マジャパヒト（いまのスラバヤ）を首都に新王国を開いてしまう。インドネシア最後のヒンズー国家となるマジャパヒト王国だ。

以上、陳朝大越国・チャンパ王国・マジャパヒト王国の例に、いくつか日本との共通項がみられる。まず、チャンパ王国とマジャパヒト王国は日本と同じく、モンゴルは船団を組み、海路から攻めて失敗している。次に陳朝大越国の場合、はるか後年のベトナム戦争でのアメリカ軍がそうだったように山岳やジャングルが多い北ベトナムで大越軍のゲリラ攻撃に悩まされ、さらには亜熱帯の気候、すなわち炎暑と疫病が追い討ちをかけた。

しかし、だからといって、これら東南アジア諸国の元寇《げんこう》と日本史でいう元寇を同列に扱うつもりはない。モンゴル史に詳しい歴史学者の杉山正明氏によると、ベトナムへの遠征は、クビライが本気で軍事征服を狙ったものではなく、遠征軍の司令官は三線級・四線級のメンバーで、服属や来貢をうながす宣伝部隊に近いと論じている。インドネシア遠征に至ってはその実態は遠征軍というより、ムスリム商人主導による貿易船団というのが実態だったとしている（杉山正明著『クビライの挑戦』）。これら東南アジア遠征に比べると、日本遠征はその規模がまるで違い、クビライの本気度も違うという。

では、なぜクビライは二回の侵攻で日本遠征をあきらめたのだろうか。じつはそこにこそ、蒙古襲来に関連して、世界史から日本史をながめ直す意味があると考えている。

じつをいうと、クビライは三回目の日本遠征を計画していたのである。しかし一二八三年、つまり弘安の役の二年後、クビライは征東、すなわち日本遠征中止を告げている。当時、旧南宋の江南地方で反乱や暴動が起きていたことが第一の理由である。ただそれよりも、クビライ政権を支えてきた屋台骨が揺らいでいたのが最大の理由だろう。

モンゴル史には「東方三王家《とうほうさんおうけ》」という言葉がある。モンゴル建国後、チンギス・ハーンの三人の弟をそれぞれいずれも帝国東方部の藩王に封じていた。クビライが末弟アリクブケとの内戦に勝利できたのも、その東方三王家の支持、とりわけチンギスの弟であるオッチギンの孫、タガチャルと盟友関係にあったことが大きかった。ところが、クビライが遊牧国家から中華的国家への路線変換を図ると、各ウルスがモンゴル帝国（大元ウルス）からの分離独立を図り、一二八七年、東方三王家の三人の当主が反乱を起こすに至る。なかでもナヤンはクビライの盟友タガチャルの孫にあたり、クビライには痛手だった。クビライは高齢であることも厭《いと》わず、みずから直属の五衛軍を率いて親征をおこなった。皇帝みずからの親征だったことから兵の士気は高く、ナヤンは敗れて逃走し、捕らえられた。

クビライはこうして国内の政局を安定させなければならず、三回目の日本遠征を断念しなければならなかったのである。

第5章

応仁の乱の裏ヒーローとジャンヌ・ダルクの意外な接点

検証1　一〇分で読み解く応仁の乱

火薬庫の遠江《とおとうみ》と大和《やまと》　応仁《おうにん》と改元される年（一四六七）の正月一八日、河内《かわち》・紀伊《きい》などを分国とする守護大名畠山政長《はたけやままさなが》が一族の畠山義就《よしなり》に家督と幕府の管領《かんれい》職（執政職）を奪われ、その巻き返しのため上御霊社《かみごりょうしゃ》（京都市上京区）に陣を敷いた。そこへ義就の軍勢が押し寄せた。合戦は義就方の勝利となって、政長は細川勝元《かつもと》の邸へ逃げこむ。これが応仁の乱のはじまりである。

なぜ、この上御霊社の合戦が一一年にわたる大乱を招いたのか。以上の事実関係からではよくわからない。この複雑な構造の大乱を理解するには、乱が勃発《ぼっぱつ》する前の情勢を知っておく必要がありそうだ。

第一に、南北朝争乱の時代（一三三六〜一三九二年）から日本各地で争乱の火種が燻《くすぶ》っていたこと。その事例を遠江国にみてみよう。井伊直虎《いいなおとら》がＮＨＫ大河ドラマのヒロインになったことで一躍有名になった井伊谷《いいのや》（浜松市）の争乱の歴史である。

鎌倉幕府の公式歴史書『吾妻鏡《あずまかがみ》』に幕府の御家人として「井伊介」という武士が登場する。その井伊氏はもともと井伊谷にある都田御厨《みやこだみくりや》の地頭であった。御厨は皇室や伊勢神宮ほか有力な神社の荘園をいい、井伊氏は幕府からその御厨の地頭職を与えられ、周囲に勢力を広げていたのである。南北朝の争乱がはじまると、勢力範囲に南朝側の荘園があったことから南朝に属した。その関係で井伊氏は宗良《むねよし》親王（後醍醐《ごだいご》天皇の皇子）を領内の三岳《みたけ》城に迎えている。一方、駿河《するが》・遠江の守護今川氏は足利将軍家の親戚筋にあたり、北朝に属していた。

建武《けんむ》四年（一三三七）七月、戦国時代に徳川家康と武田信玄が戦った三方原《みかたはら》で、南朝方の井伊氏は北朝方の今川氏に敗れている。また、暦応《りゃくおう》二年（一三三九）には、北朝方の高師泰《こうのもろやす》らの軍勢によって三岳城と大平《おおだいら》城などを落とされ、井伊氏は逼塞《ひっそく》を余儀なくされる。このように南北朝の争乱は「京都（北朝）vs吉野（南朝）」という中央の枠組みを越え、全国で北朝方と南朝方の武士が戦っていた。

南北朝の和議成立後、室町幕府の重鎮斯波義重《しばよししげ》が越前《えちぜん》に次いで尾張《おわり》と遠江の守護を兼ねた。

応仁の乱が勃発すると、駿河守護の今川義忠《よしただ》は兵一〇〇〇を率いて上洛《じょうらく》し、東軍の大将・細川勝元の陣に馳《は》せ参じるが、『今川記』によると、勝元から「京都は有利に展開しているから分国に下向し、斯波義廉《よしかど》（西軍）の遠州を攻めよ」と命じられる。義忠としても、遠江はかつて今川氏が守護を務めた国であり、遠江への影響力を回復する恰好《かっこう》の機会である。こうして渡りに船とばかりに文明《ぶんめい》六年（一四七四）、義忠は遠州へ侵攻する。翌年から斯波・今川両軍は本格的に衝突し、義廉に従う遠江の国人井伊氏は南北朝時代につづいて今川と矛《ほこ》を交えたのだ。今川氏によって逼塞を余儀なくされた井伊氏にとってもこの大乱は巻き返しのチャンスであった。このように「今川vs井伊」の戦いの系譜は南北朝から応仁の乱まで引き継がれているのである。

もう一つ、〝近畿《きんき》の火薬庫〟と呼ばれる大和国の例を挙げておこう。

南北朝時代、吉野に近い大和南部に割拠する越智《おち》氏らの武将たちは南朝に与《くみ》し、大和北部の筒井《つつい》氏らは北朝に属した。応仁の乱で東軍を率いることになる細川勝元は筒井一族である成身院光宣《じょうしんいんこうせん》を与党にしており、大乱が勃発する前すでに筒井勢がのちに西軍となる畠山義就方の越智勢と戦っている。

つまり、大和でも南北朝争乱の対立構造がそのまま応仁の乱に引き継がれているのである。

このように後醍醐天皇が鎌倉幕府打倒の兵を挙げて以降、南北朝時代から日本は〝ゆるやかな内乱の時代〟を迎え、それが応仁の乱という大乱のディテールになっていたのである。

一〇世紀の半ば、地方の私営田（のちの荘園）という揺りかごが「武士」を育てようとしていた時代、この国は分割相続が基本だった。平将門の乱はそのために起きたが、分割相続を繰り返した結果あらたに誕生した分家それぞれの所領は、小さくならざるをえない。そうして小さくなった所領を大きくしようとすると、他人の所領を奪うしかない。こうした在地の事情に「南朝方」「北朝方」という敵味方の論理が加わっていき、南北朝合一によって抗争は一時的に収束したかにみえたものの、地方での火種は燻りつづけた。

そういう土俵の上で有力守護大名の家督争いが頻発する。富樫《とがし》氏（加賀《かが》）・畠山氏（河内・紀伊）・斯波氏（越前《えちぜん》・尾張）などなど。枚挙にいとまがないほどだ。なぜこの時代に家督争いが集中したのだろうか。やはり、それにも相続法がかかわっている。みてきたように分割相続を繰り返すと分割する所領がなくなってゆく。そこで南北朝時代になって、武士の間では、所領の相続方法が嫡子一人に引き継がれる単独相続へと切り替わっていった。そうなると嫡子とその他の兄弟ではまるで待遇が変わってくる。誰もが家を継ぎたい。そう思うのは人間の欲望として今昔の違いはないだろう。

突如として京で大乱が勃発《ぼっぱつ》したわけではなかった。このように南北朝の争乱と応仁の乱によってもたらされる戦国時代はつながっているとみるべきだろう。

つまり日本は、一四世紀の初めの鎌倉幕府の討幕とそれにつづく南北朝争乱時代から、豊臣秀吉が全国を平定する一六世紀末まで、一世紀半以上に及ぶ史上最大の「戦乱」の時代を迎えたのである。だが、そのことを理解していただくにはまだピースが不足している。まずは、通説で語られる応仁の乱の流れをおさえておこう。

応仁の乱、勃発す！　応仁元年（一四六七）から文明九年（一四七七）までの一一年間にわたって京都を焼き尽くした大乱がややこしいのは、最大の原因が将軍継嗣問題にあるという誤った解釈がまかり通っていたからだ。

室町幕府八代将軍足利義政《よしまさ》と正室日野富子《とみこ》の間には男子が生まれず、義政は将軍職を実弟の浄土寺門跡《もんぜき》義尋《ぎじん》に譲ることを思いつく。このころ義政はすでに政治への興味を失い、早く隠居して作庭などの趣味の世界に走ろうとしていた。義尋が還俗して足利義視《よしみ》となり、幕府の重鎮である細川勝元を後見とした。ところが、寛正《かんしょう》六年（一四六五）に富子が男子（のちの九代将軍義尚《よしひさ》）を出生する。『応仁記』によると、富子は、どのようなことをしてもいいから「この若君を世に立てまいらせん」と思いたち、「諸大名に婿あまたあり。威勢無双」とされた山名宗《やまなそう》全《ぜん》を頼る。

富子は宗全に「彼（義尚）の御生涯の様、ともかくも御進退を計りたまひて給わるべし」とみずからしたためた手紙を送った。つまり富子は、将軍後継者である義視を退け、自分の産んだ子を九代将軍につけてほしいと依頼したのだ。宗全は、義視の後見人である勝元の舅《しゅうと》ながら、そのころ細川・山名両氏の関係は急速に悪化していた。こうして「義視の後見である勝元」と「富子の生んだ若君を擁立する宗全」という対立軸ができあがったとする――それが応仁の乱

応仁の乱相関図

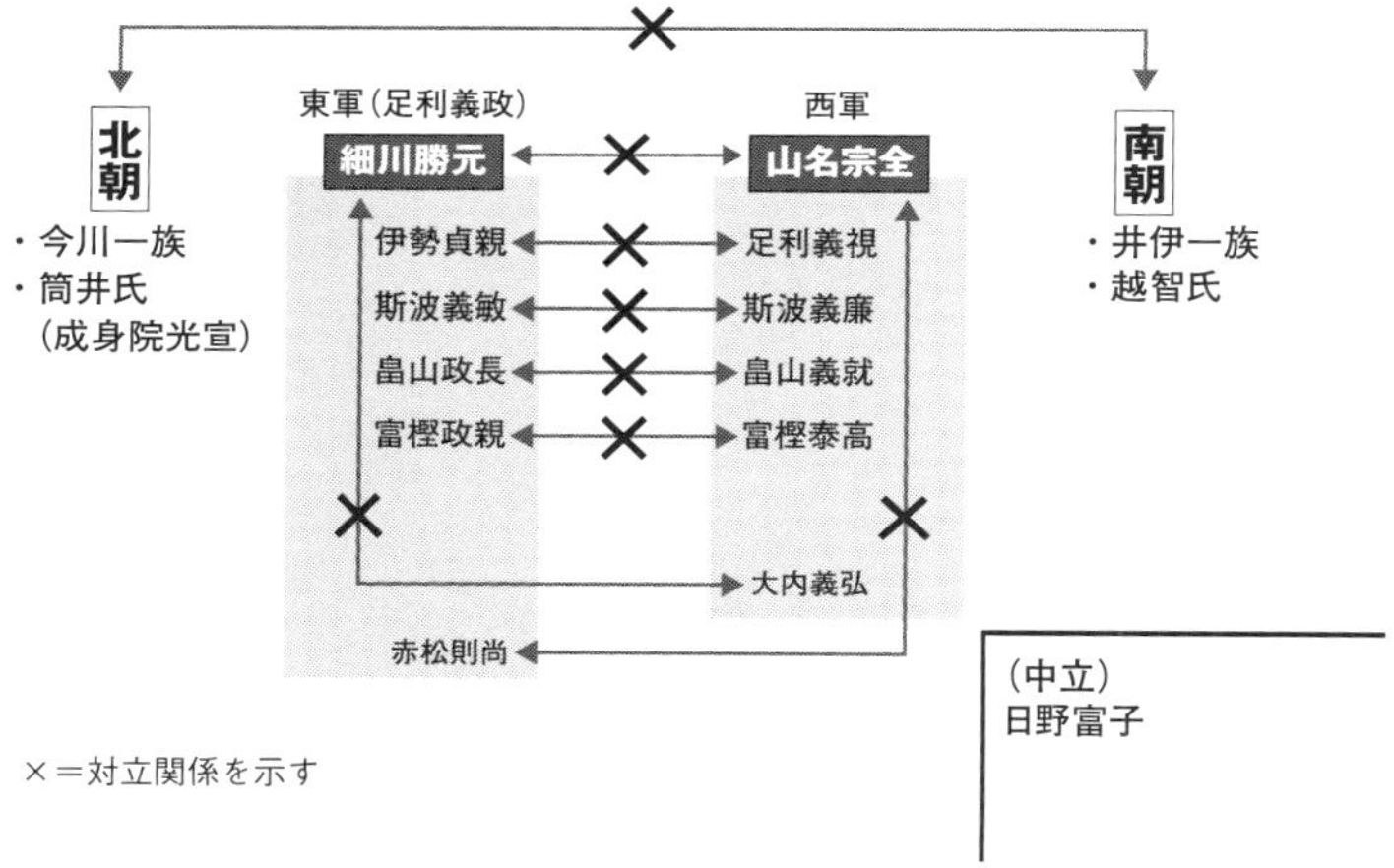

の背景だと説明されてきた。

この通説にしたがうと、宗全へ手紙を送り、義尚の庇護《ひご》を求めた富子の行為こそ、京の都を戦乱の巷《ちまた》と化した元凶ということになろう。大乱はまず、宗全派のクーデター成功という形で幕を開ける。

宗全は、支持している畠山義就を京へ呼び寄せ、勝元派の畠山政長から管領職と畠山の家督を召し上げることに成功する。そこで前出のとおり、家督と管領職を奪われた政長が上御霊社に陣を敷き、義就の軍勢に敗れ、勝元の邸へ逃げこむのだ。その後、勝元派が京へ軍勢を糾合《きゅうごう》し、五月二六日ごろ、京で両軍がふたたび衝突した。合戦は二昼夜つづいて二八日にいったん収まるものの、その後、戦局は勝元派優位となる。というのも、勝元は六月に入り、将軍の御座所である室町第《むろまちてい》を守護するという名目で、将軍義政を自陣に取りこむことに成功したのだ。

勝元派と宗全派は、その陣の位置関係から、東軍（勝元派）・西軍（宗全派）と呼ばれることになるが、西軍も黙ってはいなかった。いったん西軍から降伏の申し入れもなされたが、西国大名の雄・大内政弘《おおうちまさひろ》が八月に入り、周防《すおう》以下八カ国の大軍勢を引き連れて入洛《じゅらく》し、西軍入りしたのである。

たしかにこうみると、全国の守護が「勝元派＝義視を将軍に推したてようとする一派」と「宗全派＝義尚を将軍にしたい一派」に分かれ、抗争しているようにみえる。

ところが、八月二五日になって、通説が「おや？」と首をかしげたくなる椿事《ちんじ》が起きる。室町第にいた将軍候補の義視が出奔し、のちに西軍へ迎えられるのである。これで東軍方には担ぎ上げるべき将軍候補がいなくなった。それでもなお、両軍の戦いはつづく。ここで話がわからなくなり、「いったいこの大乱は何なのか？」と頭を抱えることになる。事実関係を整理すると、こうなる。

大乱がはじまる前の文正《ぶんしょう》元年（一四六六）九月二日、幕府政所執事・伊勢貞親《さだちか》が将軍義政に讒訴《ざんそ》して次期将軍候補の義視を退けようとした。しかし、義視の潔白が証明され、切腹を恐れた貞親が京から逃走する事件が起きていた。貞親は、富子の生んだ義尚の乳父《めのと》であり、将軍継承者に決まっていた義視を失脚させる狙いがあったとみられる。これを文正の政変という。富子より、貞親のほうが義尚を将軍にしたかったのだ。ところが将軍義政は、いったん京から逃走して逼塞していた貞親を京へ呼びもどしたのである。義視は身の危険を感じたにちがいない。義視が、貞親のもどった室町第を抜け出す気持ちはわかるが、大乱の原因に将軍継嗣問題があるのなら、義尚を推す西軍の陣営はもっと危険。そこへ逃げこむという説明がつかなくなる。つまり、将軍継嗣問題が東軍と西軍に分かれる原因ではなかったのだ。

富子が宗全に自筆の手紙を書いて送ったという話は『応仁記』以外の史料では確認できない。『応仁記』の筆者は不詳ながら、細川高国《たかくに》（勝元の嫡男政元《まさもと》の養子）周辺の人物とされている。当時、すでに乱は終結していたものの、高国は義視の落とし胤《だね》である足利義稙《よしたね》を将軍に擁立して政権を維持していた。そうなると、そもそも東軍の細川と西軍の義視父子が対立していたのでは都合が悪くなる。高国が奉じる義稙は、宿敵の子という図式になってしまうからだ。そこで過去を消すために、義視が東軍の大将細川勝元に擁立されていたと、歴史を改ざんする必要があったのである。

たしかに、義視を勝元の東軍方とするには、その対立軸として「実子（義尚）を将軍にしたい母（富子）」と「その庇護者（宗全）」がいなくてはならない。しかし、富子はたえず中立的な位置にいた。結果、富子の生んだ義尚が九代将軍になるものの、義尚が若くして近江の六角高頼の討伐中に病没すると、富子は宿敵（義視）の子であるはずの義稙を将軍に推挙している。

また、富子は大乱を招いた女どころか、その収束に努めてもいる。富子が賄賂《わいろ》などで蓄財し、高利貸しをおこなっていた話はよく知られているが、彼女が西軍の畠山義統《よしむね》に一〇〇〇貫を貸し付け、その代わりに畠山勢を国元へ引き揚げさせている。またこれを機に西軍諸将すべて下国し、文明九年（一四七七）に京での大乱は終結した。ちなみに、東軍・西軍大将の勝元と宗全はいずれも文明五年に他界し、翌年、両軍の間で和睦《わぼく》が成立するものの、それに納得しない武将たちが戦いつづけていたのである。

したがって、応仁の乱の元凶が富子であり、背景に将軍継承問題があったという説は明らかに誤りである。

すでに述べてきたとおり、時代は南北朝時代から〝ゆるやかな内乱〟に突入し、同時多発的に有力守護大名の家督争いが起きていた。ただし、そうはいっても、東西両軍大将の勝元と宗全が互いに党派を競わなければ、これだけの大乱は起きなかった。

細川勝元と山名宗全

細川一族の宗家を継いだ勝元は四カ国の守護を兼ね、一族が守護に任じられた国を合わせると、計九カ国に及んだ。かたや、宗全を含めて山名一族の分国は計一〇カ国に達する。全国六〇余州のうち、細川・山名一族だけでおよそ三分の一の国々を分国としていたのである。その二人が党派を競い、家督を争う守護一族がそれぞれ勝元派、宗全派に分かれたのだから、火種といってこれほどはっきりした火種はない。次に、応仁の乱を日本史にもたらした元凶二人について述べていこう。

細川勝元が一三歳で細川宗家の家督を継いだ三年後の文安《ぶんあん》二年（一四四五）、勝元が畠山持国《もちくに》に代わり管領職についた。だが、勝元はいまだ一六歳。やがて管領職はふたたび持国の手に帰してしまう。こうして中央の政局は勝元と持国が交互に担うという図式からはじまった。その勝元は一四歳ごろ、山名宗全の婿になっており、若冠一六歳の勝元が管領につけたのも実力者の義父宗全の後押しがあったからだった。当時はまだ、二人は蜜月《みつげつ》の関係にあったのである。

　勝元にとって当時、むしろ、目の上の瘤《こぶ》は持国だった。また、持国は持国で、自分の与党づくりのために他家の家督争いに介入する。当時の加賀《かが》の守護は富樫泰高《やすたか》。兄の前守護富樫教家《のりいえ》は将軍足利義教《よしのり》（義政の父）の逆鱗《げきりん》に触れ、出奔していたものの、嘉吉《かきつ》の乱で義教が播磨《はりま》の守護赤松満祐《あかまつみつすけ》に弑逆《しいぎゃく》されると、ふたたび加賀の守護の座を狙いだした。持国がこの教家を支援したのだ。そうなると、政敵持国の勢力を殺《そ》ごうと勝元は泰高を助け、宗全も勝元に加担した。

　しかし、こんどは他家の家督相続へ介入していた畠山氏に内訌《ないこう》が勃発する。実子のいなかった持国は甥《おい》を養子に迎えて家督を継がせようとしたが、側室に義就が生まれると心変わりした。勝元・宗全にとっては持国追い落としのまたとない機会の到来だ。持国は勝元と宗全に家督争いへ介入され、失意のうちにこの世を去る。ちなみに、持国の甥も他界してしまうが、その弟の畠山政長が義就とその後も家督を争いつづけ、家中が二分されるのである。

　こうして畠山との政争を制した勝元だが、こうなると、細川一族にとって次に目の上の瘤《こぶ》となるのは山名一族だった。

　嘉吉元年（一四四一）六月、播磨の守護赤松満祐が将軍義教を自邸に招き、殺害する事件が起きた。満祐は分国の播磨へ逃れたが、当然、満祐は幕府軍の追討を受けることになる。しかし、将軍義教の恐怖政治が殺害の動機であることがわかっていたから、満祐に同情する守護大名が多く、追討はなかなか進まなかった。その中で宗全は怒濤《どとう》のごとく播磨へ攻め入り、満祐を自刃《じじん》に追いこんだ（嘉吉の乱）。

それから一〇年以上のちの享徳《きょうとく》三年（一四五四）、満祐の甥にあたる則尚《のりひさ》を幕府に出仕させようとする動きが出た。赤松一族は宗全を敵《かたき》と思っている。一方の宗全は満祐自刃ののち、旧赤松分国の播磨の守護になっている。とうてい赤松家の再興は認められない。宗全は「将軍（義政）が親（義教）の仇《かたき》を取り立てるとは何事か」と罵《ののし》ったという。その声が将軍の耳に達し、宗全追討の話が持ち上がる。このとき、娘婿であった勝元が義政をなだめて追討を中止させた。

結果、宗全が隠居するという形で一件落着となったが、赤松一族はその機に乗じて播磨へ攻め寄せた。このとき、宗全は分国の但馬《たじま》で隠居していたが、隠居の身であることも忘れ、一万以上の軍勢を率いて則尚を攻め滅ぼすのだ。こうなったら、将軍義政もどうすることもできない。宗全の隠居は有名無実化し、やがて幕政に復帰する。

勝元はこのときまだ、娘婿としての義理を果たすべく義政を宥《なだ》めて追討を中止させているものの、細川一族の意思は別のところにあった。細川一族の者らがこの一件で、宗全が将軍を罵っていると吹聴していたようだ。その後、赤松家の再興が認められた際、もはや勝元も反対しなかった。ここに両者の間で越えられない溝が生じたのだ。

さらに継嗣に恵まれなかった勝元に宗全は子を養子に入れていたが、文正元年（一四六六）、勝元に嫡男の政元が生まれると、家督争いを避けるために宗全の子を出家させた。これに宗全は激怒した。宗全の性格を考えると、勝元は日頃より傲慢《ごうまん》なその態度を快く思っていなかった面もあるのだろう。

両者の確執は決定的となり、家督争いを起こしている守護大名を巻きこんで二大党派が形づくられる。

このとき大族の斯波氏（足利氏一門）でも内訌が勃発していた。こうして宗全が畠山義就と斯波義廉に娘を娶《めあわ》せて支援すると、畠山政長と斯波義敏は勝元を頼らざるをえなくなり、また、富樫泰高が宗全と結ぶと、勝元は富樫政親（富樫教家の孫）を支援するという二極構造が生まれた。

かつ、南北朝時代よりの争乱の種が全国でくすぶり、それがそれぞれの党派を肥大させた。南北朝の争乱で今川に敗れた井伊による「今川が東軍なら西軍につく」というような論理が全国至るところでみられた。

西軍の主勢力となった大内氏にしても、領国内に国際貿易港の博多《はかた》を抱え、のちに国際貿易港となる堺《さかい》をおさえる東軍の細川氏への対抗意識があった。事実、両氏は日明《にちみん》貿易の勘合符《かんごうふ》（これがないと鎖国政策をとる明との貿易はできなかった）をめぐって争い、大永《だいえい》三年（一五二三）、明の国際貿易港寧波《ニンポー》（いまの中国浙江省《せっこうしょう》）で大内方が細川方の遣明船を焼き払う事件まで引き起こしている（寧波の乱）。

こうして党派が二分し、上御霊社の合戦で政長が勝元の邸に逃げこんだのち、勝元は自派の軍勢を京へ糾合するとともに宗全の分国播磨、斯波義廉の分国越前へ、宗全を敵《かたき》と恨む赤松勢らを乱入させた。

また、前述したように勝元は駿河から上洛した今川勢に、越前とともに義廉の分国である遠江を攻めるように命じる。このとき井伊も西軍の義廉に従うわけだが、東西両軍の和睦《わぼく》が成立したのちもまだ、「今川vs井伊」の戦いは終わらず、永正《えいしょう》十年（一五一三）三月七日、今川軍による総攻撃で三岳城はふたたび落城し、その後、直虎の曾祖父直平《なおひら》の代になって今川に臣従している。

したがって、上御霊社の合戦はあくまで局地戦ながら、もともと燻っていた地方の火種を一斉に発火させ、京での軍事衝突のみならず、やがて、地方へ戦渦を広げていったのである。こうして京都での乱が終息しても争乱はおさまらず、戦国の世を迎える。

ちなみに、東軍方の守護らの分国は摂津《せっつ》・丹波《たんば》・土佐《とさ》・讃岐《さぬき》・阿波《あわ》・三河《みかわ》・尾張・備中《びっちゅう》・淡《あわ》路《じ》・和泉《いずみ》・越前・紀伊・河内・越中《えっちゅう》・出雲・飛騨《ひだ》・近江《おうみ》・播磨・備前《びぜん》・美作《みまさか》・加賀・安芸《あき》・若《わか》狭《さ》などで、西軍方のそれは但馬《たじま》・伯耆《ほうき》・因幡《いなば》・石見《いわみ》・丹後《たんご》・伊勢《いせ》・遠江・大和・能登《のと》など（家督争いなどで重複する場合はすべて東軍方とした）。関東と九州を除く全国規模であることがわかる。また、〝関東の応仁の乱〟と呼ばれる享徳《きょうとく》の乱も享徳三年（一四五四）に勃発していた。

しかも、守護大名は分国内の政治を守護代らに任せ、兵を率いて中央で戦うことが多く、留守を預かる守護代や奉行といった階層が力をつけ、やがて彼らが戦乱と下剋上の主体となる。たとえば、斯波義廉（西軍）と斯波義敏（東軍）が家督を争う尾張では、斯波氏の尾張守護代であった織田氏もまた、「織田伊勢守家」（義廉派）と「織田大和守家」（義敏派）に分かれて抗争を繰り返した。大和守家の織田敏定《としさだ》が当時の守護所であった下津城《おりづ》（稲沢市）を焼いて尾張の戦乱は広がるが、その下津城にかわって敏定が清洲《きよす》城を守護所となす。こうして尾張の実権は両守護代の織田氏に移り、やがて大和守家の奉行の家柄であった織田信長が主君の守護代家や伊勢守家を下し、さらには守護の斯波氏も尾張から追い出して、尾張統一という下剋上を成し遂げる。

応仁の乱が戦国時代の扉を開いたといわれる所以《ゆえん》である。

六日間だけの裏ヒーロー骨皮道賢《ほねかわどうけん》

応仁の乱を特徴づけるものに足軽たちの活躍がある。もう少し時代が下ると、もともと農民だった者を槍《やり》や鉄砲を扱う徒士《かち》部隊に編制し、戦国大名らは彼らを常備軍とするものの、応仁の乱の勃発で降って湧《わ》いたように歴史を彩る足軽たちは、かろうじてのちの常備軍のルーツといえるものの、その素性はまるで違う。それでは、応仁の乱の時代の足軽というのはそもそも何者なのか。

足軽という言葉が記録に初めて現れるのは平安時代の末。保元《ほうげん》の乱（一一五六年）で平清盛らが白河殿を夜襲したみぎり、『保元物語』に「郎党《ろうとう》足軽ども四五十人、馬の口前後左右に附いて真っ先にまず罷《まか》り向かい」とある。騎馬武者に付随する軽装の徒士の者を足軽といっていたようだ。しかし、応仁の大乱に登場する足軽らはこれまた、彼らとも素性が違う。室町時代の足軽たちは無頼者の集団だった。

当時、一条兼良《かねら》という公卿が書いた『樵談治要《しょうだんちよう》』という政治指南書には、「このたび、はじめて出来《いできた》る足がるは超越したる悪党なり」（傍点は筆者）とある。兼良は京の巷に初めて登場した足軽たちの跳梁跋扈《ちょうりょうばっこ》に驚き、武家が足軽たちを雇い入れることを止《や》めさせるべきだと訴えている。兼良はつづけて、足軽たちの悪党ぶりを記している。足軽らは洛中洛外の至る所で打ち壊しや放火をおこなって略奪行為を繰り返し、兼良は寺社や公家の滅亡は「彼らが所行《しょぎょう》なり」とまでいい切っている。この無頼者集団の正体について、兼良は「土民《どみん》商人」たちだとしている。土民商人といっても、一揆に加わる命知らずの農民や、農村・都市からのあぶれ者（いわゆる浮浪の徒）、野武士と呼ばれるならず者などだ。そして兼良は、彼らが跳梁するのは「さもこそ下剋上の世ならめ」、つまり、下剋上の風潮を象徴する話だとして、このままだと、外国の聞こえも悪いと嘆いている。

これが平和な世の中なら、放火や盗みを働く彼らはただの犯罪者集団となるが、戦国時代に野武士らが戦国大名に雇われたのと同じ理屈で、兼良が嘆いているとおり、東西両軍が足軽たちを雇い入れ、攪乱《かくらん》戦術に使った。

たとえば、京の八条に馬切衛門太郎《うまきりえもんたろう》というあぶれ者がいた。馬切というのは渾名《あだな》なのだろう。「馬を切る」というほどの暴れ者だった彼は八条の村を追い出され、応仁の乱が勃発してしばらくたったころ、足軽大将になっている。足軽たちは東軍・西軍に分かれて戦ったが、互いに憎み合っていたわけではない。当時、京の町に「湯屋《ゆや》」（のちの銭湯）が生まれはじめていた。昼は敵味方に分かれて戦った足軽たちも、いったん戦闘が終われば、銭湯で敵味方の区別なく、裸のつきあいをしていたとされる。

そこに骨皮道賢という男が登場する。〝骨皮〟というのは渾名なのか、それとも実名（姓）なのか。おそらくは、馬切と同じく、骨と皮だけのように痩《や》せていたことからくる渾名なのであろう。ただ彼こそが、わずか六日間ながら応仁の乱の歴史の表舞台に登場した裏ヒーローなのである。

まず骨皮は、『応仁記』に侍所所司代・多賀高忠《たがたかただ》の「目付」として登場してくる。当時の侍所所司は名門武家の京極持清《きょうごくもちきよ》（近江北半分の守護）。所司代の多賀はその家臣だ。つまり、多賀の目付である骨皮は守護（京極氏）の家臣の家臣、陪臣《ばいしん》という形となり、れっきとした武士のように思える。だが、『応仁記』によると、骨皮は「（多賀の）走舞《はしりまい》たる手の者」の一人だったという。走舞とは、雅楽《ががく》でいう舞の一種で、その名の通り、活発に動きまわる勇壮な舞のこと。足軽の別名を「疾足《しっそく》」ともいい、「走舞のような手の者」とは足軽をさす言葉だ。〝あぶれ者〟である足軽が守護の陪臣、目付の手先としてうごめいているのだから、たしかに世も末だ。

道賢がどうやって侍所所司代の部下になったのかはわからない。ただ、東軍・西軍の武将たちがそうだったように、所司代の多賀も、洛中の浮浪の徒を組織化し、治安にあたらせていた。だとしたら、多くの配下の者を持つあぶれ者のボスに目が止まらないはずはない。道賢は盗賊の挙動に通じていたらしく、多賀は、毒をもって毒を制する策に出たのである。

東軍の大将細川勝元も道賢に目をつけた。道賢は勝元に雇われ、東軍方として史料に登場する。応仁二年（一四六八）三月一六日のこと。道賢は伏見稲荷へ手勢を率いて出陣し、西軍の食料補給路を断った。そののちも道賢は伏見稲荷を拠点に神出鬼没に兵を洛中へ繰り出し、西軍の兵糧《ひょうろう》が留め置かれているところを焼き払うのである。史料によってまちまちだが、道賢の手勢は三〇〇から六〇〇。西軍としても道賢を無視できなくなった。

同月二一日、ついに西軍が動いた。道賢の拠点である伏見稲荷へ向け、西軍の大将山名宗全や畠山義就・斯波義廉ら主力メンバーの兵が発向したのだ。とうてい六〇〇やそこらの兵で立ち向かえる数ではない。道賢の手勢はたちまち西軍の軍勢を前に逃散《ちょうさん》してしまう。悪党だけに逃げ足も早い。道賢も部下に用意させた輿《こし》に女装して乗りこみ、逃げようとした。ところが、山名配下の足軽に見つかり、正体を見破られ、討ち取られたという。

道賢が歴史に登場したのは三月一六日から二一日までのわずか六日間だが、〝第二の道賢〟、あるいは〝第二の馬切〟らは大勢いたことだろう。応仁の乱を長期化させ、京の都を混乱のるつぼに陥れた張本人こそが彼ら足軽たちであった。まさしく戦乱の申し子といえそうだが、決して戦乱が彼らを生み出したのではない。むしろ逆に彼らが戦乱を呼びこんだのである。

南北朝時代から武士の間では少しずつ、分割相続から単独相続へ切り替わっていったが、庶民の間にもこの相続制度が広まっていった。

のちに織田信長は有力家臣の次男以下を親衛隊（赤母衣《あかほろ》・黒母衣《くろほろ》衆）に抜擢《ばってき》する。ここから出世する者も多く、前田利家《としいえ》は四男、佐々成政《さっさなりまさ》は三男であった。それぞれの「家」の嫡男は当主の地位を継ぎ、彼らは彼らで信長の家臣団に組みこまれるが、次男以下の者らはそれぞれの「家」では自由な立場にあり、実家への忠誠心より、親衛隊として信長へのそれを優先する。だからこそ信長は次男以下の者の中から選《え》りすぐったのである。武士なら次男以下でもそういう生き方はできる。

しかし、庶民は違う。農家では土地を受け継ぐのは兄一人であり、次男三男は働き手として期待されるものの、いわば一生こき使われる立場だ。才覚ある者ならなおのこと、「それならいっそ……」とばかりに家を飛び出し、野盗（野武士）や倭寇《わこう》（一七四ページ参照）の群れに身を投じようとする。南北朝の争乱では、「悪党」

骨皮道賢の拠点となった伏見稲荷

と呼ばれる者が跋扈した。幕府や荘園領主に逆らう者が「悪党」と呼ばれ、後醍醐《ごだいご》天皇を支えた楠木正成《くすのきまさしげ》もその一人だが、跳梁跋扈する彼らの中には文字どおりの悪党もいた。その悪党の系譜を引く者こそが応仁の乱における足軽だった。

戦乱が彼らを生んだのではない。相続制度の変化が〝あぶれ者〟を生み出し、彼らの存在が世上不穏な情勢を作りだして、ひとたび戦乱が起きると、攪乱戦術を得意とする彼らがその戦いを長期化させたのである。

応仁の乱を戦国時代の起点とするならそれは、一四六七年から一五九〇年に豊臣秀吉が小田原北条氏（北条早雲《そううん》にはじまる五代）を下して天下統一するまでの一二〇余年に及ぶ。そして遠くヨーロッパでもやはり、戦乱の世紀である一五世紀に「百年戦争」を戦っていたのである。

検証2 「救国の少女」と「百年戦争」の謎

イギリスのプランタジネット朝vsフランスのヴァロア朝　現代でも戦いに女性が登場してくると、ジャーナリズムは「現代のジャンヌ・ダルク」という表現を使いたがる。正直に告白すると筆者もその一人。NHK大河ドラマ『八重の桜』が放映されていた際、会津藩士の娘であるヒロインの新島八重《にいじまやえ》（旧姓山本）が会津藩内に攻め入った明治新政府軍と銃を取って戦っていたことから、筆者も八重とジャンヌ・ダルクを重ね合わせた。

もしかするとジャンヌ・ダルクは世界でもっとも有名な女性なのかもしれない。彼女はフランスをイギリスから救った「救国の少女」あるいは「救国の聖女」といわれる。

ヨーロッパでも一五世紀は戦乱の世紀。封建制から絶対王政へ移る混乱の世紀であり、たとえば、「百年戦争」の舞台となったフランスでも、ブルゴーニュ公領やオルレアン公領などといって、貴族らが各地で割拠し、封建王政の君主（フランス王）を圧迫していた。誤解を承知で敢《あ》えて日本史に喩《たと》えていうなら、公・伯領を持つ貴族は戦国大名、フランス王はジリ貧の足利将軍家といえるかもしれない。

それでは、ジャンヌ・ダルクの登場に至るまでの歴史をみてみよう。

一〇世紀の終わりからつづいていたフランス・カペー朝は、一四世紀の初めに男子の継承者を失い、王位はシャルル四世の従兄弟《いとこ》にあたるヴァロワ伯フィリップ（フィリップ六世として即位）に継承された。これに対して、プランタジネット家のイングランド王エドワード三世は、母（シャルル四世の妹イザベル）の血筋からいっても自分がフランス王になるのが相応《ふさわ》しいと主張し、フィリップ六世のフランス王位継承に異を唱えたものの、フランス諸侯の説得に失敗した。

また当時、イングランドはスコットランドの併合を画策し、幾度となくスコットランドと戦っていた。エドワード三世の時代にスコットランド王がフランスのフィリップ六世の庇護《ひごか》下に入り、イングランドのエドワード三世はフィリップ六世にスコットランド王の引き渡しを求めたが、拒否された。こうしてフランス王家とイギリス王家（厳密にはイングランド王家というべきだが、便宜上イギリスで統一する）の確執が百年戦争の導火線になってゆく。

この時代の複雑なところは、イギリス王がフランス国内のアキテーヌに公領を持っていたこと。そうなると、イギリスでは国王ながら、フランス国内ではあくまで諸侯の一人。アキテーヌ公としてフランス国王に臣従する立場にならざるをえない。だからこそ、エドワード三世はフランスの王位を望んだのである。

一四世紀半ばの一三三九年、日本で南北朝の争乱が幕を開けたのとほぼ時を同じくして、エドワード三世率いるイギリス軍が北フランスのノルマンディーに上陸し、百年戦争（一三三九～一四五三年）がはじまった。

この前半戦ではイギリスがフランス国内を席巻してゆくが、イギリス軍の優勢を支えたのが長弓という兵器だった。射程距離は五六〇メートルと長く、弓を一分間に一〇本を発射できるという優れもの。かたや、フランス軍の弓は破壊力こそイギリスの長弓に勝っていたものの、一分間に二本しか飛ばせなかったという。これでは勝負にならない。

両国は一〇〇年間ずっと絶え間なく戦っていたのかというとそうではなかったものの、その間、両国内でペストが大流行し、農民反乱（イギリスのワット・タイラーの乱：一三八一年、フランスのジャックリーの乱：一三五八年）も起きて社会の混乱がより増していった。

ロンドンのフランス王とブールジュの王

一五世紀に入ると、そこにフランスの内紛が重なった。

そのころのフランス王シャルル六世は「狂気王」と呼ばれ、精神に異常をきたしていた。摂政役として国王の弟であるオルレアン公ルイと従兄弟のブルゴーニュ公ジャンがついていたものの、その二人が権力を競い合い、一四〇七年一一月二五日、オルレアン公ルイがパリ市街の暗闇《くらやみ》で暗殺された。ブルゴーニュ公ジャンの殺し屋たちに殺されたのである。

ジャンたちは敵であるはずのイギリスと同盟してブルゴーニュ派を結成し、一方、父のルイを彼らに殺されたオルレアン公シャルルもアルマニャック派（初めオルレアン派と呼ばれたが、中心人物のアルマニャック伯ベルナールの爵位から改名された）を旗揚げした。この二代党派は政権を争って軍事衝突するに至り、アルマニャック派がこんどはブルゴーニュ公ジャンを殺し、混乱に拍車を掛けた。

イギリス王家ではエドワード三世の後、ランカスター公ジョンの家系に王位が受け継がれ（ランカスター朝という）、ジョンの孫にあたるヘンリー五世の時代にイギリスがこの内紛に乗じ、フランスに再上陸する。

ブルゴーニュ公ジャンの跡を継いでいたフィリップ（この新しいブルゴーニュ公は善良公とも呼ばれる）は一四二〇年にイギリスとトロア和約を結び、イギリス王ヘンリー五世とフランス王シャルル六世（前出）の娘カトリーヌとの結婚を了解し、その間に生まれた王子を次のフラ

百年戦争相関図

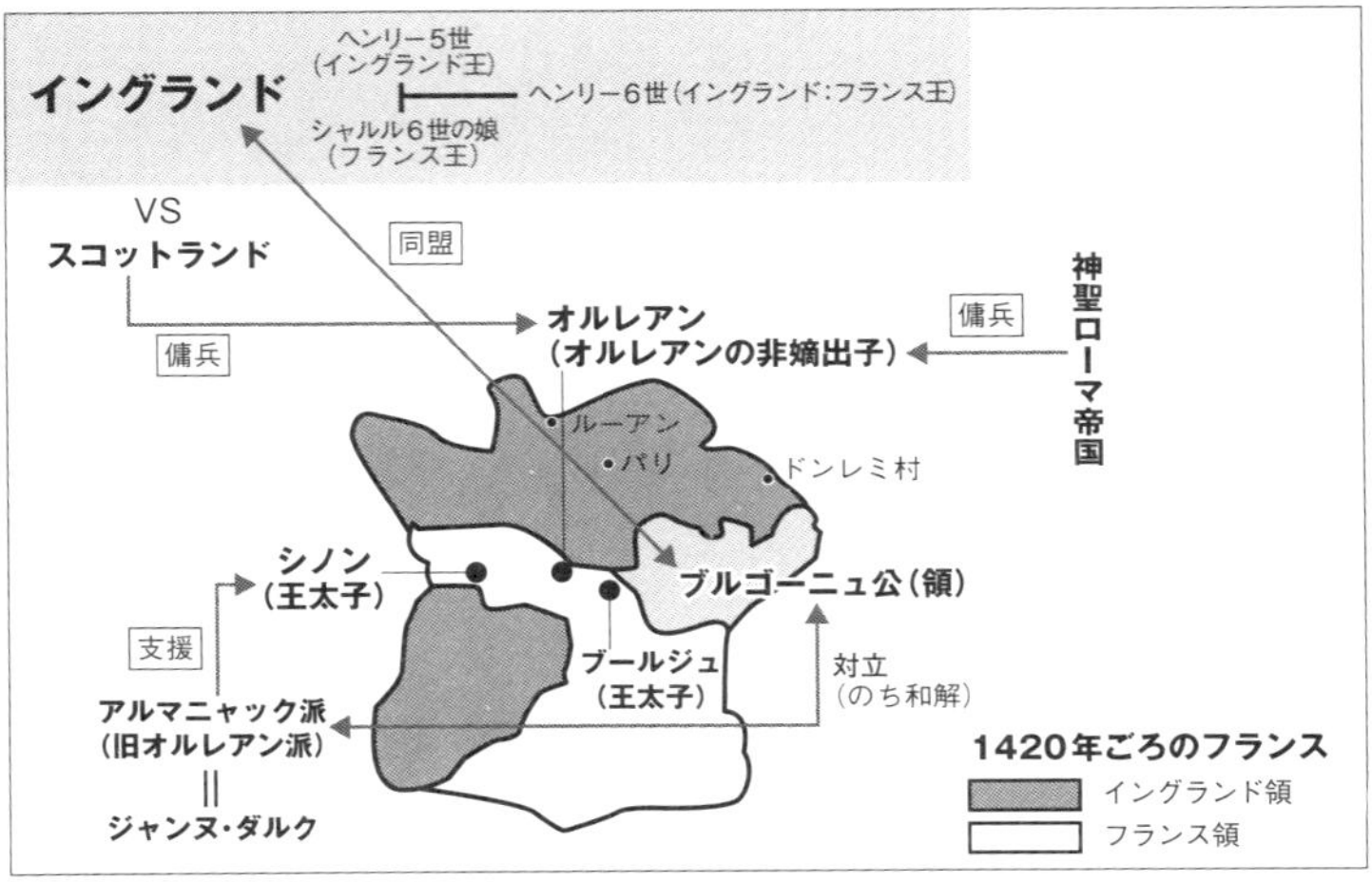

ンス王とすることまで容認したのである。
　一四二二年にイギリス王のヘンリー五世が死去し、後を追うように同じ年にシャルル六世が亡くなって、ヘンリー五世とカトリーヌの間に生まれた幼児のヘンリー六世がイギリスとフランス両国の王位についた。これでイギリスはプランタジネット朝のエドワード三世以来の宿願といえるフランス王の王冠を手に入れたのである。
　当時、イギリスはフランス国内でアキテーヌとともにノルマンディーを領有しており、ロンドンにいるフランス王ヘンリー六世の摂政であるベドフォードがパリの政庁でフランスの国務にあたっていた。
　一方、正当なヴァロア家の皇位継承者である王太子は、シャルル七世を名乗ったがロワール川の南にあるブールジュに首府を置く地域政権になりさがり、オルレアン公らの支持者とともにレジスタンス活動をつづけているという情勢にあった。第二次世界大戦でナチス・ドイツに占領されたフランスを彷彿《ほうふつ》とさせる話だ。

王太子はフランス王位を主張したが、対立するブルゴーニュ派が認めず、「ブールジュの王」と呼ばれた。

こうして百年戦争の後半戦が幕を開ける。その主役は王太子とジャンヌ・ダルクである。

ドイツの神聖ローマ帝国領内に近いドンレミ村でジャンヌ・ダルクは生まれた。羊飼いの娘といわれるが、実家が牧畜家だったわけではなく、ときおり、近所で牧畜の仕事を手伝っていた農民の娘であった。

彼女が一三歳の夏だったというから一四二五年の夏のこと。ジャンヌの前に、大天使ミカエルが二人の聖女を伴って現れ、光の中で「フランスへ行け」といった。その後何度もジャンヌは同じ声を聞いた。

フランスへ行け、フランスへ行け、フランスへ行け――。

そう何度も同じ声を聞くうちに彼女は本当にフランスへ行こうと思った。

近代国家の概念に従うなら、彼女の村もフランスにある。では、大天使ミカエルがいうフランスとはどこなのか。それははっきりしている。正当なヴァロア家の皇位継承者である王太子のもとへ行き、レジスタンス運動に身を投じよ、というのである。

以上の話は、ジャンヌがのちにブルゴーニュ派に捕らえられ、同派と同盟するイギリス軍の手によってルーアンで異端裁判にかけられたときの彼女自身の証言による。

フランス行きを決意したジャンヌは、一五歳年上の従兄弟とともに村を出て、シャンパーニュ地方のヴォークールールという町の守備隊長であるロベール・ド・ボードリクールに会った。周囲の町がことごとくイギリス軍やブルゴーニュ派に従う中で、彼は反骨精神を捨ててはいなかった。初めロベールは神がかった少女をおかしな家出人とみていたようだが、彼女の願いを聞き入れ、王太子のもとに向かわせる。彼はジャンヌに馬と剣を与え、従騎士《エスクワイヤ》（いわゆる騎士の見習い）二人を供としてつけた。こうしてジャンヌはのちに有名となる男装の甲冑《かっちゅう》姿でヴォークールールを発った。

そのころ、王太子はロワール川の支流であるヴィエンヌ川の畔、シノンの城にいた。ロワール川はフランスを南北に分断する大河。王太子の勢力圏はロワール川の南にあり、その中流域に位置する街オルレアンが危機に瀕《ひん》していた。

王太子はもともとオルレアン派といったアルマニャック派の盟主に仰がれている。しかし、オルレアンを首府とするオルレアン公シャルルはイギリスの捕虜となり（イギリスと和睦後に釈放）、異母弟のジャンが「オルレアンの非嫡出子」とあだ名され、異母兄に代わって首府を守っていたが、ノルマンディーを拠点とするイギリス軍の主将・ソールズベリ伯がオルレアンを包囲していた。

オルレアンが陥落したらアルマニャック派最大の拠点を失い、王太子はもはや外国に亡命するしかなかった。その瀬戸際に追いこまれていた王太子とフランスを救ったのがジャンヌ・ダルク――というのが通説だ。

一四二九年二月一三日にヴォークールールを発ったジャンヌ一行は二三日にシノン城に到着する。ジャンヌ一七歳。日本では六代将軍足利義教の治世にあたり、京の将軍と東国を治める鎌倉公方の足利持氏《もちうじ》が一触即発の情勢にあった（のちに永享《えいきょう》の乱として両軍が戦う）。

さて、シノン城でのジャンヌと王太子の出会いのシーンでは、ジャンヌが群臣にまぎれこんでいた王太子を一目で見抜いたというドラマチックな展開に仕立て上げられている。王太子も窮地に陥っていたときだけに、神がかった少女の出現に、奇跡を期待する気持ちはあったのだろう。ジャンヌ一行は四月二九日、〝非嫡出子〟ジャンの出迎えを受け、オルレアンに入った。さきほどオルレアンは包囲されていたと書いたが、イギリス軍は主に街の西南に砦《とりで》を築いており、東側から市街に入ることができたようだ。

五月四日、ジャンヌを迎え入れたオルレアン軍はまず、イギリス軍の砦の一つを攻め落とした。そこからオルレアン軍の猛烈な巻き返しがはじまり、五月八日、イギリス軍はオルレアンから撤退した。ジャンヌが「救国の少女」といわれる所以《ゆえん》だ。

こののちも王太子軍はイギリス軍を破り、王太子は七月一七日、これまでのフランス王の慣例に従い、ランスの大聖堂で国王塗油の儀式を受け、シャルル七世として即位した。ロンドンにはフランス王のヘンリー六世が存在しているから、一時的にフランス王座が分割されたことになる。京の将軍と鎌倉公方に勢力が二分された日本の情勢になぞらえることもできよう。

傭兵《ようへい》の象徴としてのジャンヌ・ダルク　ともあれ、こののちも一時、ジャンヌらは王太子とともにパリ郊外のサン＝ドニという町に布陣し、パリの奪還をめざしている。しかし、ジャンヌは翌一四三〇年五月二三日、北フランスのコンピエーニュという町でブルゴーニュ派に捕まり、イギリス軍に引き渡され、イギリスの勢力圏であったルーアンで宗教裁判にかけられる。結果、ジャンヌは「異端」と宣言され、一四三一年五月三〇日、火あぶりに処せられる。ジャンヌ一九歳であった。

ここでジャンヌの話はいったん措《お》くとして、この後の百年戦争の展開をみてみよう。王太子あらためシャルル七世はブルゴーニュ派とイギリス軍の同盟解消に成功し、一四四九年、イギリス軍のノルマンディーでの拠点の一つであるルーアンを陥落させた。ジャンヌの宗教裁判がおこなわれた都市だ。シャルル七世は、ジャンヌの異端裁判が正しいものだったかどうかの調査を命じている（その後、ローマ法王が裁判の無効を宣言するに至る）。

さらにシャルル七世のフランス軍はイギリス領のアキテーヌを占領し、フランス国内からイギリスの勢力を駆逐して一四五三年一〇月、百年戦争は終結した。

シャルル七世がフランスを統一したことによってフランスでは王権が伸長し、絶対王政の時代を迎える。日本ではこののち長い戦国の世に入り、一五九〇年に豊臣秀吉が日本を統一するが、フランスは日本より一五〇〇年早く統一を成し遂げていたのである。

一方、フランスを追われたイギリスでは一四五五年に国内で諸侯が覇権を争う薔薇《ばら》戦争（諸侯家の紋章に由来する）が勃発し、日本と同じく戦乱の時代に入る。諸侯同士の争いによって彼らの力が低下するのに反してやはり王権が伸長し、ヨーク朝をへてテューダー朝のエリザベス一世の時代に絶対王政全盛となる。

ちなみに、イギリス（イングランド）は一七〇七年にスコットランド王国を統合し、一八〇一年にはアイルランド王国との連合王国になった。

ここでふたたびジャンヌがオルレアンの危機を救ったころに話をもどそう。

ジャンヌの出現とオルレアン攻防戦を境に、戦局は一気にフランス側、つまり王太子軍優勢に傾き、やがて百年戦争を終結させるわけだが、そうなると、フランス国内の戦乱を鎮めた「聖少女」の歴史的役割は計り知れず大きいといえる。

まず、オルレアン軍や王太子軍の勝利を予感させるジャンヌの予言めいた話によって、士気が著しく高まったのはまちがいない。しかし、彼女は戦術家でも戦略家でもなく、不思議な雰囲気をかもしだしていたとはいえ、剣をとったら誰にも引けを取らないという英雄でもない。なぜ彼女の登場が戦局を激変させたのだろうか。

堀越孝一学習院大学名誉教授は、イギリス軍によってオルレアンが包囲された一四二八年一〇月から翌年の初めにかけて、オルレアン軍の騎士らの数がほぼ倍増する事実を明らかにしている（『ジャンヌ＝ダルクの百年戦争』）。また、王太子の財務官の帳簿をみると、兵士に支給される通貨（リーブル）が一一月から翌年五月にかけて三倍に増えているという（『同』）。

これは何を意味するのだろうか。もちろん、封建領主の騎士が愛国心に燃え、オルレアン解放のために馳せ参じたこともあろうが、その多くはいわゆる傭兵だと考えている。カネで雇われる兵たちだ。

百年戦争は傭兵の戦争でもあった。たとえば、オルレアン攻防戦にはイギリス（イングランド）と戦うスコットランドの傭兵がオルレアン軍に加わっていた。

ヨーロッパでも日本と同じくこの時代には一般層にも単独相続が広がり、とくにドイツ・スイス・スコットランド・スウェーデンといった直系家族社会では長男と次男・三男でその扱いが大きく違っていた。だから次男三男は家にいて長男の厄介者になるより、外に出ようとする。傭兵になるとカネも稼げる。鹿島茂氏は百年戦争では前記の直系家族を基盤とする国々からの傭兵が多かったとする（『エマニュエル・トッドで読み解く世界史の深層』）。

もちろん、日本も直系家族社会にあたる。応仁の乱で次男・三男が傭兵（足軽）として戦ったのと同じく、百年戦争でも直系家族社会をもつ国々の外国人部隊、すなわち傭兵たちがフランスに乗りこみ、ある意味戦乱を長引かせ、と同時に、オルレアン攻防戦のように戦局を左右させていたのである。

ジャンヌが生まれたドンレミ村は、直系家族社会を主体とするドイツの神聖ローマ帝国領内に近接している。彼女の〝フランス行き〟に家族制度の影響がなかったとはいえないだろう。

少なくともオルレアンでは彼女が外国からやって来る傭兵の象徴になっていた。連日のようにオルレアン市街に入ってくる傭兵たちの中に神がかった少女が一人いて、そのことがたまたま話題になったので、後世にその話が肥大化し、彼女こそが救世主だという認識になってしまったのではなかろうか。

たとえば、名もなきパリ市民の日記にも「ロワールの河縁《かわべり》にひとりの娘あり、預言者と称して、これこれのことは事実となるであろうなどといい、フランス摂政とそれを助ける者たちに敵対した」と記されていたという（『ジャンヌ＝ダルクの百年戦争』）。

オルレアン軍と王太子軍にとっての本当の救世主は外国人の傭兵であり、ジャンヌ・ダルクは、実際の働き云々というより、彼らの象徴として後世の歴史に名を刻む役割を担っていたといえよう。

第6章
琉球がもたらしたヨーロッパの「大航海時代」

検証1　一五四三年の「鉄砲伝来」は誤りだった？

二つの史料　天文《てんぶん》一二年（一五四三）八月二五日、一艘《いっそう》の異国船の乗組員が種子島の浜辺に上陸した。当時、種子島の島主（領主）は種子島時尭《ときたか》という好奇心旺盛《おうせい》な一五歳の青年武将だった。種子島家の重臣西村織部丞《おりべのじょう》がすぐさま浜辺に駆け付けたが、もちろん異人とは言葉が通じない。そこで織部丞は一行の中に中国人がいるのを見つけ、持ち合わせていた杖《つえ》で砂の上に文字を書いた。むろん漢文である。中国人はそれを見て、「彼らは南蛮からやって来た商人です」と、やはり漢文で砂の上に文字を書いた。いわゆる筆談だ。

織部丞は機転を利かし、時尭の居城のある赤尾木《あかおぎ》へ船を回すように伝える。こうして時尭とポルトガル商人二人の会見が実現する。好奇心旺盛な時尭は、ポルトガル商人が持っている鉄の筒に興味を示した。火縄銃。すなわち鉄砲だ。

時尭は鉄砲二挺《ちょう》を買い付け、八板金兵衛《やいたきんべえ》という鍛冶《かじ》職人にその複製を命じる。金兵衛は優秀な職人だったらしく、鉄砲の筒はすぐにできたが、問題は銃の底となるネジのつくり方だった。

金兵衛は頭を抱え、ポルトガル商人の一人に娘を妻として差し出し、島を去った娘が翌年、南蛮の鍛冶職人を連れて島へもどって来た。そうして金兵衛はその職人からネジのつくり方を学んだという。娘を差し出す話が史実かどうかは疑わしいが、金兵衛が苦労しつつも国産第一号の鉄砲製造に成功したのは事実だ。

一方、もともと時尭と交流のあった紀州根来寺《ねごろじ》（岩出市）の行人《ぎょうにん》（僧兵）、津田監物《つだけんもつ》が時尭から鉄砲一挺をもらいうけ、監物は芝辻清右衛門《しばつじせいえもん》という根来寺門前の鍛冶職人に鉄砲を見せ、これまた、同じものをつくるように命じる。清右衛門が堺《さかい》に移住したことから、その技術は堺に伝わり、堺がやがて鉄砲の一大生産地になる。と同時に根来寺でも鉄砲がつくられ、僧兵たちが日々鉄砲の鍛錬を行って天下無双の鉄砲集団化してゆくのである。種子島に伝来した鉄砲の連鎖はそれだけにとどまらない。時尭は鉄砲を薩摩《さつま》の島津氏へ贈り、島津氏が室町幕府の一二代将軍足利義晴《あしかがよしはる》へ献上する。その義晴が近江《おうみ》国友《くにとも》村（長浜市）の鍛冶集団にその鉄砲を見せ、やがて国友村が堺と並ぶ鉄砲の生産地となっていった。

こうみてくると、時尭が鉄砲に興味を示し、来島したポルトガル商人から鉄砲二挺を買ったことから、日本の戦国時代における鉄砲の歴史がはじまったことがわかる。だからこそ、「鉄砲伝来＝一五四三年」は歴史の常識といえる。

種子島に鉄砲が伝来したくだりは、南浦文之《なんぽぶんし》という禅僧が慶長《けいちょう》一一年（一六〇六）、種子島久時の依頼でその父時尭の事跡を顕彰するために書いた『鉄砲記』に拠《よ》っている。伝来から五〇年以上たっているものの、ほぼ正確な内容を伝えているとされる。ところが、その前年、すなわち天文一一年に鉄砲が伝来したとする説がある。ポルトガル側の史料（アントニオ・ガルバンの『新旧大陸発見記』）によると、アントニオ・ダ・モッタ、フランシスコ・ゼイモト、アントニオ・ペイショットの三人のポルトガル人がジャンク船に乗り、シャム（タイ）のトドラから中国の寧波《ニンポー》に向けて航海したところ、嵐に襲われ、北緯三二度付近にある日本の島に漂着したという。それが種子島だといわれる。『新旧大陸発見記』は伝来の二〇年後に刊行されているから、『鉄砲記』より成立が早い。

一方、『鉄砲記』に登場するポルトガル商人の名は牟良叔舎《ムラシュクシャ》と喜利志多陀猛太《キリシタダモータ》。ちなみに、種子島の鍛冶職人、八板金兵衛が娘を差し出したとするポルトガル人は牟良叔舎だ。そのムラシュクシャがフランシスコ・ゼイモト、キリシタダモータがアントニオ・ダ・モッタのことだとされている。乗組員がほぼ共通するのだから、ポルトガルと日本の史料では年次が一年違い、どちらかが誤りということになる。

五島列島に伝来していた鉄砲　ここで砲術史研究の第一人者、所荘吉氏が興味深い説を提唱しているので紹介したい（種子島開発総合センター編『鉄砲伝来前後』）。

所氏は、『新旧大陸発見記』によると、嵐に見舞われてポルトガル人が種子島に漂着したと書かれている半面、鉄砲を伝えたとする記述がない点に着目。かたや『鉄砲記』には、ポルトガル人が種子島に漂着したとは書かれておらず、鉄砲伝来の事実だけが書かれている。

そこで所氏は次のように考えた。三人のポルトガル商人が種子島に漂着して日本という好奇心旺盛な人たちが住む国を〝発見〟し、「これは商売になる」と思い、翌年あらためて、そのうちの一人が種子島へ渡った。その一人がムラシュクシャではないかという。たしかに、フランシスコが日本人の耳にムラシュクシャと聞こえても不思議はない。

漂着したついでに〝予備調査〟をして日本を有望な市場とにらんだムラシュクシャが鉄砲を時尭に売りこんだのは翌年。鉄砲伝来は通説どおり、「一五四三年」となる。ただし問題は、ほかにも伝来のルートが考えられることだ。

当時、中国人の海賊・王直《おうちょく》が倭寇と称し、五島列島や平戸《ひらど》（長崎県）を拠点に、東シナ海で密貿易に携わっていた。もともと倭寇は武装して船団を組み、朝鮮半島沿岸や中国大陸南部の沿岸に乗りつけて略奪行為を働く日本人の海賊のことをさしていた。日本人の倭寇が猛威をふるっていた時代を第一期倭寇と呼び、その後、中国人らが倭寇と称し、密貿易にかかわる時代を第二期倭寇という。その時代の倭寇の頭目の一人が中国人の王直なのだ。じつを言うと、種子島の浜辺で織部丞が筆談した相手というのがその王直だった。

王直が携わった密貿易の品目には火薬が含まれている。むろん鉄砲も商《あきな》っていたと考えられる。当時、大航海時代を迎えたヨーロッパからポルトガル人がアジアへ押し寄せ、中国人の倭寇と取引していた。王直もその一人だ。その王直が五島列島を拠点にしたのが伝来の三年前だ。つまり王直がポルトガル人との間で鉄砲を商《あきな》っていたとしたら、種子島へ鉄砲をもたらす前に、少なくとも拠点とする五島列島へ伝わっていたとみるのが自然だろう。種子島より一足早く、五島列島や平戸に鉄砲が伝来していた可能性は否定できない。

だが、伝来の年以上に日本人として考えなければならない問題がある。鉄砲は日本の合戦史を一変させさせた。戦国史を語る上で鉄砲は欠かせないピースの一つだ。

一方、当時の東アジアは「火器の時代」を迎え、モンゴル人国家である元《げん》の時代に中国で、金属製の筒に火薬を詰めて弾丸や矢を発射する火器が登場している。その元を倒して明王朝を興した朱元璋は、火器を用いてモンゴル勢を北方に追いやった。明朝のもとで火器はさらに充実し、鉄砲とみられる手銃の製造が進み、一五世紀の初めには一六万挺以上の手銃が製造されたといわれる。李氏《りし》朝鮮でも倭寇対策として火薬や火器が盛んに製造された。日本だけが「火器の時代」を迎えた東アジアで取り残されていたのである。大航海時代によってポルトガル人が遠く極東地域にまでやって来なかったら、日本はどうなっていただろう。

のちに豊臣秀吉がおこなった朝鮮出兵では、わずか半世紀前に〝火器後進国〟だったとは思えないほど日本軍は圧倒的な火器兵力を用い、明・朝鮮連合軍を苦しめた。その好例が蔚山倭《ウルサンわ》城《じょう》の攻防戦だ。日本軍がいまの韓国南部を支配するために築いた城の一つだが、ここに五万七〇〇〇人の連合軍が押し寄せ、加藤清正《かとうきよまさ》を主将とする城兵はわずか三〇〇〇の兵力で一四日間、援軍が到着するまで耐え忍んだ。援軍に馳《は》せ参じた鍋島直茂ゆかりの『朝鮮軍陣図屏風《びょうぶ》』（鍋《なべ》島報效会《しまほうこうかい》所蔵）の「第一図」をみると、まるで餌《えさ》にたかるアリの集団のように連合軍の兵士が城を取り巻き、石垣に梯子《はしご》をかけて城内へ突入しようとする姿が描かれている。そして石垣を攻め上る敵兵には、城内から一斉に鉄砲の銃口が向けられている。日本軍は火力で連合軍側を圧倒し、猛攻をしのいでいたのである。城将の一人である浅野幸長《よしなが》などは、自ら銃を撃ちまくり、銃身が焦げてキツネ色になり、その銃を「狐筒《きつねづつ》」と名付けたという逸話も語られている。

その意味でいうと、日本への鉄砲伝来は東アジアの国際関係にも多大な影響を及ぼしていた。鉄砲伝来は、ポルトガル・スペインを嚆矢《こうし》とする「大航海時代」なくして考えられないが、その「大航海時代」が「アジア」の歴史と密接にかかわっていたのである。

検証2　世界を「一つの海」にした琉球

喜《き》望《ぼう》峰《ほう》の発見とポルトガルの大航海時代

ヨーロッパが大航海時代を迎えた理由に、オスマン帝国の登場が挙げられている。

一三〇八年にアナトリア半島（いまのトルコ）のルーム・セルジューク朝が滅んだあと、オスマン朝が勃興《ぼっこう》。一四五三年にはビザンチン帝国を倒してその首都コンスタンティノープル（イスタンブールへ改称）を中心に、黒海・北アフリカ沿岸・フランドル地方（オランダ・ベルギーと北フランス）をつなぐ地中海貿易に乗り出した。それまで地中海貿易の花形であったイタリア海洋国家のベネチアなどが打撃をこうむったのは事実だ。ベネチアはオスマン帝国軍に敗れ、地中海沿岸の領地の一部を失っていた。

だからといって、その話とポルトガル・スペインの大航海時代を結びつけるのは過ちである。ポルトガル・スペインが地中海貿易をおこなっていたわけではない。むしろ大航海時代はイベリア半島のレコンキスタ（国土回復運動）との関連で考えるべきだ。

八世紀の初めにイスラム教徒がイベリア半島に侵攻。その後、ヨーロッパのキリスト教徒がイスラム教徒を少しずつ半島から駆逐してゆき、一四九二年、カスティーリャ王国の女王イザベルとアラゴン王国の王フェルナンド率いるスペイン軍がイスラム国家ナスル朝の首都グラナダを落とし、レコンキスタを達成した。

　このスペインより一足先に国内のイスラム勢力を一掃し、その国土回復運動を通じて国土を統一したポルトガルは、ヨーロッパでもっとも早く絶対王政を誕生させていた。中世の封建王政と違い、国王は中央集権的な官僚と直属の常備軍を配し、権力をふるうことができた。これは中世を特徴づける貴族の力が弱まり、いまだ市民階級が成長していないという中世から近代への過渡期ゆえに生まれた政治体制であった。スペインがポルトガルにやや遅れ、つづいてイギリスが大航海をおこなってアジアを植民地にしていくのは、それら各国の絶対王政体制がその順に成立するからである。

　その先駆けとなったポルトガル国王は北西アフリカとの貿易によって富をえることを考えた。まずジョアン一世が三人の王子に騎士団を率いさせて一四一五年、ジブラルタル海峡に面した北アフリカ最北の町セウタをイスラム教徒から奪い取った。その三人の王子の一人エンリケ（航海王子と呼ばれる）は、セウタを出港し、西アフリカの沿岸を航海してギニア湾沿岸のシエラレオネにまで達した。最初に西アフリカからポルトガルにもたらされたのは、主に金だった。さらにポルトガルは西アフリカへの探検と開拓を進め、のちの時代にギニア湾沿岸は西から順に、穀物海岸・象牙《ぞうげ》海岸・黄金海岸・奴隷海岸と呼ばれた。その地名そのものがポルトガルの貿易品目をさしている。

　エンリケ航海王子の死去（一四六〇年）とともにポルトガルの勢いは止まるかに思われたが、

琉球王国の交易ルート図

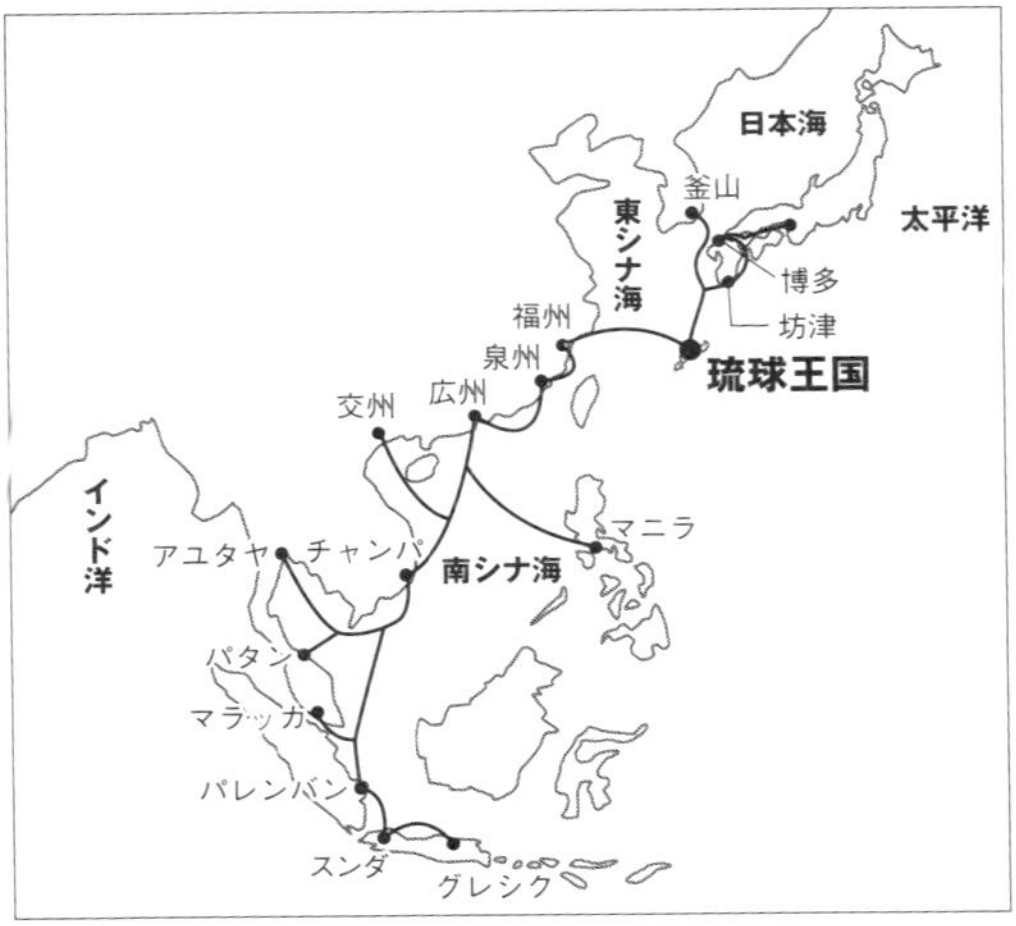

ジョアン二世はさらにバルトロメウ・ディアスに南への遠征を命じる。一四八八年、ディアスはアフリカ大陸の南端・喜望峰を〝発見〟する。日本で応仁《おうにん》の乱が京の都でひとまず収束したのちに、地方で戦乱がより激しくなる時代にあたっている。

それまでの地図は、アフリカ大陸がユーラシア大陸と地つづきに描かれる「プトレマイオス地図」が用いられていた。プトレマイオスは二世紀にアレクサンドリア（いまのエジプト）に住んでいたギリシア人。つまり大航海時代を迎えたばかりのヨーロッパ人たちは、インド洋は大陸内の「内海」だと考えていたのだ。ところが喜望峰の〝発見〟によって、大西洋から喜望峰を回ってインド洋まで航海することができると知ったのである。羅針盤はすでに発明されていたものの、二世紀の地図をもって探検に乗り出したヨーロッパ人、とりわけポルトガル人の勇気に敬意を表したい。大航海時代をもたらしたもの、それはある意味、彼らの勇気であったといえるかもしれない。

ところで、喜望峰〝発見〟の前、ジョアン二世はディアスに南への航海を命じるとともに、コヴィリャンに陸地からの東方探索も命じている。コヴィリャンは一四八七年にポルトガルを発ち、バレンシア・バルセロナ（いまのスペイン）からナポリ（いまのイタリア）、聖ヨハネ騎士団の占領下にあったエーゲ海の島ロードス島（いまのギリシア）を経て、アレクサンドリアに入った。さらにカイロ（いまのエジプト）からアデン（いまのイエメン）へ進み、イスラムの巡礼船に乗ってインド東岸へ至る。そのインドでコヴィリャンは、香辛料貿易でにぎわう光景をまのあたりにし、ジョアン二世に報告している。

コヴィリャンがカイロからインドへ至るルートは、イスラム商人らが香辛料貿易に従事するルートであった。こうしてポルトガル王はインド貿易のうま味を知り、それが一四九八年のヴァスコ・ダ・ガマの大航海とインド航路の開拓につながるのである。

東シナ海をインド洋につなげた琉球王国　こうしてポルトガルはインドまでやって来た。しかし、種子島に鉄砲が伝来するには、ポルトガル人の関心がインド以東に向かわねばならない。ポルトガルを日本へ導く船頭役が必要になる。それが琉球王国である。

琉球の公式歴史書『中山世鑑《ちゅうざんせいかん》』によると、一四二九年に尚巴志《しょうはし》が統一するまで、琉球は三山《さんざん》

（北山《ほくざん》・中山《ちゅうざん》・南山《なんざん》）に分かれ、それぞれの王が支配していた。琉球本島南部にある佐敷《さじき》（南城市《なんじょう》）の按司《あじ》（地域の豪族）だった巴志は中山の武寧《ぶねい》王を滅ぼして中山王となる。巴志が中山王になった際に、それまでのグスク（城）を増改築してその後の琉球王国の首城となる首里《しゅり》城（那覇市）を築いたと考えられる。そうして巴志は一四二九年、中山王として三山を統一する。巴志は中国の明王朝に朝貢し、皇帝から尚の姓を賜わった。その後、王統の変更はあったものの、ここに尚巴志を初代とする琉球王国が誕生するのである。

すでに琉球では一四世紀の終わりごろから東シナ海での貿易をおこなっていたが、三山の統一によって、東シナ海を舞台に貿易立国として歴史の表舞台に登場することになった。

当時、明は海禁政策（鎖国）によって臣従する国との貿易しか認めておらず、仮に朝貢しても一年に一回の朝貢船派遣しか認められていなかった。ところが琉球は一年に数回、朝貢する特権を与えられた。尚巴志は三山を統一するや、すかさず進貢船を明へ送るが、その船は、浙江《せっこう》（中国沿岸部）にあった「海船一隻」だと琉球の外交文書は記している。琉球は明から大型のジャンク船を下賜されていたのである。尚巴志王の時代に琉球船籍のジャンク船（中国製）計一四隻が確認されている。明は鎖国政策を取りながらも、琉球を通じて東シナ海を〝わが海〟とする狙いがあったのだろう。このあたり、東シナ海をめぐる現代の国際情勢を彷彿《ほうふつ》させる。

そのころの中国のジャンク船は、ポルトガルが初めて北アフリカのセウタを占領した当時の船よりも巨大だった。明の永楽《えいらく》帝は一四〇五年から一四三三年まで、イスラム教徒の宦官鄭和《かんがんていわ》に七回にわたるインド洋遠征をおこなわせている（ただし、その目的は中華思想にもとづく力の誇示が目的であって、交易や侵略を目的にしたものではなかった）。

琉球はその大型ジャンク船で東シナ海や南シナ海へ乗り出し、東は日本の博多・坊津《ぼうのつ》（鹿児島県）・堺や朝鮮の釜山《プサン》、北は明の福州（福建省）ほか、南はマニラ（フィリピン）やパレンバン（インドネシア）ほか、西はアユタヤ（タイ）・マラッカ（マレーシア）などと交易していた。

その実態は典型的な中継貿易である。たとえば中国で陶磁器を仕入れて日本や東南アジア諸国で売りさばく。そして、日本では銀や刀などの工芸品、東南アジアで錫《すず》や象牙《ぞうげ》、香辛料などを買い付け、中国で陶磁器に替えるというネットワークを築き上げたのだ。

とくに琉球王国の貿易相手国として重要なのがマラッカだ。南シナ海とインド洋を結ぶマラッカ海峡に位置する港湾都市で、一四〇二年にはイスラム国家のマラッカ王国が誕生している。アラビア半島のアデンからインド洋をわたってインドの東海岸へ至ったイスラムの商人たちはここまで足を延ばしていた。琉球王国の船が東シナ海や南シナ海を行き来していたように、マラッカ王国は南シナ海を拠点に、東シナ海・インド洋方面との中継貿易で栄えていたのである。つまり環東シナ・南シナ海の海上ネットワークを築いていた琉球王国がマラッカ王国と交易することによって、東アジアはインド洋方面、すなわちインドとつながった。

ポルトガルの大航海を前にして、一五世紀初めに琉球王国・マラッカ王国という中継貿易で栄えた王朝が誕生したのは歴史の必然といえよう。一五世紀末にインドに達したポルトガルは、この両王朝の海上ネットワークをなぞる形で東アジアへの進出を図った。

そしてポルトガルは一五一一年、その地の利に注目し、マラッカ王国を征服した。記録上、琉球の船が東南アジア方面へ派遣されるのは一五七〇年が最後であった。大航海時代が到来すると中継貿易の必要性がなくなり、ポルトガルを東アジアへ導いた形のマラッカ・琉球王国はその歴史的使命を終えたといえよう。

コラム　室町幕府を震撼させた〝明寇〟の謎

ふたたび「神風」吹く!?　応永《おうえい》二六年（一四一九）、室町幕府四代将軍足利義持《よしもち》の時代の話である。

伏見宮貞成《ふしみのみやさだふさ》（後崇光院《ごすこういん》）の日記『看聞御記《かんもんぎょき》』を読むと、鎌倉《かまくら》時代の元寇《げんこう》以来の国難とも取れる緊迫した事態が京の都を不安に陥れていたことがわかる。まず六月二五日になって日記に「大唐蜂起《だいとうほうき》」「異国襲来」の文字が踊りはじめる。ここには「唐」とあるが、当時、中国では朱元璋《しゅげんしょう》によって明《みん》が建国されていたから、以下、唐は明のことだとお考えいただきたい。日本に明が襲来したというのである。

次いで周防長門《すおうながと》の守護大名大内氏の若党が大将として海へ乗り出し、「舟一両艘《そう》」に分乗した唐人の先陣を退治したという情報が日記に載せられている。八月一一日になってより詳細な情報が後崇光院の耳に届く。六月二六日に二万五〇〇〇艘の船で「唐人」が対馬《つしま》へ押し寄せ、大友や少弐《しょうに》・菊池（いずれも九州の国衆《くにしゅう》）が合戦に及んだとある。九州の国衆は若干討ち取られたものの、敵の大将軍二人を生け捕《いど》ったという。また大風が吹き、あまたの唐船が被害をこうむり、海に沈んだとつづけている。元寇の際に神風が吹いた奇跡がふたたび起こったかのような印象だ。

こうして生け捕った敵の大将が兵庫まで護送されてきたので、まさに「天下大慶」、室町殿（将軍義持）は「御喜悦」だったと書いている。

しかも、襲来した唐軍には高麗《こうらい》（李氏《りし》朝鮮のこと）の他、南蛮人までもが加わっていたという。つまり日本に攻め寄せたのは、明・朝鮮・南蛮の連合軍だったというのだ。ちなみに南蛮人といえば、のちにスペイン・ポルトガル人ら南ヨーロッパ系の人たちを指すようになるが、一五世紀初めの当時、タイのアユタヤ朝、ジャワ（インドネシア）のマジャパヒト朝などの東南アジアの人々を指していた。

こうみてくると、一五世紀の初め、ふたたび〝元寇級〟の国難が日本を襲ったように思える。実際に日記には「異族蒙古（モンゴル）」という言葉も使われ、当時の日本人が異民族の襲来といえば蒙古を思い起こすほど元寇がトラウマになっていたこともわかる。むろん、これだけの歴史的事件なのだから、日本史の教科書に書かれているはずだ。

いくつか教科書を読むと、この事件を「応永《おうえい》の外寇《がいこう》」と呼び、実際に外敵が日本に襲来した事実は確認できる。ただし、教科書には、「朝鮮は倭寇の本拠地とみなして対馬を襲い、守護の宗貞盛《そうさだもり》がこれを防いだ」などと解説されているだけである。

倭寇というと、武装して船団を組み、朝鮮半島沿岸や中国大陸南部の沿岸に乗りつけて略奪行為を働く日本人の海賊のこと。倭寇の正体は、浪人武士・不良商人・一般庶民の次男・三男らの浮浪民たちだった。

中国・朝鮮ともに倭寇の対策に苦しんだ。とくに朝鮮国王の太宗《テジョン》は倭寇対策に頭を悩ませた。それまで沿岸部の軍備や水軍の強化を図ってきたが、これといった成果が上がらず、太宗が焦《じ》れだしたタイミングで、応永二六年五月、またぞろ倭寇の船団が朝鮮半島西岸に現れた。こうして太宗の堪忍袋の緒が切れる。

明と国交断絶した日本　かねてより朝鮮が倭寇の本拠地とにらんでいた対馬へ侵攻し、倭寇を全滅させる作戦が発令されたのである。当時、朝鮮側は対馬に日本の支配（主権）が及んでいないと誤認していた。朝鮮側の史料によると、同年六月一七日、総計一万七二八五人の兵を乗せた計二二七艘の兵船が朝鮮南部の巨済島《コジェド》を出港した。

しかし逆風に阻まれ、いったん巨済島にもどり、一九日にあらためて対馬へ向かった。対馬に上陸した朝鮮軍は糠岳《ぬかだけ》で守護の宗一族と激戦し、家々を焼き、船を奪い、倭寇らの首を大量に刎《は》ねて十数名を捕虜にした。目的を達成した朝鮮軍は、台風シーズンが来る前に巨済島へ引き揚げた。たしかに、二万近い異民族が日本（対馬）を襲ったのは事実だった。また出航した船団が大風によって巨済島へ引きもどされたにすぎない事実が、元寇の際の神風の再来として誤伝されていたことまでは理解できる。

後崇光院が仕入れた話のネタ元は、対馬から逃れてきた日本人ではなかろうか。事情を考えたら、ある程度の錯誤は仕方がない。しかし、朝鮮軍の襲来と「大唐襲来」とでは雲泥の差がある。

幕府は八月七日、筑後守護少弐満貞《みつさだ》からの飛脚によって、対馬にやって来たのは「五百余艘」の船と「ことごとく高麗国（李氏朝鮮のこと）の者であった」という正確な情報をつかんでいる。ところが、その少弐からの飛脚には、やはり、「唐船二百余艘」が日本へ侵攻する予定だったと記載されているのである。

なぜそういう錯誤が起きたのだろうか。その謎解きのキーワードは明の貿易政策にあった。明は海禁（鎖国）政策を取り、朝貢貿易しか認めていない。明との貿易のためには皇帝の臣下になるしかなかった。三代将軍足利義満《よしみつ》は面子《メンツ》より貿易の利益を重んじ、それを実行した。義満は応永九年（一四〇二）、明の永楽帝から「日本国王源道義《どうぎ》」（道義は義満の出家名）の称号を賜わる。義満はその翌年、永楽帝へ「日本国王臣源表《もう》す」という文言ではじまる返書を送っている。つまり、義満が中国皇帝の家臣となったことを意味する。義満は朝貢という不名誉より日明貿易の実を選んだのだ。ちなみに将軍が代替わりしたのち、四代将軍足利義持にも明は朝貢を求めたものの、義持は蹴《け》っている（その後幕府は日明貿易の権利を有力な守護大名の細川・大内氏らへ切り売りし、財政を支えようと日明貿易を再開する）。

明の永楽帝が引きつづき朝貢を求める使者を数回にわたって日本へ送ったものの、将軍義持は入洛《じゅらく》さえ認めず、使者を帰国させた。明との国交を断絶したのである。ちょうど朝鮮軍が対馬に来寇した応永二六年七月にも明の使者呂淵《りょえん》が兵庫まで来ており、追い返したばかりだった。したがって日本では、怒った明の永楽帝が日本侵攻の兵を挙げてもおかしくないという認識があったからこそ、「大唐襲来」の噂《うわさ》が当時の日本の首都である京都を震撼《しんかん》させていたのだ。

ちなみに南蛮人については当時、タイやジャワからの南蛮船が相次いで日本にやって来ていたから、話に尾ひれがついたにすぎない。

応永の外寇で戦った対馬の宗氏と朝鮮との関係は事変後かえって深まるが、「大唐襲来」という大山鳴動の結果、残ったのは倭寇（第一期）の衰退および宗氏が朝鮮から貿易の特権をえたことくらいだろうか。

第7章
豊臣秀吉の「朝鮮出兵」はスペインの野望を打ち砕くためだった!?

検証1 日本側の史料で読み解く「秀吉の大望」
「沙也可《さやか》」という謎の日本人武将から探る敗因

文禄《ぶんろく》元年（一五九二）から慶長《けいちょう》三年（一五九八）にかけて、朝鮮（李氏朝鮮）へ二回にわたり出兵（文禄・慶長の役）した豊臣秀吉の狙いはどこにあったのだろう。

朝鮮出兵への動員を求められた薩摩《さつま》の島津義久《よしひさ》は「其狂乎《それきょうか》」（『薩藩旧記雑録』）、つまり「秀吉は狂ったか」と怒りをブチまけた。しかし、秀吉は聞く耳を持たなかった。それどころか朝鮮出兵は、あくまで中国の明王朝を征服するための前哨戦《ぜんしょうせん》にすぎなかったのである。

秀吉は本当に狂ってしまったのだろうか。しかし、そうでないことは秀吉が関白になった直後の天正《てんしょう》一三年（一五八五）九月、「日本国のことは申すに及ばず、唐国まで仰《おお》せ付け」という意思を配下の武将に表明していることによって明らかだ。当時から秀吉は明の征服を目論んでいた――つまり狂うどころか、一〇年近く温めていたプランを日本統一後、実行に移したにすぎないのである。

秀吉はまず、対馬の宗氏を通じて朝鮮に従属と「先駆入明《せんくにゅうみん》」、日本の先兵となって明へ攻め入ることを求めた。このあたり、秀吉に国際感覚が欠けていて日本の戦国時代のルールをそのまま国際社会へ適用しようとしたと批判されているゆえんだ。むろん、日本の戦国時代の常識は朝鮮に通じない。だから日朝両国関係は破綻《はたん》し、開戦となるのだが、秀吉は本気で明を征服できると思っていたようだ。「弓矢厳しき国」が「大明の長袖国《ちょうしゅうこく》」ずれに負けるはずがないという自負が書状から垣間見《かいまみ》える。たしかに当時の日本の陸軍力は、かなりのレベルにあった。

文禄元年の四月、およそ一五万人という日本史上空前の大軍が朝鮮南部の釜山に上陸。日本軍は釜山に上陸してからわずか二〇日ほどで首都京城《ソウル》（漢城）を落とし、六月には平壌を陥落させて、朝鮮国王が逃亡した北部地域を除き、ほぼ朝鮮半島を征圧する。しかし、そこで日本軍の快進撃は止まってしまう。

その理由として真っ先に思い浮かぶのは、明の援軍到来だ。しかし平壌奪還を目論む明軍は、いったん小西行長《こにしゆきなが》らによって撃退されている。明の援軍が原因とは考えられない。

そこで平壌占領後、前線の武将がいったん漢城に集まり、石田三成《いしだみつなり》・大谷吉継《おおたによしつぐ》ら奉行衆をまじえておこなった軍評定《いくさひょうじょう》に注目してみよう。その席上、信じがたいことに朝鮮南部の釜山への撤退を求める意見が出されている。占領地すべてを放棄する策である。快進撃をつづけていた日本軍に何か異変が起こっていたのか。それが相次ぐ日本兵の脱走だとする説がある。

三成は荷駄隊を警備する兵の不足を秀吉へ訴えており、秀吉もまた、「（朝鮮から）日本に帰ることを望む者がいたとしても、その人々に乗船の便を与えないため」（宣教師ルイス・フロイス著『日本史』）、朝鮮から名護屋《なごや》（佐賀県唐津市）へ船を引き揚げさせている。脱走兵が日本軍の船を奪って逃げ帰っていたのだろう。朝鮮では彼ら脱走兵を「降倭《こうわ》」と呼び、なかには異国でひと旗上げるため、あえて母国を捨てて朝鮮に身を投じた日本兵もいたようだ。

朝鮮の将軍になった金忠善《きんぜんちゅう》という武将もその一人。朝鮮側の史料には「沙也可」という日本名が記録されている。彼は加藤清正の部下だったと伝わるが、その一方、有名な陶芸家の一四代沈壽官《ちんじゅかん》氏（先祖は朝鮮出兵で日本に連行された朝鮮人技術者）や作家の司馬遼太郎氏らは、沙也可が「雑賀《さいか》」をもじったものだという説を提唱した。「さやか」と「さいか」。たしかに朝鮮人が混同したとしてもおかしくはない。さらに〝金忠善＝沙也可〟は、鉄砲の取り扱いに優れていたという。雑賀衆は鉄砲のプロ集団。天正一三年（一五八五）、秀吉に滅ぼされ、故郷の雑賀（和歌山市）を離れ、九州へ逃れていった。雑賀衆の一人が朝鮮へ渡り、秀吉への恨みから日本軍へレジスタンス運動を展開した可能性はあろう。

しかし、日本軍の謎の行動は、脱走兵の増加よりもむしろ、一気に兵站《へいたん》（物資の補給など）線が延びたことに原因があるとみるべきだ。三成が秀吉に兵の不足を訴えたのも、そのためだろう。つまり、延びた兵站線を朝鮮の義勇兵（ゲリラ）に狙われ、荷駄隊を死守するための兵が不足していたのだ。食糧の供給が滞りだしたのである。とくに平壌のある当時の朝鮮北部は土地が瘦《や》せ、現地で食糧を調達するのは難しかった。

文禄二年（一五九三）七月には、日本水軍が朝鮮の将軍李舜臣《イスンシン》率いる水軍に敗れ、日本からの補給体制を見直さざるをえなくなったことも影響した。よって日本軍は朝鮮半島各地に倭城を築き、朝鮮各地で兵站を確保するという地道な作戦に切り替えた。そうこうするうちに慶長三年（一五九八）八月に秀吉が亡くなり、明の征服どころか、朝鮮も降《くだ》せず、秀吉の野望はついえてしまう。

秀吉の壮大な構想と石見銀山

本気も本気で明を征服しようとした秀吉はいったい何をしよう

18世紀後半に築かれた李氏朝鮮の水原華城（世界遺産）

としていたのだろうか。ただの腕試しで「唐入り」、すなわち明を征服しようと思っていなかったのは事実だ。秀吉の構想はじつに気宇壮大なものだった。

その構想は、釜山に大軍を派遣する前年一二月に関白職をゆずった甥《おい》の豊臣秀次《ひでつぐ》宛ての覚状に綴《つづ》られている。朝鮮出兵の本営・肥前名護屋城にいた太閤《たいこう》秀吉が、上方の関白秀次へ自身の構想を伝えたものだ。全部で二四カ条からなっている。

秀吉はまず「高麗（朝鮮）都、去二日落去候」として、五月二日に首都漢城を陥落させたという戦況を報告している。まだ日本軍が破竹の勢いで朝鮮半島を席巻していたときだけに、それにつづく秀吉の言葉も威勢がいい。朝鮮の首都を落とした秀吉は早や、明国を征服したつもりになっていたのだろう。秀次に「大唐（明）の関白職に御渡りなられるべく候事《そうろうこと》」、明の関白になりなさいといっている。つづいて、「大唐都（明の都・北京）へ、叡慮《えいりょ》（後陽成《ごようぜい》天皇）をうつしべく申し候」として、占領した明国の首都北京へ天皇を遷《うつ》し、さらに周辺の「十ヶ国」を朝廷領として献上するとある。後陽成天皇を中国皇帝の座に据えようという構想である。しかも「明後年に行幸なすべく候」とあり、数年で明を平定する計画だったこともわかる。そして中国皇帝となった天皇を支える秀次に、知行地として「百ヶ国」を与えると明記している。

それでは、占領した朝鮮および日本の統治はどうするつもりだったのか。

まず後陽成天皇の御座所を北京へ遷すことにより空位になった日本の帝位（天皇）候補として、後陽成天皇の第一皇子・良仁《よしひと》親王らの名を挙げている。

そして、日本の関白候補には「大和《やまと》中納言」（豊臣秀保《ひでやす》）と「備前《びぜん》宰相」（宇喜多秀家《うきたひでいえ》）の両名。高麗（朝鮮）王には「岐阜宰相」（豊臣秀勝《ひでかつ》）と「備前宰相」のいずれかを就かせると書いている。

大和郡山《こおりやま》城主の秀保は、秀吉の甥で秀次の弟。岡山城主の秀家は、秀吉の血縁者ではないものの、幼少のころより秀吉が可愛《かわい》がり、養子に迎えていた武将。岐阜城主の秀勝は、秀次の弟で秀保の兄。浅井長政《あざいながまさ》の三女・江《ごう》を正室に迎えたが、この朝鮮出兵の際、戦地で死亡する。

それでも腑《ふ》に落ちないことがある。どこにも秀吉自身の名がないのだ。中国・朝鮮・日本の三国を甥や養子に譲り、自身はどうするつもりだったのか。秀吉の祐筆《ゆうひつ》・山中橘内《やまなかきちない》がその秀吉の意向を代弁する形で次のような手紙を残している。

「（上様＝秀吉は）日本の船着、寧波府に居所を御きわめなさる」

寧波は当時、国際貿易港の一つであり、ルソン（フィリピン）などとの交易も盛んだった。

さらに祐筆の手紙には、とんでもないことが書かれていた。

日本式で築城された蔚山倭城の石垣

「こんど、御先仕り候衆は、天竺《てんじく》（インド）近き国とも下され候（中略）天竺きりとり申候ようにとの御意に候」

次に海外派兵される軍勢の渡航先は天竺周辺になるだろう、上様の狙いは「天竺切取」にあるというのだ。要するに秀吉は寧波を拠点に、インドも征服しようとしていたのである。

キーワードになるのが「銀」。戦国時代に石見《いわみ》銀山（島根県大田《おおだ》市＝世界遺産）が発見され、国内の銀の発掘量が飛躍的に伸びた。一方、明では主な通貨が「銭」から「銀」へ切り替わり、中国で「銀」の重要が急速に伸びていた。しかし、明は海禁政策（鎖国）をとっており、朝貢しなければ貿易はできない。「大明の長袖国」と明を侮《あなど》る秀吉にしたら、そんな国に朝貢できるわけがない。だから明を征服し、日本で余った銀を輸出し、中国の陶磁器・生糸・絹織物を買い付けようとした。そして中国製品をアジア諸国で売りさばこうとしたのだ。いわゆる寧波を拠点にアジア諸国と交易する海洋国家構想を抱いていたのだ。大航海時代を経てアジアに進出してきたイギリスやオランダ型の国家建設を目論んでいたのである。

しかし秀吉は朝鮮一国をも征服できないうちに、その生を終えた。以上が、日本側の史料からみた秀吉の朝鮮出兵の理由だ。ここに当時のヨーロッパの勢力図と大航海時代を迎えた以降の世界的な勢力図を重ね合わせると、意外な事実が浮かび上がってくるのである。

日本・ヨーロッパ関連年表

日本

1477年　応仁の乱が中央で終結するも、地方での動乱つづく（本格的な戦国時代）

1483年　足利義政が京の東山に銀閣寺創建

1523年　細川・大内氏が日明貿易で争う（寧波の乱）

1543年　鉄砲伝来

1549年　フランシスコ・ザビエルが鹿児島に上陸し、キリスト教を伝える

1560年　織田信長が桶狭間で今川義元の大軍を破る

1568年　織田信長上洛

ヨーロッパ（スペイン中心に）

ポルトガル黄金時代

1479年　カスティーリャの女王イザベルとアラゴンの国王フェルナンドとの共治はじまる（スペイン統合）

1516年　ハプスブルク家のカール5世がスペイン（イスパニア）王として即位（スペイン名・カルロス1世）

1519年　カール5世が神聖ローマ帝国皇帝に

ブルク朝黄金時代

1556年　ハプスブルク家のフェリペ2世がスペイン王として即位

1571年　スペインがヴェネツィア軍などとともにギリシアのコリント湾口でオスマン帝国海軍に勝利（レパントの海戦）

1575年　長篠の合戦
1581年　イエズス会のヴァリニャーノが安土城で織田信長に会う
1582年　京の本能寺で織田信長が殺される（本能寺の変）天正少年遣欧使節が渡欧
1583年　羽柴（豊臣）秀吉が賤ヶ岳で柴田勝家を破る
1585年　豊臣秀吉が関白になる
1587年　バテレン追放令
1590年　豊臣秀吉が小田原北条氏を降し、日本を統一する
1592年　第一回朝鮮出兵（文禄の役）
1597年　第二回朝鮮出兵（慶長の役）
1598年　豊臣秀吉死去

スペイン・ハプス

1580年　フェリペ２世がポルトガル王を兼ね、ポルトガルがスペインに併合（同君連合）
1583年　イエズス会のコエリョが日本へのスペイン艦隊派遣を求める
1587年　フィリピンのスペイン総督が「日本のキリシタン大名がシナへ軍勢を差し向ける用意がある」と報告
1588年　スペインの無敵艦隊がイングランド艦隊に敗れる
1598年　フェリペ３世即位
1599年　イエズス会士のペドロ・デ・ラ・クルスによる日本占領計画提案

検証2　スペイン・ハプスブルク朝の「明」「日本」征服計画

「陽の沈まぬ国」とカール五世

一六世紀のヨーロッパの覇者は、神聖ローマ皇帝やスペイン国王を兼ねたカール五世とオーストリア王やボヘミア王などを兼ねたカールの弟フェルディナント一世である。いずれもウィーンの名門・ハプスブルク家の出身だ。

ハプスブルク家はもともとスイスのチューリヒに近いハプスブルク城の城主だった家柄で、神聖ローマ皇帝に仕える諸侯の一人だった。そのハプスブルク家は一三世紀になって突如としてヨーロッパの表舞台に登場する。いわゆる〝田舎の領主〟にすぎなかったハプスブルク家のルドルフ一世が皇帝に選出されたのだ（帝国解体まで原則、皇帝は世襲職の七人の選帝侯によって選ばれた）。ルドルフ一世はその後、ライバルのボヘミア王オットカル二世を破り、オーストリアをハプスブルク領とした。こうしてオーストリア・ハプスブルク家の歴史がはじまる。

そしてヨーロッパは一六世紀を迎える。当時のヨーロッパについて、こんな諺《ことわざ》がよく語られている。この時代のハプスブルク家の婚姻政策を指すものだ。

「戦争は他国にさせておけ。幸いなるオーストリアよ、汝《なんじ》は結婚せよ」

ブルゴーニュ公が治めてきたフランドル（オランダ・ベルギーとフランス北部）地方の領主にフィリップ美公という人物がいた。父は、ハプスブルク家出身の神聖ローマ帝国皇帝マクシミ

ハプスブルク家系図

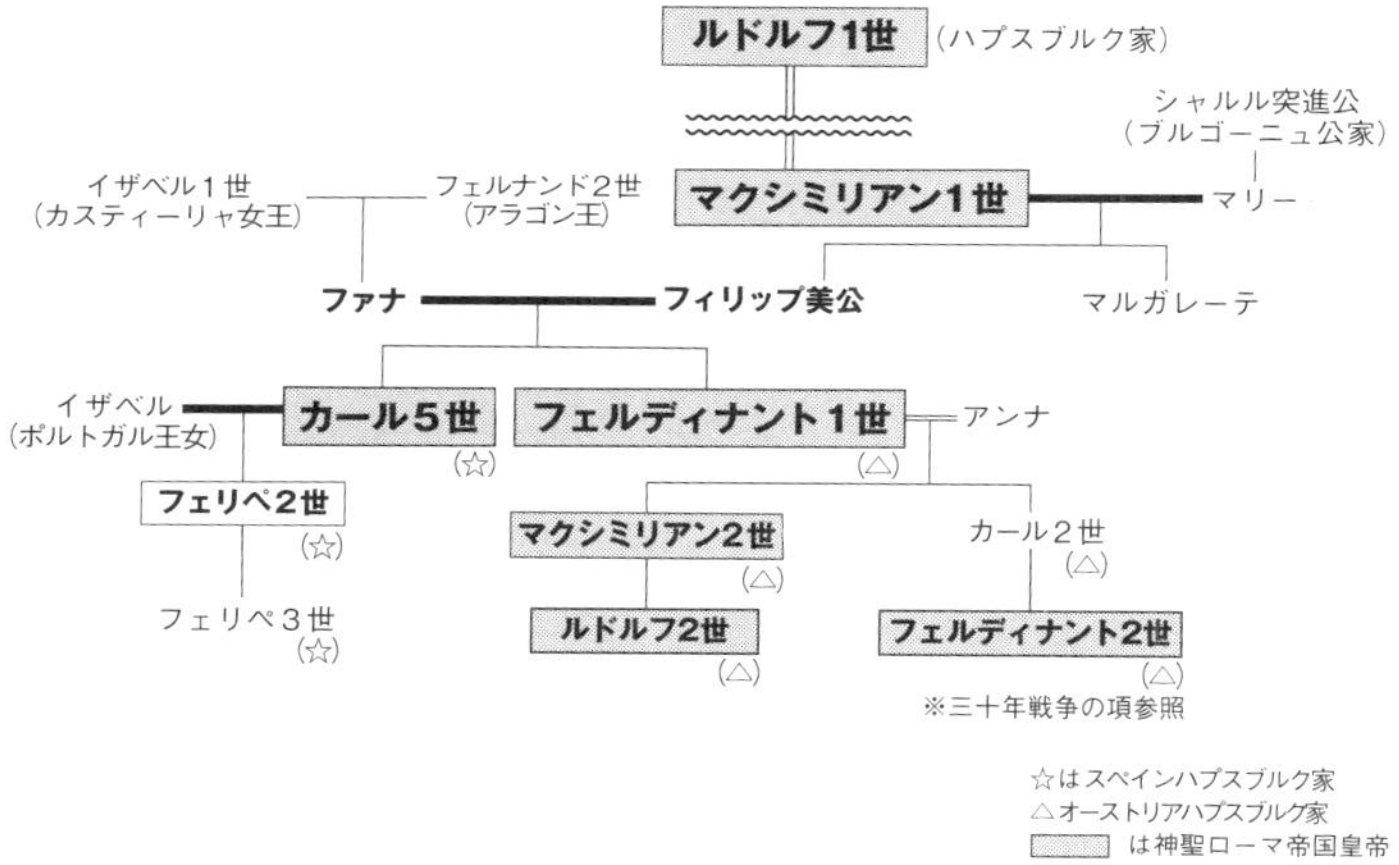

リアン一世。その婚姻政策（家系図参照）によってフランドルの領主となった。そのフィリップ美公の嫡男にして、神聖ローマ帝国皇帝マクシミリアン一世の孫として一五〇〇年に誕生したのが、ヨーロッパの覇者となるカール五世であった。彼もまた婚姻政策によって一七歳のとき、スペイン王になった。母のファナがカスティーリャ女王イザベル一世とアラゴン王フェルナンド二世の娘だったからだ。

　話はややこしくなるが、まずマドリッドを含むカスティーリャ王国の女王イザベルとバルセロナを含むアラゴン王国の王フェルナンドの婚姻によってスペインが統合され、二人の娘ファナが母のイザベルからカスティーリャ王を継いだ。その後、アラゴン王国の王フェルナンドも嗣子《しし》なくして亡くなり、ファナとフィリップ美公の子であるカール五世にスペイン王（スペイン名・カルロス一世として即位）の座がめぐってきたのである。相次ぐ婚姻政策の果てに、スペイン王がオーストリアのハプスブルク家のものとなった。まさに、〝幸いなるオーストリアよ〟——である。

そして一五一九年、カール五世の祖父マクシミリアン皇帝が逝去《せいきょ》すると、次の皇帝を選ぶ選挙が日程にのぼってきた。ハプスブルク家のカール五世は有力候補だったものの、ライバルがいた。フランス王フランソワ一世（ヴァロア家）だ。当時のヨーロッパでは、オーストリアのハプスブルク家とフランスのヴァロア家が覇を競い合っていた。選挙の結果、いわゆる賄賂《わいろ》の額でフランス王を上回ったカール五世が神聖ローマ皇帝となる。その六年後、皇帝カールは北イタリアでフランス軍と戦い、このときフランソワ一世を捕虜にしている（その後、フランス王が皇帝と和解し、帰国する）。

当時のスペインは大航海時代の真っ只中《まただなか》で、アメリカやアジアで植民地を獲得する一方、イタリアのナポリ王国・シチリア島・サルディニア島もスペイン王に帰属していた。そこに、これまた婚姻政策によってえていたフランドル領や弟フェルディナント一世が王を務めるオーストリア・ボヘミア・ハンガリーなどを加えると、世界帝国が出現することになる。

そのカール五世の帝国は、フィリピンからアメリカまで植民地を擁していたことから、「陽の沈まぬ国」といわれた。ハプスブルク家、すなわちオーストリアの婚姻政策が世界帝国を生みだしたのである。また、カール五世はポルトガル王女のイザベルを妃に迎えており、二人の間に生まれたフェリペ二世のスペイン・ハプスブルク朝は、一五八八年にその無敵艦隊がイギリス艦隊に敗れるまで、スペインの最盛期を築いた。

そのフェリペ二世は一五八四年、日本から天正遣欧少年使節がマドリッドにやって来た時、歓待したスペイン王として日本史にも登場する。

しかし、スペイン・ハプスブルク朝の王は歴代、厳格なカトリック信者でプロテスタントとの婚姻を避け、近親による婚姻を繰り返した。このため最後の王となったカルロス二世は生まれつき虚弱体質で、世継が期待ができなくなった。こうしてスペイン王をめぐり各国の干渉を招き、一七〇一年にフランス王ルイ一四世の孫アンジュー公フィリップ（のちのフェリペ五世）がスペイン王となった。スペインの王座がハプスブルク家からフランス王家に移ったのだ。

積極的な婚姻政策で世界帝国を築いたハプスブルク家は消極的な婚姻政策で衰退を招いたわけだ。ちなみにカール五世の弟フェルディナント一世が継いだ本家本元のオーストリア・ハプスブルク家は第一次世界大戦（一九一四～一九一八年）でオーストリアが敗れるまでつづいた。

ハプスブルク家が栄えたウイーンの市街

スペインの要求を蹴った織田信長と豊臣秀吉　さて、ここからはカール五世とポルトガル王女の間に生まれたフェリペ二世が主役となる。

ヨーロッパ諸国の中で初めて日本と交渉を持ったのは、日本に鉄砲を伝えたポルトガル。『日本史』の著書を残したイエズス会の宣教師ルイス・フロイスもポルトガル人だ。

そのポルトガルに危機が迫る。一五八〇年一月、ポルトガル国王エンリケ一世が死去すると、スペイン国王のフェリペ二世が三万の軍勢を率い、ポルトガルの首都リスボンに入った。そのままフェリペ二世がポルトガルの王座につき、一六四〇年にポルトガルが独立を回復するまで、ポルトガルはスペインに併合される。

これでアジアへの進出ではポルトガルに遅れをとっていたスペインは一気に巻き返した。ポルトガルの支援を受けていたイエズス会もスペインに乗り換えざるをえず、併合の翌年、イエズス会の巡察師《じゅんさつし》ヴァリニャーノはスペインの使者として安土城《あづち》（近江八幡市）で織田信長に会っている。会談では本国から中国まで大軍を送ることができないスペインに代わり、明国征服のための軍勢を出すよう要求したものの、信長はこれを突っぱねたという（安部龍太郎著『信長はなぜ葬られたのか』）。

こうしたことが本能寺で信長が明智光秀に殺される伏線となり――ようするにイエズス会が本能寺の変の黒幕だとする説に発展していくのだが、ここではそれに触れない。

ヴァリニャーノが信長に明への出兵をうながしたとする確固たる史料はないものの、彼がフィリピンのスペイン総督に宛てた書簡から安土での会談の内容がうかがい知れるという。この話が事実なら、信長は日本をスペインの先兵とするかのような高飛車な態度に反発したのだろう。

その後、豊臣秀吉が信長から政権を引き継ぐ形で天下を取る。秀吉が天正一三年（一五八五）に関白になる少し前、イエズス会の日本準管区長コエリョは、日本へのスペイン艦隊派遣を求めている。その結果、日本人すべてがキリスト教に改宗したら、「フェリペ国王は日本人のように好戦的で怜悧《れいり》な兵隊をえて、いっそう容易にシナ（中国）を征服することができるだろう」と述べている。武力によって日本をキリスト教国となし、日本の武士らをシナ征服の先兵に使おうというのである。

また、二年後の天正一五年六月にはフィリピンのスペイン総督が、日本のキリシタン大名たちはスペイン国王に奉仕し、「（軍勢を）シナにも差し向ける用意がある」と述べている。まるでキリシタン大名の主君はフェリペ二世であるかのような口ぶりだ。

その翌月、秀吉は突如、バテレン追放令を出す。キリスト教の布教を禁じたのだ。

この禁令の理由には諸説あるものの、キリシタン大名らの動きを警戒したのかもしれない。最後まで信仰を捨てなかった高山右近《たかやまうこん》（播磨国明石城主）が改易処分になったのが、その間の事情を物語っていよう。結局、秀吉のバテレン追放令は南蛮貿易の利益を優先して不徹底なままに終わってしまうものの、日本の宣教師に与えた衝撃は大きかった。ルイス・フロイスはイエズス会の総長に宛て、フェリペ国王が二〇〇から三〇〇の兵士を日本へ送り、宣教師を庇護《ひご》するための要塞《ようさい》建設の必要性を説いている。

日本をシナ征服のための先兵とみていたスペインも、こうして次第に日本そのものへの征服論が盛んになっていった。

以上の文脈の中で秀吉の朝鮮出兵をとらえると、スペイン・ハプスブルク朝のシナ征服の野望を打ち砕くためという視点が浮上する。

のちの明治新政府がロシアの南下を恐れ、日本の防波堤となすために朝鮮半島を植民地化した事情とどこか似ていないだろうか。島国である日本人は外敵を恐れるあまり、どこか〝危機バネ〟が効きすぎるところがあると思っている。明治政府もその危機バネゆえに朝鮮半島での権益を守ろうとロシアと戦い、韓国を併合した。戦国時代に生きた秀吉もスペインのアジア侵略、ひいては日本占領の防波堤として「シナ＝明」の征服を目論んだともいえる。

もちろん秀吉の狙いは、明の征服によって陶磁器・生糸・絹織物をはじめとする中国の貿易品目を押さえ、インドを含めたアジア規模の海洋貿易国家を建設することにあった。しかし、「陽の沈まぬ国」となって、日本や中国へも触手を伸ばすスペインを東アジアから締め出すことも意図していたといえる。

秀吉の壮大な計画は失敗に終わるが、秀吉が失意のうちに死去したのち、慶長四年（一五九九）

二月に、スペインやイエズス会が、なおも日本占領計画を捨てていなかった節がある。

ペドロ・デ・ラ・クルスというイエズス会士は同会の総長に宛て、具体的な計画を送っている。彼はまずいう。「国王陛下が決意されるなら、わが軍は大挙してこの国を襲うことができよう」と。そして、当時の日本軍の欠点として海軍力の弱さを挙げた上で、

①九州・四国はすぐ包囲できる。

②日本国内で内乱が起こるのは、そう遠い将来のことではない。

③日本は金銭的に非常に貧しく、ごく些少《さしょう》な援助でも領主たちはキリシタンに改宗する。

④殿様たちの家臣は隷属《れいぞく》性が強く、常に身の破滅に及ぶ危険に晒《さら》されているから、彼らは喜んで陛下に服する。

などと述べている。しかし、秀吉が文禄二年（一五九三）に朝鮮出兵をはじめる五年前、スペインの無敵艦隊はイギリスに敗れ、すでに「陽の沈まぬ国」の勢いに陰りが生じていたのである。

コラム　江戸時代の公文書改ざん事件！「朝鮮撤兵」後の日中・日朝関係

朱印船《しゅいんせん》貿易とヌルハチと鄭成功《ていせいこう》　徳川家康が江戸幕府を開いた後の「日中関係」をみていこう。家康は明との国交回復を試みるが、うまくいかなかった。だが家康も、秀吉と同じく中国へ「銀」を輸出したかった。そこで家康は東南アジアに注目する。ポルトガル・スペイン・イギリス・オランダ商人が東南アジア方面で中国の産物を商っていたからだ。東南アジア諸国という第三国で事実上の日中貿易をしようと考えたのだ。中国の明とじかに取引できないハンディをそれで補おうとした。

将軍からの貿易・渡航許可証というべき朱印状を与えられた商人や大名らが行っていたことから朱印船貿易と呼ばれる。その朱印船貿易商として著名なのは角倉了以《すみのくらりょうい》や茶屋四郎次郎《ちゃやしろうじろう》（三代目）ら。もちろん、彼らが自ら渡航する場合もあるが、多くは手数料を払って朱印状を入手し、船長を雇って貿易を行わせる投資家としての立場だった。朱印船貿易が盛んになるにつれ、東南アジアには日本人だけの居留地が各地に生まれ、日本人町と呼ばれた。主な日本人町はホイアン（ベトナム）・プノンペン（カンボジア）・アユタヤ（タイ）・マニラ（フィリピン）などだ。慶長七年（一六〇二）から足かけ三四年間にわたり、およそ三六〇隻の船が東南アジア諸国をめざし、日本の港を出港した。

家康が願ってやまなかった明との国交樹立だが、やがて明そのものが清《しん》に滅ぼされる。中国史上、この明と清の時代は「明・清時代」と呼ばれ、「近世」に分類されている。政治面で内閣制度、経済面で手工業の発達、外交で海禁（鎖国）政策と明と清では共通点も多い。ただ、最大の違いは、清が漢民族王朝ではなかったことだ。

明朝末期には秀吉の朝鮮出兵に介入して軍事費が急増し、財政が圧迫されると同時に、都市部と農村部の貧富の差が拡大するという現在の中国と同じ矛盾を抱え、その土台が揺らいでいた。そこに登場したのがヌルハチ。これまで明に支配されていた満州族(かつて「金」を建国した女真族の末裔《まつえい》）の一部族である建州女真族のヌルハチ（清朝初代皇帝）が一六一六年ハーン（遊牧民族が名乗る称号でモンゴルのチンギスがハーンと称したのと同じ）の位につき、日本で家康が亡くなった二年後の一六一八年、明との国交を断絶し攻めた。

ヌルハチは国号を後金《こうきん》とし、一六二六年、寧遠《ねいえん》城（いまの中国湖南省永州市）攻略戦で被弾した傷がもとで亡くなる。その遺志は子のホンタイジと孫のフリンに引き継がれた。

一方、明では一六二八年に陝西《せんせい》地方（かつて唐の都長安があった地域だが、当時は奥地とされていた）で飢饉《ききん》が起きると大規模な農民反乱が起った。その主導者の名をとって李自《りじ》成《せい》の乱と呼ばれる。明王朝は西に李自成、東に満州族という内憂外患を抱え、いよいよ最期の時を迎える。一六四四年、首都北京は李の農民軍に囲まれ、最後の崇禎《すうてい》帝が紫禁城《しきんじょう》の裏山に登って首つり自殺を遂げ、明は農民反乱の前に滅んだ。

李はすでに国号を大順《たいじゅん》とあらため、明に代わる漢民族国家が誕生するかに思われたが、ホンタイジ（二代ハーンで清朝二代皇帝）の時代に国号を後金から清にあらためた満州族は李氏朝鮮を従わせ、三代皇帝フリン（順治《じゅんち》帝）の叔父ドルゴンらが李自成の軍勢を破り、同年、北京を首都にした。江南では南京などで明の王族を擁した政権が清に抗していたが（南明《なんみん》という）、一六四五年に南京が陥落し、明の亡命政権は福州（いまの福建省）の貿易商・鄭芝龍《ていしりゅう》によって支えられていた。

秀吉の朝鮮出兵後、日本と明との国交回復はならず、日本と明が交易することはなかったものの、そのころ長崎に中国の民間船が多く来航していた。

鄭芝龍も福州と九州の海上交易を掌握し、彼が平戸（長崎県）で日本人女性に産ませたのが鄭成功《ていせいこう》。近松門左衛門の浄瑠璃《じょうるり》『国性爺合戦《こくせんやかっせん》』のモデルである。

鄭芝龍は一六四五年と一六四六年に、三代将軍家光の治世となっていた日本へ、亡命政権への援軍要請をおこなうが、江戸幕府の大老井伊直孝《なおたか》（彦根藩主）らが反対し、二回とも幕府は援軍要請を蹴っている。当時、長崎に来航する中国の民間船によって伝えられた情報は長崎唐通詞《とうつうじ》（中国語の翻訳官）から「唐船風説書《とうせんふうせつがき》」という形で幕閣に届けられていた。幕府が援軍要請を断ったのは、すでに民間レベルで中国と交易しており、明の亡命政権を支援する必要がなかったからである。

結果、亡命政権は一六六二年に滅び、鄭成功が台湾で反清政権を誕生させていたが、その鄭氏の政権は一六八三年に清に降った。日本では五代将軍綱吉《つなよし》の時代にあたる。

その後、幕府はこの新しい中国大陸の支配者と国交を樹立することなく、長崎港の民間ベースでの交易が江戸時代を通じてつづけられた。

国書の改ざん事件　それでは次に、秀吉の出兵で直接の戦場となった朝鮮との関係をみていこう。ここでの主役は対馬藩主の宗義智《そうよしとし》だ。

日本でこそ知名度はいま一つの武将だが、韓国内で宗義智というと、朝鮮の民衆を七年にわたって苦しめた秀吉の朝鮮出兵（韓国では壬申倭乱《じんしんわらん》という）の先兵。すなわち〝著名な悪人〟で通っている。日本の植民地支配を脱した光復《こうふく》七〇周年（二〇一五年）を記念して制作されたKBS大河ドラマ『懲毖録《ちょうひろく》（壬申倭乱を記録した朝鮮の史書）』でも、朝鮮出兵の手先となった武将として描かれている。

応永の外寇で朝鮮から貿易上の特権を与えられた宗氏は、秀吉から朝鮮出兵の意思を告げられる。日朝関係が良好であって初めて貿易の利益をえられる対馬の島主としてはむろん反対だったが、秀吉には逆らえない。開戦前の日朝交渉はすべて義智によっておこなわれた。

秀吉の死で日本軍は朝鮮・明と停戦合意し、兵を半島から撤兵させた。その翌年、徳川家康は秀吉の時代に引きつづき、義智に朝鮮との交渉を命じている。ちなみに義智の岳父が石田三成（近江佐和山城主）派の小西行長《こにしゆきなが》（肥後宇土《うと》城主）だったことから、義智は関ケ原の合戦で西軍に与《くみ》したが、朝鮮との交渉を委ねられていたことから許されている。

ところで停戦合意したとはいえ、朝鮮にとって日本は国を蹂躙《じゅうりん》した憎むべき国。その朝鮮との国交修復は困難を極めたが、義智は何度も朝鮮へ使者を送り、忍耐強い交渉が功を奏した。慶長一二年（一六〇七）、日本に呂祐吉《リョユギル》を正使とする朝鮮の使節がやって来た。五月に二代将軍秀忠《ひでただ》が江戸城で使節と会見し、以降、朝鮮通信使が往来することになるが、ここで問題が生じる。

当時は外交上、敗戦国から先に国書を送るのが慣例で朝鮮は国交回復の条件として日本側から先に国書を送ることを求め、あわせて朝鮮被虜人《ひりょにん》（日本軍に連行された朝鮮人捕虜）の返還を求めた。問題は前者だった。そこで義智は日本の国書を偽造して朝鮮へ送った。

したがって、日本にやって来た朝鮮の使節は正式にいうと、「回答兼刷還使《さっかんし》」である。日本が出した国書に回答することと被虜人の送還（刷還）を目的にしているためだ。もともと、朝鮮が日本に示した返書の原本には当然、「奉復（返信）」という文言が入っていた。しかし、それでは、先に日本が国書を送ったことになり、偽造国書の件がバレてしまう。そこで「奉書（往信）」という文書に改ざんしたという。つまり朝鮮側が先に国書を送った形を装ったのだ。現在の日本で問題になった公文書の改ざんを彷彿《ほうふつ》させる話だ。

以上、義智がやったことをどう評価するかは難しいところだが、そこまでしなかったら、日朝両国の関係修復が進まなかったのは事実だろう。結果、友好の証しである朝鮮通信使が計一二回にわたって来日し、江戸城で国書と進物が献上され、将軍からは返書などが返されている。

結果、義智が偽造と改ざんまでして改善しようとした日朝両国の関係が、四〇〇余年たった二〇一七年一〇月、「朝鮮通信使に関する記録」のユネスコ（国連・教育科学文化機関）「世界記憶遺産」登録へ結びついたのである。韓国国内で朝鮮通信使というと、日本への朝貢使節と誤解されやすく、それだけに日本と共同で世界記憶遺産へ申請した韓国側の研究者らには敬意を表したい。

第8章

ドイツ「三十年戦争」と島原の乱が幕府の外交に重大な影響を与えた

検証1 天草四郎と豊臣秀頼の関係から探る「乱の本質」

幕府軍総攻撃の失敗　慶長《けいちょう》八年（一六〇三）に徳川家康が征夷大将軍《せいいたいしょうぐん》に任じられた以降も、大坂城には引きつづき豊臣秀吉の遺児である秀頼《ひでより》がいた。生母の淀殿《よどどの》らは、秀吉が創設した武家関白職を継承できるものとばかり思っていた。

平安時代に藤原良房《よしふさ》が摂政についてからほぼ七〇〇年にわたって継続されてきた藤原氏の摂関政治を終わらせた秀吉は甥の秀次に関白職を譲り、藤原氏に代わって豊臣氏が世襲する体制を築いた。秀吉は征夷大将軍に代わって天皇の代理である関白を全国支配の権威の裏付けとした。よって、これまで将軍権力の根幹である「天下静謐権限《てんかせいひつけんげん》」（武力によって天下を静謐に保つ権限）を関白に付随させた。そのことは秀吉が右大臣の菊亭晴季《きくていはるすえ》に「摂関家は天下の儀を斬《き》り従えるべきなのに天下の儀はいうに及ばず、一在所でさえも斬り従えられないから、この秀吉が（天皇より）剣を賜り、国を斬り従えているのであって、摂関家より少しはましだと思い、関白をお請けしたのです」と述べていることから、うかがわれる。これを「武家関白」という。

しかし、第二夫人の淀殿が秀頼を産み、秀吉は甥の秀次を失脚させた。こうして武家関白は二代で終わったものの、「天下静謐権限」を握る将軍になった家康としては、秀頼の関白叙任だけは何としても避けなければならない。秀吉は秀頼の成長まで他家の摂関任官を許さず、秀吉没後も空位がつづいたが、家康が関ケ原の合戦に勝利した直後に九条兼孝《かねたか》が関白につき、それから近衛信尹《このえのぶただ》・鷹司信房《たかつかさのぶふさ》らに引き継がれ、関白職はこれまでの五摂家（藤原道長の流れを汲《く》む近衛・九条・鷹司・一条・二条の各家）の回り持ちにもどった。その裏で家康が画策していたのはいうまでもない。こうして関白になれない秀頼は関東（江戸の将軍家）との対決を余儀なくされ、大坂冬の陣・夏の陣（一六一四～一六一五年）で豊臣氏は滅び、徳川の天下が固まった。

大坂冬の陣・夏の陣では、徳川方と大坂方の両軍あわせて二五万の軍勢がぶつかり合った。そこから二〇有余年たち、三代将軍家光の治世を揺るがせた島原の乱の鎮圧に幕府が差し向けた軍勢の数は一三万。大坂冬の陣・夏の陣の徳川方一五万に引けをとらない数であった。

その島原の乱は、これまで大規模なキリシタン一揆《いっき》といわれてきた。だが最近では必ずしもそうとはいえない多面的な反乱とされるようになっている。まずはキリシタン一揆という、通説どおりの視点で乱の初めから鎮圧までの一部始終を追ってみよう。

島原地方はキリシタン大名有馬晴信《ありまはるのぶ》の旧領で、天草地方とともにキリシタン信仰の盛んな土地。両地方とも百姓らは凶作に加えて、島原藩（松倉家）と唐津藩（寺沢家）の圧政に苦しみ、とくに島原では過酷なキリシタン弾圧がおこなわれていた。寛永《かんえい》一四年（一六三七）一〇月二五日、島原で百姓らが藩の代官を殺害して挙兵すると、すぐさま天草の百姓らが呼応し、島原の反乱軍は島原城（島原市）、天草の反乱軍は富岡城（熊本県苓北町《れいほくまち》）を攻めた。いずれのケースも城を攻めきれず、両地方の反乱軍は連携し、天草四郎を旗頭に原城（島原市）に立てこもった。

しかし、幕府の初動が遅れた。その理由に武家諸法度《ぶけしょはっと》の壁がある。この幕法は他国への出兵を禁じていた。よって、九州諸藩が島原・唐津両藩を支援すべく鎮圧軍を差し向けようとしても、幕府の許可をえなければ、ただ指をくわえて情勢を見守るしかなかったからだ。江戸の幕府首脳部に反乱の第一報が入ったのは一一月九日。反乱勃発からすでに一〇日以上たっていた。幕府はそこから態勢を立て直し、板倉重昌《いたくらしげまさ》（三河深溝藩主《みかわふこうず》）を上使（鎮圧軍の司令官）として島原へ鎮圧に向かわせたが、そこでも日数を要してしまう。鎮圧軍が島原に着陣したのが一二月九日。幕府は参勤交代で江戸に在府中だった九州諸藩の藩主にも帰国を命じ、さらに第二の上使として〝知恵伊豆《ちえいず》〟と呼ばれた老中松平信綱《まつだいらのぶつな》の派遣も決定した。

だが、初動の遅れが響く。結局、信綱の第二陣が到着したとき、翌寛永一五年元旦に総攻撃を仕掛けた第一陣の大将重昌は討ち取られたあとであった。総攻撃を仕組んだ重昌は、反乱軍もさすがに元日に攻めてくるとは思わず、油断しているだろうと踏んでいた。なぜ失敗したのか。

まず総攻撃の情報が反乱軍側に「漏れ聞えて」(『徳川実紀』)いたこと。そして最大の理由は、総攻撃の前日に重昌が各陣に触れ回した次の指令にある。「大将之外《ほか》かちたるへ(べ)きこと」。なぜ幕府軍は徒立《かちだ》ち(歩く)になって攻めなければならなかったのか。それは、原城の周囲が「塩浜《しおはま》」と呼ばれ、海水が入りやすく、足元が覚束なかったからだ。これは攻め手には絶対的に不利な環境となる。

しかも城側は堀際まで進んだ幕府兵に「木石を投下し、弓(鉄)砲をそろえ打出しける」(『徳川実紀』)という攻撃をくわえた。この攻撃に幕府軍の腰が引け、それを見た重昌は血気にはやり、孤立してしまった。彼には第二陣の信綱が到着するまでに決着をつけようという焦りがあったのである。こうして重昌は手勢だけ率い、堀際に近づいた。すると城側は重昌を敵の大将と見て城中より大石を放ち、それが重昌の兜《かぶと》を砕いた。重昌はそれでも屈せず、そのまま上ろうとしたが、銃弾に斃《たお》れるのである。

この総攻撃の失敗を知った信綱は無謀な総攻撃をさけ、兵粮《ひょうろう》が尽きるのを待つ持久戦へ切り替えた。それでも二月二七日からの総攻撃ではやはり、気負い立った鍋島藩《なべしま》（佐賀藩）の抜け駆けによって軍律が乱れ、多くの犠牲が出た。

翌日、城は落城。しかし一二月三日に四郎が原城に入城して二月二八日まで三万七〇〇〇の反乱軍は、三倍以上の一三万という幕府の大軍に耐え忍んだ。逆にいうと、百姓を主体とする反乱軍に、幕府が大坂冬の陣・夏の陣にほぼ匹敵する兵力を動員したことが異例といえよう。しかも　幕府軍は原城を陥落させた後、一揆勢の首謀者一万人もの首を晒《さら》している。いかにキリシタンがご禁制であるとはいえ、反乱した百姓を相手に、ここまで徹底した処罰を下すことも異例。いや、もはや異常といえる。

やはり単純にキリシタン一揆だと即断しないほうがよさそうだ。そこで天草四郎という一揆のリーダーから乱の本質を探ってみようと思う。

太閤秀吉の孫　『耶蘇天誅記《やそてんちゅうき》』によると、四郎は容顔美麗《ようがんびれい》にして、七～八歳のころより儒教・仏教・神道の教えに精通する天才児。いったん話をはじめるや、その弁舌は滝の流るるがごとし。かつ闇夜《やみよ》でも目が利き、海の上を歩き、座りながらにして遠国の動静を知り、不治の病《やまい》も立ちどころに治癒させる能力をもつという。むろん、人が海の上を歩けるはずはない。四郎をキリストばりの超能力者として描く『耶蘇天誅記』は実録戦記物という触れこみながら、かなり誇張されている。

もう少し実際に即して彼の実像をみてみよう。彼の本名は益田四郎時貞《ますだしろうときさだ》。関ケ原の合戦で敗れた小西行長《こにしゆきなが》の遺臣・益田甚兵衛好次《じんべえよしつぐ》の子というのが通説だ。父は浪人して肥後国宇土郡江辺《えべ》村（宇土《うと》市）で百姓となり、四郎もその地で生まれる。やがて、天草諸島の大矢野島（上天草市）で一揆のリーダーに担ぎ出された。だが不思議なことに、反乱軍が原城に籠城《ろうじょう》したのち、歴史学者の吉村豊雄氏が記録を丹念にたどった結果、原城内で四郎をみた者がほとんどいなかったことが判明する（『天草四郎の正体』）。その代わり四郎と同じような出で立ちの一六歳から一七歳の若者が複数目撃されているのである。彼らは四郎の分身、影武者たちであった可能性がある。

事実、原城の落城後、幕府軍に加わった大名家は互いに一番乗りの功名を競い、「敵の大将、討ち取ったり！」として、幕府軍の大将格である松平信綱へ首を提出する。その数、十数首に及んだ。多くが四郎の影武者の首だったのである。結果、肥後熊本藩細川家の差し出した首がホンモノの首とされた。

四郎が秀才の誉《ほま》れ高いリーダーであり、超能力を兼ね備えたカリスマなら、多くの影武者を侍《はべ》らせ、敵の目を欺《あざむ》くのはわかる。しかし、なぜ味方の前にも姿をみせなかったのだろうか。一揆の首謀者が天草の村々の庄屋らへ宛《あ》てた檄文《げきぶん》にはこんな内容が書かれている。まず、「天人」である「四郎様」と申す「御人」が大矢野村へ来臨されていること。村々の衆にキリシタンへ帰依することを呼びかけ、百姓たちを結集させること。

その檄文からは、四郎を天人として崇めることによってカリスマ性を持たせ、百姓らを彼の名のもとに結集させようとする首謀者らの意図が感じられる。件《くだん》の奇跡譚《きせきたん》も、四郎のカリスマ性を高めるために首謀者らが仕組んだものであって、益田四郎という少年にベタベタと秀才やら超能力やらと非凡な才能を貼《は》り付けて、「天草四郎」という人物を作り上げていったのだろう。

こうしてキリシタンではない百姓らも圧政に対抗するため一揆に加わるのだが、それだけで三万七〇〇〇人も集まるだろうか。

首謀者らは四郎を全知全能の神ゼウスの使者とするのみならず、四郎を豊臣秀頼の遺児とした。四郎の父は、天草地方を治めたキリシタン大名・小西行長の遺臣で、主君の行長は関ケ原の合戦で西軍主力として徳川家康率いる東軍と戦い、斬首《ざんしゅ》されている。島原の乱では、その小西家浪人らが乱を指導したといわれている。四郎が秀頼の落胤《らくいん》であるか否かはともかく、小西家浪人が指導していたのなら、旧政権（豊臣政権）の残党が現政権（徳川政権）へ挑んだ反逆という見方ができないわけではない。

関ケ原の合戦で敗れた西軍方の家の多くは取りつぶされ、「関ケ原浪人」が世にあふれた。大坂の役で豊臣方となった一〇万の兵の多くが浪人衆であったが、大坂城落城で豊臣家が滅んだ後もすべて息絶えたわけではない。天草四郎に仕立てられた益田四郎の父は関ケ原で敗れた小西家の旧臣であり、四郎自身、豊臣遺臣といえる。

ただ、それだけでは不十分だ。したがって、首謀者らは四郎を秀頼の遺児としたのだろう。

都合よく大坂落城後、秀頼が城を抜け出して薩摩へ落ち延びたという噂が流れていた。そのことは当時、平戸の商館長だったイギリス人の日記でも確認できる。そんな噂が流れたことから、豊臣遺臣らが首謀者の呼びかけに応じ、一揆に馳せ参じた可能性はある。

前出の『耶蘇天誅記』にも四郎が秀頼の落胤であるという説が掲載されている。時代はだいぶ下るが、昭和の初めに鹿児島の伝承を拾った『頴娃《えい》村郷土誌』によると、四郎の母は、鹿児島県上町谷村の酒屋の娘お何《なん》といい、薩摩に潜伏した秀頼が生ませた隠し子だという。挙兵のとき、さすがは太閤秀吉の孫よ、太閤がまだ木下藤吉郎だった時代の武者ぶりそのままよ——と敵も味方も感嘆したという。

また、松平信綱の家臣の覚書には、四郎の馬印が「金のひやうたん（瓢簞《ひょうたん》）」だったとある。瓢簞は、豊臣秀吉の馬印でもある。

四郎を秀頼の落胤とし、一揆方が豊臣遺臣を糾合したのだとしたら、首謀者一万の首を晒すという幕府の処罰もうなずける。幕府側は細川家の家臣に「わらべを生け捕って火あぶりにせよ」という非情な命も下している。わらべというのは四郎および彼の分身たちのこと。幕府も一揆方に豊臣遺臣が加わり、四郎を秀頼の落胤と吹聴していることを知っていたのだろう。幕府は旧勢力の豊臣遺臣らを根絶やしにする必要があったのである。

関ケ原の合戦の勝利で家康が秀吉の後継者とみなされ、豊臣氏の滅亡でその天下が定まった。だが豊臣の残党はなおあふれ、世上穏やかではなかった。島原の乱がキリシタンの反乱であるのは事実ながら、豊臣の残党を一掃したことで徳川の天下は名実ともに固まったといえよう。こののち、幕末の動乱までこれ以上の反乱は起きていない。

しかし、そこにもう一つ、国際的な視点を加えなければ、この複雑な反乱の本質を見落とすことになりかねない。島原の乱の推移を注意深く見守っていた国がある。ポルトガルである。

検証2 カトリックかプロテスタントか？ 日本を巻きこんだ宗教戦争

プラハ窓外放出事件 島原の乱の渦中、ヨーロッパは大規模な宗教戦争を戦っていた。

日本で戦国の争乱が激しくなる一五一七年、ヨーロッパでは献金によって罪が償われるというローマ教皇の免罪符販売や聖職者の堕落を批判したドイツ人マルティン・ルターが歴史の表舞台に登場している。彼らプロテスタントと呼ばれる新教徒は、ローマ教皇を中心とするローマ・カトリックから分かれ、ルターによるルター教会、チューリッヒのツヴィングリやジュネーヴのカルヴァンなどによる改革派教会、イギリス国教会などを成立させた。いわゆる宗教改革である。

これに危機感を覚えたカトリック、すなわち旧教徒側ではイグナチウス・デ・ロヨラらがイエズス会を設立し、反宗教改革運動や異教の地でのカトリック布教によってその権威を回復しようとした。日本にキリスト教をもたらしたスペイン人のフランシスコ・ザビエルも、ロヨラ

三十年戦争関係国相関図

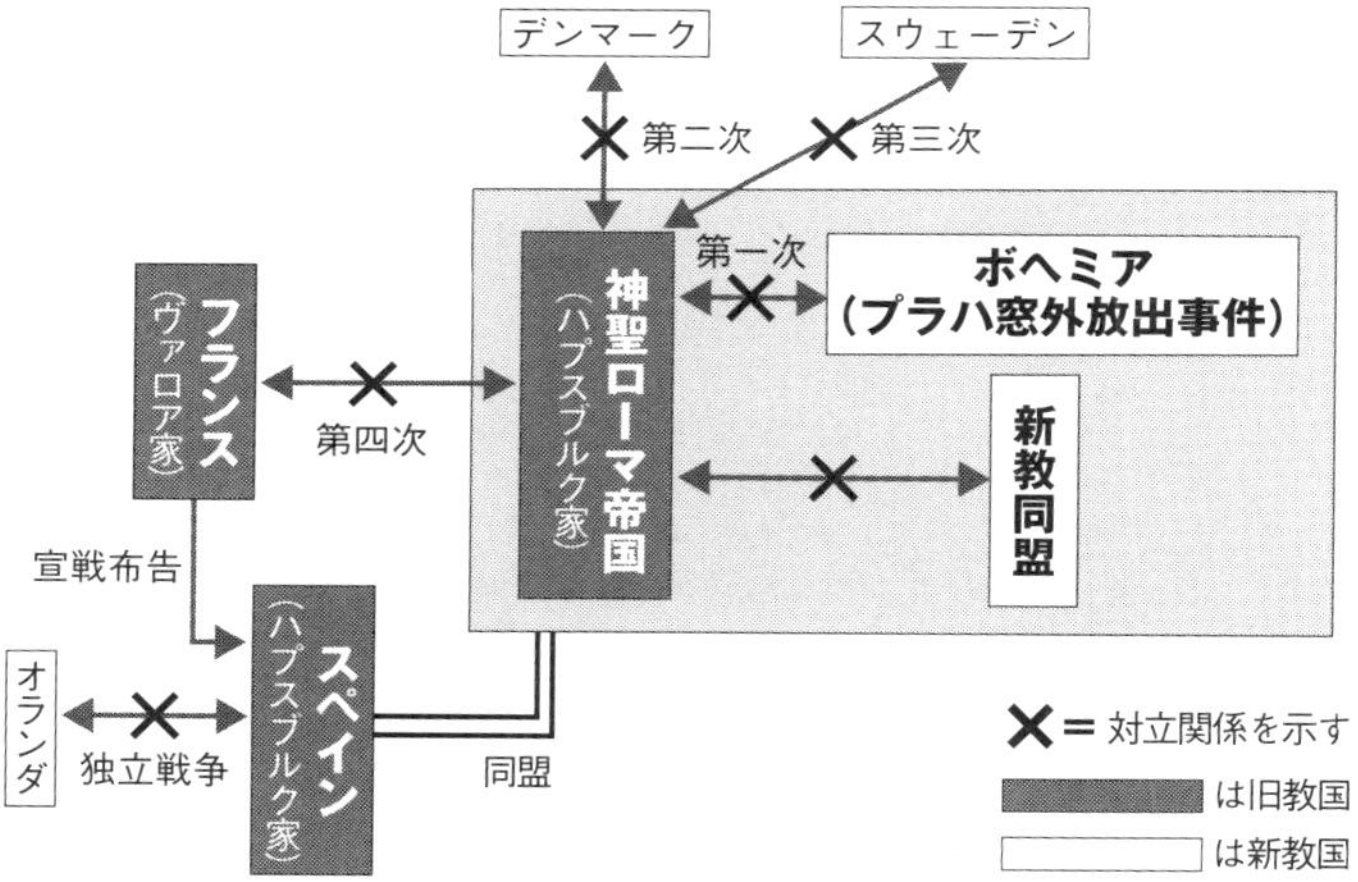

らとともにイエズス会を設立した一人だった。

その後、ヨーロッパでは新教国と旧教国に分断されてゆくが、ルターの登場からほぼ一〇〇年たった一六一八年――豊臣家が大坂城で滅びた三年後――、オーストリアのハプスブルク家に支配されていたボヘミア（現在のチェコ）で起きたプロテスタントの反乱が三十年戦争の口火を切った。

ボヘミアは宗教改革の先駆者といわれるヤン・フス（一三六九ころ～一四一五）を生んだ土地。もともとプロテスタントが多かったが、オーストリア王にしてハプスブルク家出身のフェルディナント（イエズス会で学んだ対プロテスタント強硬派）がボヘミア国王を兼ねると、ただちにプロテスタントを弾圧しだした。

こうしてボヘミアでは、チェコ人のプロテスタント貴族らがドイツ（オーストリア）人の王と対立し、プロテスタントへの弾圧に抗議して、一部の急進派が王の参事官（代官）をプラハ城の窓から放り投げる事件を起こす（プラハ窓外放出来事）。

反乱貴族たちは新政府をつくり、オーストリア国内のプロテスタント貴族に働きかけて勢力を広げ、議会でフェルディナント王を罷免し、ドイツの新教同盟（一六〇八年に急進的なプロテスタントのカルヴァン派によって設立）の盟主であるフリードリヒ五世を新国王に選出した。このあたり、キリシタンの弾圧が反乱を招いた島原の乱と似ている。

しかしオーストリア、すなわちカトリック側も黙ってはいない。ボヘミア王を罷免されたフェルディナントは神聖ローマ帝国皇帝（フェルディナント二世）位につき、旧教国であるスペインと同盟する。一六二〇年、プラハ近郊のビーラー・ホラでボヘミア軍に大勝し、チェコ人の指導者二七名はプラハの旧市街広場で処刑され、ほとんどの貴族が国外追放された。

こうして宗教戦争は終わったかに思えたが、このボヘミア戦争は三十年戦争の幕開けにすぎなかった。

プラハ郊外で神聖ローマ帝国皇帝軍がボヘミアの新教徒軍を破った後、カトリック側は、帝国議会に議席もあるデンマーク（新教国）のクリスチャンセン四世にも勝った（第二次三十年戦争）。こうなるとカトリック信者である皇帝の権力は一気に強まった。帝国内のプロテスタント系選帝侯らは警戒を強め、バルト海の覇権を狙っていたスウェーデン（新教国）のグスタフ・アドルフ国王を戦争に引き入れた。こうしてドイツの神聖ローマ帝国内の宗教戦争は国際紛争の様相を呈することになる（第三次三十年戦争）。

一六三二年、ライプチヒ（ドイツ）近郊で両軍が戦い、スウェーデン軍が帝国軍に辛勝するものの、アドルフ国王が陣没するという手痛い結果を招いた。やがて講和が成立したものの、スウェーデンにつづき、また外国が新教徒側に加勢した。

旧教国のフランスである。当時、王家はヴァロア家からブルボン家に代わっていたが、フランスは、宿敵ハプスブルク家との覇権争いに帝国内の宗教戦争を利用しようとしたのである。一六三五年、島原の乱が勃発する二年前、フランスの宰相リシリューは、スペインに宣戦布告した（第四次三十年戦争）。スペインも前述のとおり、ハプスブルク家が王座についていた旧教国だ。

こうして一六四八年に旧教徒と新教徒は同権であるとするウエストファリア条約が結ばれるまで戦争がつづく。ちなみに、この条約は三十年戦争終結のためにドイツとフランス・スウェーデンとの間で結ばれ、神聖ローマ帝国内のドイツ諸侯の領邦国家の主権が認められたことによって、ドイツ分裂が決定的になった。こうして近代国家ドイツの

窓外放出事件の舞台となったプラハ城

成立がフランスなどに比べて遅れることになる。

いずれにせよ、島原半島の原城をめぐる攻防戦がおこなわれていた渦中、ヨーロッパではハプスブルク家とフランス王家の因縁の対決、旧教と新教の思想的対立という構図で三十年戦争を戦っていたのである。

一方、ネーデルランド（オランダ）・フランドル（ベルギー）地方はハプスブルク家の支配を受け、ハプスブルク家のカール五世がスペイン王座につくと、スペインを宗主国とした。しかし、国内では新教徒のカルヴァン派が多数を占め、カトリックを強制する宗主国スペインとの間でオランダ独立戦争（一五六八～一六四八年）が勃発。南部一〇州（現在のベルギーとルクセンブルク）は、独立戦争から脱落したものの、ウエストファリア条約でオランダの独立が国際的に承認された。こうして三十年戦争は、ポルトガル・スペインにやや遅れて大航海時代を迎える新興国家オランダの海洋進出を後押しする形となった。

また、大航海時代の先駆者である旧教国のポルトガルは、ハプスブルク家出身のスペイン王フェリペ二世によって併合され、スペイン国王を「君主」と仰ぐ同君連合（一六四〇年に解消）

ハプスブルク家の繁栄を象徴するバロックの名建築・ウィーンのシェーンブルン宮殿

のもとにあった。こうしてスペイン・ポルトガルは、新教国のオランダとアジアの権益を争っていた。

そこに一五八八年にスペインの無敵艦隊を破った新教国イギリスが台頭し、やがて「パックス・ブリタニカ」と呼ばれる繁栄の時代を築く。

ヨーロッパが三十年戦争を戦った一七世紀は、新教国が台頭する世紀でもあったのである。

旧教国ポルトガル（反乱軍）vs新教国オランダ（幕府軍）　三十年戦争はフランスの参戦で意味合いが複雑化したものの、その背景に旧教国と新教国の対立があるのは事実だ。こうして役者がそろったところで、戦国時代から島原の乱に至るキリシタン諸国（旧教国・新教国）と日本の関係をあらためて振り返っておこう。

キリシタン諸国の中で初めて日本にやって来たのは、大航海時代を迎えていたポルトガル人だった。

日本でもっとも有名な歴史上の外国人の一人、フランシスコ・ザビエルはスペイン人のイエズス会士だが、彼はポルトガル王の依頼によってアジアで布教していた。ところが、インドでの布教に限界を感じて天文一八年（一五四九）、布教のために来日した。ザビエルは、ポルトガルとの貿易を望む平戸の領主・松浦《まつら》隆信《たかのぶ》から歓待を受ける。

ちなみにザビエルの日本滞在の期間はわずか二年半足らずだが、彼ほど日本人をよく理解した外国人はいないかもしれない。日本の僧侶から迫害を受け、信者を除いて庶民たちから温かい視線で迎えられたわけではないが、それでもザビエルはゴア（インド）の宣教師宛てに、次のような書簡を送っている。

「（日本人は）新発見地中の最良なる者にて、異教徒中には日本人に優れたる者を見ること能《あた》はざるべしと思はる。この国の人は礼節を重んじ、一般に善良にして悪心を懐《いだ》かず、何よりも名誉を大切とするは驚くべきことなり」（村上直次郎訳『イエズス会士日本通信』）

また別の書簡では「当国民が甚《はなは》だ健康にして多数の老人あるは驚くべきことなり」（同）としており、戦国時代から日本が世界的な長寿国であったこともわかる。

これまでマルコ・ポーロの『東方見聞録《とうほうけんぶんろく》』によって、日本の実情が曖昧《あいまい》に西洋社会へ伝わっていったが、ザビエルは初めて正確な日本と日本人像を西洋に伝えた人物といえよう。

ザビエルは天文二〇年（一五五一）一一月、シナ（明）での布教をめざし、日本を離れることになった。ザビエルは日本を発った翌年の一二月三日の未明、シナ入りを果たすことなく、南シナ海の上川島《じょうせんとう》（中国・広東省）で死去する。遺体は死後、不朽体《ふきゅうたい》（聖人の遺体）とするための処置を施してゴアで安置された。イエズス会総長の命令で右腕が切断された際、半世紀以上たっていたにもかかわらず、鮮血がほとばしったという奇跡譚《きせきたん》も残っている。

以降、織田信長がポルトガルとのいわゆる南蛮貿易を積極的におこない、カトリックを保護したことはよく知られている。信長の死後、天正一二年（一五八四）にはスペイン船も来航する。

こうして日本はまず、旧教国と交渉をもっていた。ところが関ケ原で大規模な内乱がおこなわれる少し前、慶長五年（一六〇〇）三月にオランダ艦隊の一隻、リーフデ号が豊後《ぶんご》の国に漂着した。

リーフデ号にはその後、日本史の教科書にも登場することになる外国人が二人、乗船していた。イギリス人航海長のウイリアム・アダムス（のちの三浦按針《みうらあんじん》）とオランダ人のヤン・ヨーステン（のちの耶楊子《やようす》）である。

まずウイリアム・アダムスは徳川家康の外交顧問として重用され、幕府の旗本になった。オランダとイギリスの貿易船通航許可や平戸への商館設置に尽力する人物だ。平戸に居をかまえ、平戸のイギリス商館が開設されると商館員として勤務し、日本で亡くなる。

もう一人のヤン・ヨーステンは貿易商人。彼も江戸に出て家康に仕え、日本人女性と結婚した。彼の屋敷の所在地がなまって八重洲《やえす》と呼ばれるようになったと伝えられる。彼もまた、オランダが日本との貿易をはじめると、貿易に携わった。

こうして旧教国のポルトガル・スペインに次いで、新教国のオランダ・イギリスが日本と貿易をはじめたのである。

このころから日本でも新教国と旧教国が対立し、たとえばオランダの平戸商館長であるリチャード・コックスは「ポルトガル人やスペイン人は貿易を布教の口実にしている」と家康に言上している。豊臣秀吉が天正一五年にバテレン（宣教師）追放令を出してから、日本では、キリスト教（カトリック）とポルトガルやスペインへの警戒心を強めていた折でもあった。

その秀吉が朝鮮出兵したのは、東南アジアからインドまで含めた海洋国家を建設するため。その背景にはイエズス会やポルトガルとスペインの脅威があった。だから、インドまで含めた海洋国家を建設し、彼ら南蛮諸国を駆逐しようとしていたのだろう。

事実、秀吉は、フィリピンのスペイン人副総督へ、「時日を移さず（日本に）降伏すべき。もし匍匐膝行《ほふくしっこう》（地位の高い人の前で恐縮しながら移動するときの作法）を遅延するようなら速やかに征伐する」と恫喝《どうかつ》している。

江戸時代の初め、将軍からの貿易・渡航許可証というべき朱印状を与えられた貿易商らが東南アジア方面へ勇敢に船で乗り出していたが、二代将軍秀忠《ひでただ》の時代に起きた事件が因《もと》で朱印船貿易に終止符が打たれた。

元和《げんな》六年（一六二〇）、堺出身の平山常陳《ひらやまじょうちん》という貿易商がマニラから日本へ向けて出港する船にキリスト教の宣教師を紛れこませた。もちろん、キリスト教は厳禁だ。それがわかっていながら宣教師は日本の貿易船で入国し、国内で密《ひそ》かに布教していたのだ。ところが、常陳の船は台湾沖でイギリス船に拿捕《だほ》された。当時、貿易の利権を争い、それぞれの国の貿易商が手荒な行為に及ぶこともあった。やがて常陳の船の甲板下の鹿皮の中に隠れていたのが宣教師だと日本側に知られるところとなり、常陳は乗組員とともに捕縛され、彼と宣教師二人は火刑に処せられた。

この事件が契機となって幕府は取り締まりを強化し、寛永一二年（一六三五）、日本人の東南アジア方面からの帰国と同方面への渡航を禁じた。

当時、旧教国のスペインと新教国のイギリスが日本との貿易から撤退し、日本国内で利権をもつのは旧教国のポルトガルと新教国のオランダだった。スペイン・ハプスブルク朝に支配されていたオランダは既述のとおり、スペインとの独立戦争を戦い、ポルトガルはスペインに併合されていた。

三十年戦争の渦中にはじまった島原の乱では、幕府がオランダの大砲を平戸から持ってこさせ、オランダ人にキリシタンらが籠城《ろうじょう》する原城へ砲撃させた。

一方、原城は島原半島の南端にあり、有明海に面している。反乱軍がそこに籠城したのは、ポルトガルからの支援を仰ぎ、海上から物資を搬入するのに適していたからだといわれている。だとすると、ヨーロッパの「旧教国vs.新教国」の対立構図が「反乱軍（ポルトガル）vs幕府（オランダ）」という形になって表れ、島原の乱にはヨーロッパの三十年戦争の代理戦争という側面があったと見たほうがいいのかもしれない。

島原の乱が鎮圧された後の寛永一六年（一六三九）ポルトガル船は来航禁止となり、これで旧教国は日本から完全に締めだされた。結果、鎖国政策（ただし幕府によるオランダとの制限貿易はつづき最近では鎖国という歴史用語に疑義が投げかけられている）の中ヨーロッパ諸国で唯一新教国のオランダだけが幕末の嘉永六年（一八五三）のペリー来航まで貿易を許されるのである。

第9章

フランス革命と老中田沼意次の失脚事件はつながっている！

検証1　白河の清き流れも「賄賂」まみれだった田沼時代

バブル経済をもたらした田沼意次の華麗なキャリア　一〇年以上にわたり、江戸幕府の老中として国政を担った相良《さがら》藩（静岡県牧之原市）の藩主田沼意次《たぬまおきつぐ》は、金権腐敗を象徴する政治家として理解されてきた。田沼が将軍の御用取次《ごようとりつぎ》と老中を兼ね、江戸城の中奥《なかおく》と表の政治を一身に背負っていた安永《あんえい》元年（一七七二）から天明《てんめい》六年（一七八六）までの「田沼時代」には賄賂《わいろ》が横行していたという。

その意次が失脚し、白河藩主松平定信《まつだいらさだのぶ》が老中としてデビューした後、田沼の政治を否定して有名な「寛政《かんせい》の改革」をおこなう。ところが、人々の懐が緩んだ田沼時代の名残で、町人たちはいまだ駘蕩《たいとう》とした空気の中にいた。そのころ浅草（雷門門前の広小路から並木通りにかけて）が盛り場としてにぎわいだし、いまにつながる芸能や食の庶民文化が確立したのだ。

それではまず、江戸時代のバブル経済をもたらした田沼政治を再評価してみよう。

田沼家はもともと幕臣ではなかった。意次の父意行《おきゆき》は徳川御三家の一つ、紀州徳川家の家臣。その紀州藩から八代将軍吉宗《よしむね》が誕生し、吉宗の江戸入りとともに紀州藩士二〇〇名が随行した。その一人が意行であり、六〇〇石の旗本（幕臣）となった。ゆえに意次は享保《きょうほう》四年（一七一九）、江戸で生まれている。

一六歳で吉宗の世継である家重《いえしげ》の小姓となり、家重《いえしげ》が九代将軍になるや重用《ちょうよう》される。翌年、田沼家の家督を継いで元服し、一九歳のときに従五位下・主殿頭《とのものかみ》に叙任。二九歳で将軍家重の御用取次見習となり、宝暦《ほうれき》元年（一七五一）、三三歳で見習の二文字がはずれている。この間、家禄《かろく》はトントン拍子に増え、三七歳のときに五〇〇〇石へ加増されている。

むろん、政治家としての才能が将軍や幕閣に認められていたからに他ならない。そして、宝暦八年（一七五八）、四〇歳で一大転機が訪れる。

そのころ、美濃《みの》国郡上《ぐじょう》藩で大規模な一揆が勃発していた。藩の増税に百姓が反発し、江戸に出府して幕閣らへの駕籠《かご》訴のほか、目安箱へ訴状を投函する行為を繰り返し、幕閣を巻きこむ騒動に発展していたのである。そして幕府は評定所《ひょうじょうしょ》でこの問題を審理することになった。

審理は五手掛《ごてがかり》（寺社・町・勘定奉行、大目付・目付）総動員でおこなわれたが、ここに御用取次の意次が加わった。御用取次は中奥、つまり奥向きの役人であって、ふつう表に出てこない。ただ郡上藩主の金森頼錦《かなもりよりかね》が幕閣らに働きかけていたという風聞が流れ、将軍家重がそのことに強い懸念を示し、側近の意次を評定所の審理に出席させたのである。

意次は将軍直属の情報収集機関である御庭番《おにわばん》から、幕閣が関与しているかもしれないという情報をつかみ、将軍に報告していたのであろう。結果、時の老中《ろうじゅう》や若年寄《わかどしより》が罷免され、郡上藩の金森家は改易となった。意次は、これだけの処理を迅速におこなった実績を買われ、その年に五〇〇〇石の加増を受け、ついに大名となった（のちに五万七〇〇〇石まで加増される）。

その後、一〇代将軍家治《いえはる》の治世となるが、家重は世継の家治に代替わりしても律義者の意次を引きつづき重用するように言い残していた。家治は父の言葉を守り、安永元年には意次を老中にまで引き立てた。中奥で実力を蓄えてきた意次がいよいよ表の舞台に立つことになったのである。

しかし、老中になっても意次は御用取次の職を手放さなかった。こうして将軍の側近でありながら老中として幕政にあたるという「田沼時代」の幕が切って落とされた。

清き流れの白河藩主も賄賂を贈る時代

その間、特筆すべき意次の政策はいくつかある。印旛《いんば》沼《ぬま》（千葉県）の干拓や鉱山の開発、このほか蝦夷地《えぞち》（北海道）を開拓して北方の大国ロシアとの交易を図ろうとした。こうした開発政策もさることながら、第一の功績に株仲間《かぶなかま》の奨励を挙げなければならない。

八代将軍徳川吉宗の「享保の改革《きょうほう》」によって一時的に幕府の財政は立て直されたかにみえたが、ふたたび財政は逼迫《ひっぱく》し、地方の諸大名にも波及していた。このため、幕府や諸大名は新田開発や増税で乗り切ろうとしたが、増税は例の郡上一揆などにみられる百姓の反発を買わねばならなかった。そこで意次は株仲間に目をつけた。

これまでにも商人や職人が営業上の特権を求めて、株仲間と呼ばれる組合をつくるケースはあったが、意次はそうした動きを奨励した。株仲間を公認する代わりに商人らから運上金や冥《みょう》加金《が》を幕府に上納させたのである。

しかし株仲間に加われず、特権に与《あずか》れなかった商人から批判が出るのは当然だった。かつ株仲間の公認を求めて賄賂が横行するのもまた、至極当然の話であった。問題は、意次自身が賄賂を受け取っていたかどうかであろう。

近年では、意次は清廉潔白だったといわれるようになっている。

しかし、意次がまだ老中に就任する前、仙台藩主の伊達重村《だてしげむら》が中将昇進などを求め、側役《そばやく》の者を意次の用人らと極秘裏に接触させた。そして意次自身、仙台藩主の側役が田沼邸に出入りしたことを認めている事実などから、意次が賄賂を受け取っていた可能性はある。その意味では、意次が清廉潔白だったとまではいえない。

ただし、現代の賄賂政治家とも違っている。江戸時代、たとえば江戸詰の藩士らが幕閣らの邸へ出入りする際、金品を持参するのは常識だった。したがって仮に意次が金品を受け取っていたとしても、当時としては特筆して糾弾《きゅうだん》される筋合はなかったはずだ。

しかし、のちに江戸城内で斬殺《ざんさつ》される嫡男の意知《おきとも》が若年寄となり、意次の縁戚関係にある者が幕府の重要な役職についていたことが妬《ねた》みとなって反田沼派が形成された。こうして天明六年、意次は六八歳のときに失脚する。

そして意次に代わり、白河藩主・松平定信が登場して寛政の改革を断行するが、定信が自伝『宇下人言《うげのひとこと》』で意次を酷評し、それが後世の金権腐敗の田沼像を生み出したといえよう。

そもそも定信は意次の政敵であり、その証言は大きく割り引かねばならない。しかも、〝白河の清き流れ〟といわれた定信自身、家格を溜間詰《たまりのまづめ》（老中とともに政務に関与できる家柄）に引き上げてもらうため、意次のもとへ日々通いつめ、金銀を運んだと証言している。

意次の賄賂政治を批判している松平定信自身、出世のために意次へ賄賂を贈っているのだから、話にならない。「田沼時代」が、そういう時代であったと理解する必要がありそうだ。

次に、意次の失脚の原因を考えてみたい。その最大の理由は「天明の大飢饉《だいききん》」にあるといわれている。浅間山《あさまやま》の噴火が天明の飢饉をもたらし、さらには遠くその影響がヨーロッパに及び、フランス革命を引き起こしたとする。本当なのだろうか。そのことを検証してみよう。

検証2　原因は浅間山の噴火にあらず！革命と失脚をもたらした「太陽の異変」

浅間山の噴火前にはじまっていた天明大飢饉

信濃《しなの》と上野《こうずけ》の国境にある浅間山周辺では天明三年（一七八三）五月ごろから火山性地震が増えだしていた。

おそらく現代なら、火山噴火警戒レベルが上がり、確実に入山が規制されていただろう。しかし、江戸時代にそんな規制はない。ついに六月二五日、浅間山が真っ黒な噴煙を噴き上げた。

そのあと何度か噴火を繰り返し、噴煙は天高く立ち上り、もっとも激しかった八月五日の噴火時には溶岩流が山麓《さんろく》北側へ流れ出し、「鬼押出《おにおしだ》し」（群馬県嬬恋《つまごい》村）の溶岩台地が誕生した。

噴煙に含まれる塵《ちり》や水蒸気は成層圏にまで達して、すっぽりと地上をおおい、〝噴煙の傘〟が日本のみならず、世界各地で冷害の被害をもたらす。日本では、とくに東北地方で冷害の被害が著しく、作物が育たず、江戸時代最悪の飢饉、すなわち天明の大飢饉をもたらした。

東北各地では噴火のあった天明三年と翌四年だけで約五〇万人が死亡したと推定されている（餓死者のみならず、疫病による死者も含む）。仙台藩領と南部藩領（八戸藩領を除く）では人口の三分の一が失われたとするデータもある。津軽藩ではこれに〝人災〟も加わった。津軽藩は江戸と大坂へ廻米《かいまい》する政策をとったために藩内で極端に米穀が欠乏したのだ。

紀行文などを残している学者の菅江真澄《すがえますみ》は草むらに白骨が散乱している惨状を記し、医師で国学者の橘南谿《たちばななんけい》も、人肉相食む地獄絵図さながらの話を著書（『東西遊記』）に書き留めている。

しかし、腑《ふ》に落ちないことがある。天明の大飢饉は、浅間山が噴火する前の年にはじまっているからだ。天明二年（一七八二）は、老中田沼意次が千葉県で印旛沼《いんばぬま》の開発をはじめた年にあたる。浅間山の噴火が飢饉の原因なら、噴火後に起きていなくてはならない。つまり、因果関係が成立しないのだ。

津軽藩領では夏の土用《どよう》に入っても大霜が降り、夏でも綿入れが必要なほど寒く、稲は育たなかった。浅間山の噴火が飢饉をもたらしたのなら、こうした冷害の説明がつかなくなる。

どうしてなのだろうか。その謎解きの前に、もう一つ、浅間山の噴火が引き金になったとされるフランス革命についてみていこう。

浅間山噴火のあった翌年の一七八四年からフランスで厳冬や旱魃《かんばつ》と異常気象がつづいていた。麦が育たず、凶作となっている。当然、フランス人の主食であるパンの価格は急騰する。浅間山噴火の六年後の一七八九年春ごろ、食料不足と物価の高騰でパリの貧困層は生活に窮した。

パンを求めてヴェルサイユ行進

一七八九年五月五日、パリ市民が貧困にあえぐ中、じつに一七五年ぶりに三部会（身分制議会）がパリ近郊のヴェルサイユ宮殿で開催された。六月二〇日には、聖職者と貴族に次ぐ第三身分の平民が憲法の制定を求め、廷臣（貴族）たちの娯楽室であった球戯場に集まり、団結を誓った。これが有名なテニスコートの誓いである。

当時、フランスは絶対王政下にあった。フランス国王（ブルボン王朝）は中央集権的に国を支配するための官僚組織と直属の常備軍を備え、弱体化した貴族階級といまだ発展途上にあるブルジョワジーらの新興市民層を押さえ、無制約の権力をふるっていた。思想的には王権は神から与えられているという王権神授説を援用《えんよう》して王権を強化し、重商主義を経済理論としていた。中世の封建王制に対して絶対王政と呼ばれる。フランスやイギリスではヨーロッパ大陸中央部のドイツ・イタリアなどに比べて強固な封建制を築けなかった分、封建諸侯（貴族）に対して王権が優位に立つことができた。

しかし、ブルジョワジーらの第三身分、すなわち新興市民層は、大部分の聖職者と一部の貴族を合わせ、三部会とは別に身分にとらわれない「国民議会」を結成。国王ルイ一六世に公然と反抗の姿勢を示したのである。

こうして革命の機運が盛り上がる中、七月一四日、フランス革命の象徴的事件が起きる。当時、ブルジョワジーが民兵を組織して、パリの街路にバリケードが張りめぐらされていた。そんな殺伐《さつばつ》としたパリで、貧民街の職人らを主とする民衆がブルジョワジーの民兵組織などとともにバスチーユ牢獄《ろうごく》を襲撃して武器を奪ったのだ。彼らは貴族から「サン＝キュロット」（長ズボンをはいた連中）と揶揄《やゆ》される下層の民衆たちだった。

元要塞だったバスチーユ牢獄には七人の囚人しか収容されていなかったが、もともと王政に反対する政治犯らを収容する施設として使われていた。その王政の象徴ともいえる〝要塞〟を民衆が襲撃し、守備兵の司令官を虐殺した。職人らはあくまで武器を奪うのが目的だったが、彼らが司令官の首を槍《やり》に突き刺して市街を行進し、パリの市政を掌握したことから、革命の象徴的シーンとなったのである。しかも翌日、国王ルイ一六世は彼らの行動を認めざるをえなくなり、国王の権威は著しく低下する。

その後、貴族らの封建的特権が一部廃止され、八月二六日には第一条に「人は自由かつ権利において平等なものとして生まれ、生存する」という精神を掲げる「人権宣言」が出されている。しかし、一般の民衆は革命を意図していたわけではなかった。

そのことは一〇月五日、貧民街の主婦がパンを求め、国王のもとへ行進したことで明らかとなる。そのとき国王はパリ郊外のヴェルサイユ宮殿へ狩りに出かけていた。これを「ヴェルサイユ行進」あるいは「一〇月行進」と呼び、これまたフランス革命を象徴する事件として知られている。

貧民街の主婦らは宮殿内まで押し入り、慌てた王妃マリー＝アントワネットが寝巻のまま王の寝室に駆けこんだほどであった。こうして王と王妃、皇太子の三人が民衆の要求に屈してパリにもどると、主婦たちは「わたしたちは、パン屋とパン屋の女房と小僧（王と王妃と皇太子のこと）を連れてきたよ」と叫んだ。民衆にとって国王はパンを与えてくれる存在であり、だからこそ行動に移したのであって、決して王政打倒を志向していたわけでない。だが、理由は

フランス革命年表

	1789年	1791年	1792年	1793年
政治	身分制議会の三部会開会（5/5） テニスコートの誓い（6/20） バスチーユ陥落（7/14） 人権宣言（8/26） ヴェルサイユ行進（10/5-10/6）	国王の逃亡逮捕（6/20-6/21） シャン・ド・マルスの虐殺（7/17）	「8月10日革命」で国王の権利停止	国王ルイ16世処刑（1/21） 王妃マリー=アントワネット処刑（10/16）
社会	農村部で大恐慌 パンの値上がり	農民の反領主闘争激化	封建的権利の無償廃止	食糧危機

どうあれ、彼ら民衆が立ち上がったことに意義がある。貧民街の主婦にパリへ連れもどされた国王の権威はさらに落ちた。

　しかし、革命は一気には進まない。二年後の一七九一年七月一七日、シャン・ド・マルスの虐殺という民衆弾圧事件が起きる。当時、国民議会では立憲君主政（王政）派と共和政派が対立し、国王を無罪放免しようとする立憲君主主義者に反発した共和主義者が国王の廃位を求める大衆請願運動を組織していた。その日、彼らはパリ西部のシャン・ド・マルス広場（元陸軍士官学校の練兵場）で署名活動をおこなっていた。そこへ軍隊が無警告で発砲し、死者五〇人を出した。この弾圧で革命は一時後退し、九月に立憲君主政を規定する「一七九一年憲法」が成立したが、翌年、サン＝キュロットたちはふたたび立ち上がる。

先鋭的な共和政思想をもつジャコバン派（ジャコバン修道院で結成されたところからくる名称）が中心になって各地の義勇兵のパリ参集を呼びかけた。その中でパリに到着したマルセイユの義勇兵は「いざ、祖国の子よ。光栄の日はきた」と歌いながら行進した。これがのちにフランス国歌（ラ・マルセイエーズ）となった。

一七九二年八月九日の夜、パリ市に警笛が鳴り響く。翌日サン＝キュロットたちは蜂起《ほうき》し、ルイ一六世のいるチュイルリー宮殿（ルーブル宮殿の西隣にあった宮殿）へ進軍し、宮殿のスイス人傭兵と交戦したが、革命軍側の勝利となった。これを八月一〇日事件という。

結果、九月二一日に王政は廃止され、翌一七九三年一月一四日、国民公会（旧国民議会）でルイ一六世の刑罰が問われた。一八日、死刑が確定。一月二一日にルイ一六世が、一〇月一六日に王妃マリー＝アントワネットが処刑された。

ラキ山の大噴火と太陽の黒点極小期　フランス革命の流れを駆け足にたどると以上のようになる。教科書的にいうと、ブルジョワ層が台頭して貴族らの特権に不満を抱いたことが背景にあるものの、実際には、下層のサン＝キュロットたちの蜂起が革命を成立させたことがわかる。

しかし彼らはもともと王政の打倒を志向していなかった。彼らはただパンが欲しく、パンを求めるための武器を欲しただけであった。革命の契機となった三部会は、フランスが食糧危機に陥った直後に開催されている。つまり、冷害が小麦の凶作を招いて民衆は食料不足に喘《あえ》ぎ、民衆はパンを求めて「バスチーユ牢獄襲撃」と「ヴェルサイユ行進」をおこなったのである。

フランスの食料不足は、革命が起きる一九八九年に一気に深刻化した後、九〇年・九一年といったんおさまった。ところが九一年の不作が九二年になって食糧危機を招き、王政廃止と共和政を誕生させた「八月一〇日の革命」の直前、パリではパンの入手が困難になっていた。

食料不足が革命の原動力となったのは間違いなかろう。

ではフランスに冷害と食料不足をもたらしたのは、浅間山の噴火なのだろうか。たしかに浅間山の〝噴煙の傘〟が成層圏をおおい、太陽の光がさえぎられ、冷害の原因になったという説明は理にかなっている。ただ浅間山の〝噴煙の傘〟が遠くヨーロッパに影響を与えるだろうか。

浅間山は天明三年（一七八三）六月二五日に噴火している。その少し前、六月八日にアイスランドのラキ山が大噴火している。大地の割れ目から溶岩を噴き出し、このとき一四〇もの火口が新たに生まれたという。噴火はその二年後までつづいたというから凄《すさ》まじいパワーだ。

噴き出した溶岩や火山灰などの量を指標化したものを「ＶＥＩ」という。ゼロから八まで九段階に分かれているが、ラキ火は「ＶＥＩ＝六」という大きな噴出量だった。一応、フランスを襲う冷害はこの火山によってもたらされたとしておこう。

それではラキ山の大噴火が天明の大飢饉の元凶だったのだろうか。しかし浅間山とラキ山は東西ほぼ同時に噴火しており、前述したように浅間山の噴火の前年に日本で飢饉はすでにはじまっていた。ラキ山と浅間山の噴火が飢饉に拍車をかけたのは事実だろうが、こうなるとほかにも要因を求めなくてはならない。

じつをいうと、一七八〇年以降、地球規模で寒冷化が進んでいたのである。理由は、太陽活動の低下にあった。太陽表面上の比較的温度の低い部分を「黒点《こくてん》」といい、光球部より温度が数千度低いために黒く見える。その黒点の相対的な数が太陽活動の活発さを測る指標となっている。つまり、もともと太陽活動が低下していたことが東北地方に飢饉をもたらしたのである。そして、その翌年にラキ山と浅間山がほぼ同時に噴火し、かつ太陽は、もっとも活動が低下する「黒点極小期」に入った。

太陽活動が低下して、東西同時に火山が噴火したのだからたまったものではない。こうして両火山が噴火した天明三年（一七八三）以降、日本で飢饉がより深刻化したのであろう。ベースに太陽活動の低下があり、ラキ山と浅間山の噴火が冷害に追い討ちをかけたのである。それは世界的な現象であった。

世界共通の寒冷化が進むという気象条件で日本とフランスの大きな歴史的事件が起きる。

天明六年（一七八六）、幕府老中の田沼意次が失脚し、翌年には江戸で米価の高騰によって米屋など八〇〇〇軒以上の商家が打ちこわしに遭い、一時、無政府状態に陥った。そして、その二年後の一七八九年にパリではパンを求めてバスチーユ牢獄が襲撃され、四年後、フランス国王ルイ一六世が処刑された。

パリではパンを、江戸ではコメを……。民衆がパンとコメを求めて蜂起していたのである。

第10章 日本が欧米の植民地にならなかったのはクリミア戦争のおかげ！

検証 大隈重信が維新後にもらした「クリミア戦争おかげ論」

大隈重信《おおくましげのぶ》の回想とクリミア戦争　一九世紀になると頻繁に外国船が日本近海に姿を現し、もはや日本史と世界史はリンクせざるをえなくなる。

嘉永《かえい》六年（一八五三）六月三日、黒船（アメリカのペリー艦隊）が来航した一九世紀半ばは、産業革命を成し遂げた大英帝国（イギリス）が「パックス・ブリタニカ」と呼ばれる繁栄を謳《おう》歌《か》した時代。西洋列強諸国がこぞってアジアへ進出し、世界規模で歴史が動いた時代でもある。

イギリスは、アヘン戦争（一八四〇〜一八四二年）によって海禁政策をとる清《しん》国を開国させ、さらなる権益拡大を狙って第二次アヘン戦争（一八五六年）を引き起こす。きっかけは、清国の官憲が海賊の容疑でイギリス船籍を名乗るアロー号を臨検し、イギリス国旗を引きずり降ろしたことだった（アロー号事件ともいう）。たったそれだけの事件だが、イギリスはフランスを巻きこみ、戦争をはじめて清国を事実上、半植民地化した。

そういう世界史のうねりの中、日本が西洋列強の植民地にならなかった理由には諸説ある。なかでも明治の元勲の一人、大隈重信（肥前佐賀藩）は幕末を振り返り、著書の『開国大勢史』でこう述べている。

「クリミア戦争の発せしは、偶然にも（アメリカ）合衆国が我が国に開港を要求する時にあたりたるをもつて、この事件の発展に密接の関係を有し、第一に、露西亜（ロシア）はこの戦争のために英仏艦隊の牽制するところとなりて、その日本に対する志を逞《たくまし》うすることを得ず、第二に、英国もすでに香港総督ボウリングをして日本に赴き、真の貿易を開始する条約を締結せしめんと企てたるにかかわらず、この戦争に妨げられて、その暇を得ず（中略）日本は新たに西洋の学問を容れて物質的に外国交通に備へんとした」

大隈の発言のポイントを整理するとこうなる。

①ペリーの来航がクリミア戦争と重なり、そのことが日本の幕末史に大きな影響を与えた。
②第一にロシアが戦争の影響で「日本に対する志」（南下政策を意味している）を妨げられた。

クリミア戦争関連地図

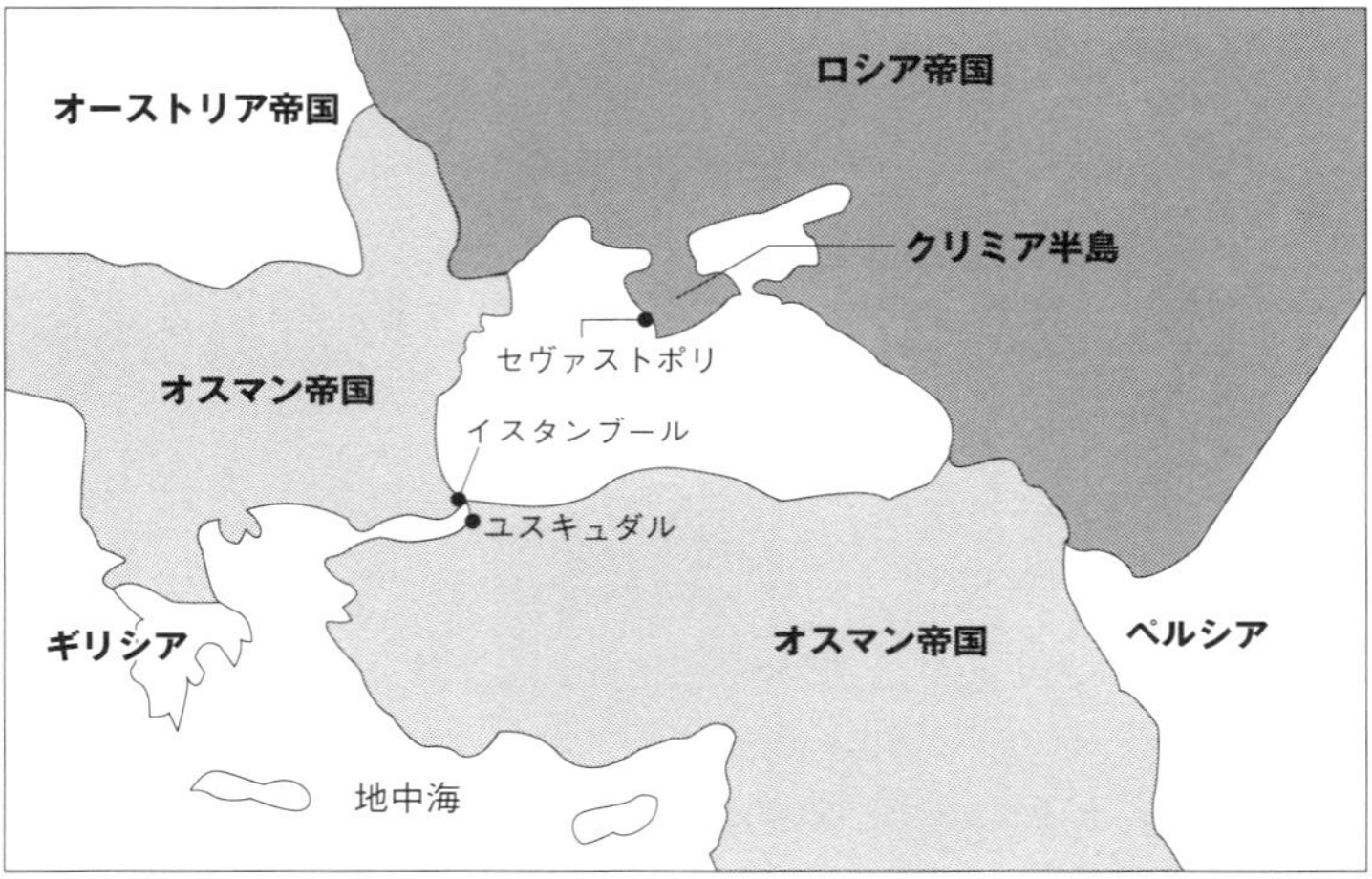

③イギリスも香港総督のボウリングに日本との通商を求めさせる準備をしていたが、この戦争の勃発によって延期せざるをえなくなった。

④西洋列強がこの戦争にとらわれている間に日本は西洋の文物を取り入れて、近代化への道を歩むことができた。

いわゆる〝クリミア戦争おかげ論〟だ。

このとおりなら、戦争が西洋列強による植民地化の防波堤となり、日本の幕末史に重大な恩恵をもたらしたと読み取れる。本当かどうか検証するために、まずはクリミア戦争がどのような戦争なのかをみてみよう。

この戦争は、ヨーロッパでも南下を図ろうとするロシアとトルコ（オスマン帝国）が一八五三年一〇月にバルカン半島で軍事衝突し、翌年三月、ロシアの勢力伸長を嫌うイギリスとフランスがロシアに宣戦布告したことで世界規模の戦争となった。主に黒海に突き出たクリミア半島で激戦が繰り広げられた。とくにセヴァストポリ要塞《ようさい》（ロシア）の攻囲戦は、両軍合わせて三〇万人以上の死傷者が記録され、ユスキュダル（イスタンブール対岸の街）でナイチンゲールが傷病兵を献身的に看病したことで知られる。激戦の末、一八五五年九月にセヴァストポリ要塞は連合軍の手に落ち、翌年三月、パリで講和条約が結ばれて戦争は終結した。

イギリスとロシアの狙い　クリミア半島が主な戦場とはいえ、ロシアとイギリス・フランス両軍は極東アジアでも衝突した。英仏の太平洋艦隊がロシアの極東軍事基地のあるペトロパヴロフスク攻撃を敢行する。陸戦部隊を上陸させたものの、ロシア側の反撃にあい、失敗している。ペトロパヴロフスクはカムチャツカ半島にあり、とくに箱館（のちに各国との和親条約で開港地となる）は艦隊の集結地として両陣営にとって戦術的に重要な土地だった。

大隈が述べているとおり、当時、世界最強の海軍を誇っていたイギリスは、戦争前から日本に開港を求める準備を進めていた。だがロシアとトルコの関係やバルカン半島情勢の悪化によって、アメリカに先を越される形となった。当時、二流の海軍国だったアメリカが列強諸国を押しのけて日本と条約を締結できたのはこうした事情による。

一方のロシアは、海軍将官のプチャーチンに日本との条約締結のための全権を委任している。そのプチャーチンの耳に、アメリカが同じく日本に開港を求めてペリーを派遣したという知ら

クリミア戦争アジア戦線関連地図

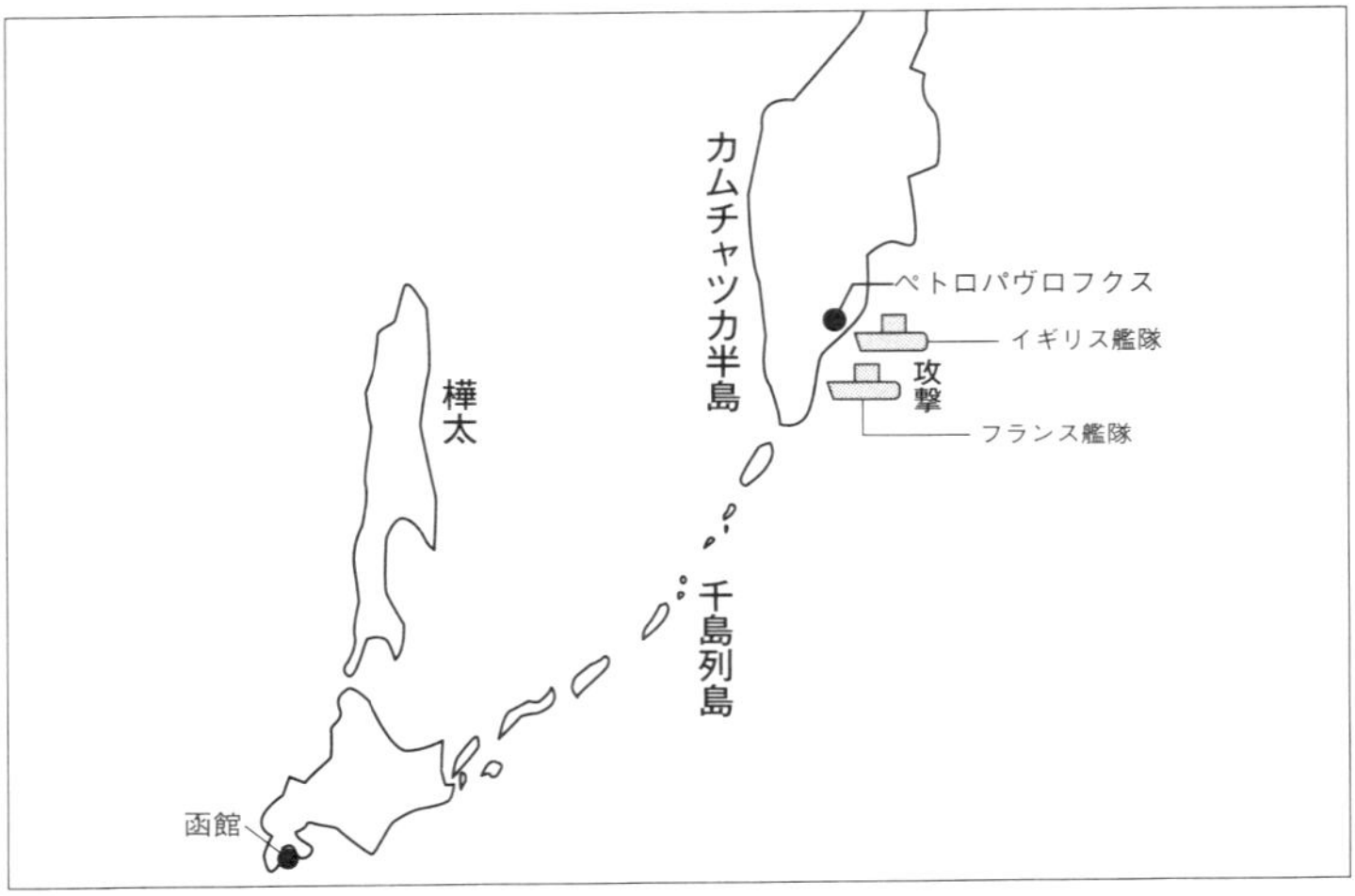

せが届く。
大隈重信は著書の中でそのときのプチャーチンの考えをこう述べている。もしもペリー艦隊が日本へ武力行使し、強引に開港要求した場合、「(ロシアが)日本を助けて合衆国との間を調停し、もって日本をして露西亜(ロシア)に依頼せしむるの関係」を築こうとしていたというのである。
プチャーチンは日本との条約締結はもとより、あわよくば、日本を自陣営に引き入れようとしていたのだ。と同時に彼は、日本とアメリカ両国が「露国(ロシア)の行為を妨害するがごとき関係」とならないよう――より具体的にいうと、日米両国がイギリスと同盟することを警戒した。
その事態を防ぐためにプチャーチンはアメリカに、米露両国が協力して日本を開港させる提案をおこなった。彼は、日米両国とともに「反英同盟」を築くべく画策していたのである。上海《シャンハイ》で彼がアメリカ領事の邸宅を訪ねたのは、英仏両国がロシアへ宣戦布告しようとする直前だった。

もちろんアメリカはロシアの提案を蹴《け》った。単独での条約締結を急ぎ、一二代将軍徳川家慶《いえよし》の死で日本が混乱している事情もあって、半年予定を早めてペリーが日本へ再来航した。ロシアもアメリカに少し遅れて嘉永七年（一八五四）一二月に日本と和親条約を結ぶが、ペリーがのちに恫喝《どうかつ》外交などと批判されるのに対して、プチャーチンは極めて平和的な外交交渉に徹した。ロシアは日本にヘソを曲げられ、連合国側に加担されることを嫌ったのだ。

ロシアの敵国であるイギリスはそのプチャーチンの動向を警戒し、動きを監視していたスターリング提督率いる艦隊が長崎へ来航。嘉永七年八月に日英和親条約を締結していた。イギリスもまた、日本と友好的な関係を築こうとしたのである。

たしかにクリミア戦争がなければ、イギリス・ロシア・フランスという列強から無理難題を押し付けられ、日本の幕末史はちがう形で進んだ可能性があろう。

下関戦争を起こした本当の理由

もちろん、クリミア戦争だけが日本の植民地化を阻んだ理由ではなかった。

日本では諸外国との条約締結後も攘夷《じょうい》の名のもとに公然と外国人や外国公館の職員が殺害さ

れている。

安政《あんせい》七年（一八六〇）正月、イギリス公使館の通訳だった伝吉《でんきち》という日本人が領事館だった東禅寺《とうぜんじ》（品川区）の門前、しかもユニオンジャックの国旗の下で殺害される事件が起きた。殺害されたのは日本人だが、彼はイギリスの公使館員。しかも、犯行はイギリス国旗の下でおこなわれた。状況としてはアロー号事件と酷似している。この侮辱行為に、イギリスが戦争を仕掛けてきたとしても不思議ではなかった。事実、公使のオールコックは、上海に在駐するイギリス東インド艦隊中国方面司令長官のホープに日本への軍艦派遣を要請したが、ホープは、中国問題が解決していないことを理由に派遣を断っている。

中国問題というのは中国国内の内戦（太平天国の乱：一八五一～一八六四年）をいう。イギリスはその内戦にかかわっていた。つまり、日本で攘夷活動が横行していたとき、イギリスは中国問題に足をとられ、動くに動けなかったのだ。

同じく万延元年一二月、アメリカ公使館の通訳ヒュースケンが麻布（港区）付近で攘夷志士に襲われ、命を落としたときもそうだった。アメリカの連邦議会は南北戦争（一八六一～一八六五年）の開戦をひかえ、軍艦派遣を見送らざるをえなかったのである。

イギリスが横浜に本格的に艦隊を駐留させるのは文久二年（一八六二）になってからだ。

まず、そうした列強側の事情を押さえた上で、イギリスの思惑を考えてみよう。

クリミア戦争終結後もイギリスは、ヨーロッパと極東アジアでロシアが南下することを警戒し、それが日本にいい結果をもたらした。ロシアはその後、クリミア戦争の敗戦から立ち直り、文久元年（一八六一）、不凍港を求めて対馬の部分占領を狙った。しかしイギリス艦隊の圧力によって対馬から退去している。ロシアの南下政策阻止は世界的な覇権を確保しようとするイギリスの権益にもかなっていたのである。

当時のイギリスはいまのアメリカのような超大国。そのイギリスのトラウマになっていたのが前述した太平天国の乱だ。大隈もその著の中で「支那長髪族の乱ありたる間に……」と述べ、長髪族の乱（太平天国の乱）がイギリスの対日政策に影響したと書いている。

イギリスはアメリカにやや遅れて安政五年（一八五八）七月一八日に日英修好通商条約を締結しているが、日米修好通商条約などとともに日本に不利な不平等条約だ。イギリスは太平天国の乱に懲り、日本を植民地化するより、貿易による利益を重んじたのである。

事実、イギリスのラッセル外相も、下関海峡を通る外国船を砲撃して封鎖した長州藩に対してさえ、「敵対的意図が明白に示されなければ（下関）砲台破壊を企図す

オスマン帝国の首都となったイスタンブール（旧コンスタンティノープル）

べきではない」という考えを示していた。イギリスは日本との全面戦争を避け、自由貿易体制の維持を最優先させていたのである。

元治《げんじ》元年（一八六四）八月、下関を封鎖した長州藩に対してイギリス主導で四カ国連合艦隊（イギリス・アメリカ・フランス・オランダ）が下関砲台を攻撃（下関戦争）したのも、まさしく自由貿易体制を維持するためだった。

もちろん、この場合、イギリスからみた場合の「自由」であり、日本は不平等条約を締結させられている。産業革命が進展したイギリスでは、国内の工場で生産された製品の販売ルート、あるいは原材料の供給ルートを確保すべく、世界的な貿易ネットワークを築いていた。当時、横浜港から出荷される日本産生糸がヨーロッパ市場を席巻し、取引量が急激に伸びていた。ところが、その横浜港を鎖港《さこう》するという議論が日本国内で沸騰し、イギリスは危機感を強めた。イギリスは下関海峡封鎖の事実よりも、横浜鎖港によって貿易の利益が損なわれることを懸念していた。その撤回を幕府へ求め、いわば恫喝のために下関砲台を占領したのである。

アメリカはどうだろうか。日本に長崎以外の港を初めて開かせたアメリカはその後、前述のとおり、国内で南北戦争が勃発し、日本にかまう余裕はなくなった。

いずれにせよ、日本が国際社会の大海原に投げ出された一八五〇年代前半に、西洋列強諸国がクリミア戦争にかかずらわっていたのは幸運だったといえる。大隈はそのことを「わが国民が大事に際して天幸ある一例なり」と結んでいる。

第11章
欧米列強が注目した戊辰戦争と意外な「黒幕」

検証1　「討幕」がないままに新政府を誕生させた「明治維新」の謎

「王政復古のクーデター」を事前に知っていた慶喜

薩摩《さつま》藩の西郷隆盛《さいごうたかもり》・大久保利通《おおくぼとしみち》ら武力討幕派は、長州藩とともに武力で幕府を倒す構想を温め、慶応《けいおう》三年（一八六七）九月ごろ、こんな計画を立てていた。まず薩摩の在京兵力の一部をもって幕府の京都守護職・京都所司代邸を襲い、国元から呼び寄せた藩兵で大坂城を落とすというもの。しかし、薩摩藩内で支持をえられず、土佐藩の後藤象二郎《ごとうしょうじろう》らが進める大政奉還《たいせいほうかん》を容認せざるをえなかった。

そこで西郷と大久保らは討幕派の公卿岩倉具視《くぎょういわくらともみ》と謀《はか》り、討幕の密勅をえて、薩摩藩内の慎重派を説得した。同年一〇月一五日に大政奉還が実現した後の二六日、鹿児島入りした西郷と大久保は、藩主島津茂久《しまづもちひさ》とその父・久光《ひさみつ》に会い、密勅降下の件を伝えて出兵の許可を取り付ける。そのうえで彼らは幕府の廃止を狙い、新政権樹立のクーデター計画を練った。皇居の内外を兵で固め、前将軍徳川慶喜《とくがわよしのぶ》の参内を阻止する間に重要な案件を決めてしまう企みだった。

西郷らは、同盟している長州藩とともに、土佐藩の後藤象二郎をクーデターのパートナーに選んだ。西郷らは土佐藩の武力に期待したのだ。

一方、大政奉還が実現し、外交を含む政治を朝廷がおこなうようになったものの、朝廷は旧態依然たる組織に依拠していた。後藤としても新政権に相応しい陣容作りが必要だと考えた。こうして西郷・後藤の利害が一致する形で計画が進行する。

一一月二三日、薩摩藩主の島津茂久が兵を引き連れて上洛《じょうらく》し、長州藩兵も摂津の打出浜《うちではま》（芦《あし》屋《や》市）へ上陸した。当時、芸州藩（広島藩）・尾張藩・越前藩（福井藩）の各藩兵が朝廷に命じられて上洛していたが、芸州藩はともかく、尾張は徳川御三家、越前も徳川一門。信頼できるパートナーとはいえず、西郷らの企ては決行日ギリギリになって三藩に伝えられた。

しかし、越前の前藩主松平春嶽《まつだいらしゅんがく》は、西郷らの企てを事前に知っていたのである。一二月二日、西郷らは後藤にクーデターの決意を語り、協力の了承をえていたが、五日になって後藤は討幕派の公卿中山忠能《なかやまただやす》を訪ね、新政権のメンバーに徳川慶喜を入れるべきだと進言する。後藤の理想は諸藩・民間から広く逸材を登用した公議政体論（欧米の議会制民主主義を想定した政治思想。この構想が明治の自由民権運動を呼び、のちに議会開設へとつながる）にもとづく新政権樹立にあった。そのためには旧態依然たる朝廷の組織や人事はあらためねばならない。よってクーデターも辞さずという意思を示す一方、器量非凡な慶喜こそ新政権をまとめあげる政治家に相応《ふさわ》しいと考えていたのだ。そこに西郷らの考えと隔《へだ》たりがあった。

そこで後藤は五日の夜に松平春嶽を訪ね、西郷らに「クーデター計画あり」と密告する。そこで春嶽は翌六日、家臣を二条城に遣わし、後藤から聞いた話を慶喜に伝えさせた。〝密告の密告〟によって、慶喜は西郷らのクーデター計画を事前に知ることになったのである。

計画を主導した西郷らが幕府支持派の彦根藩の動きを警戒し、クーデター当日、京の彦根藩邸を急襲する計画まで立てていたのと比べると、慶喜はなんの対策も講じていなかった。西郷らは討幕派の公卿を動かし、あくまで天皇の意思として新政権樹立を目指して

慶応3年12月9日、京都御所小御所での王政復古

いるわけだから、クーデターそのものは止められないと考えていたのかもしれない。

薩長両藩と温度差のある越前藩も同様だった。ただしクーデター前日に藩兵を率いて上洛した前土佐藩主の山内容堂《やまうちようどう》は後藤から計画を聞き、「島津なに者ぞ。年来の政権をなげうちたる前将軍（慶喜のこと）を朝議に召さず」という行為そのものが不公平だといって憤慨したが、もう後もどりはできない。

クーデターの前日　長州藩兵が京へ通じる西国街道の西宮で睨《にら》みを利かし、一二月九日、いよいよクーデターが実行される。薩摩藩兵を中心に土佐・安芸・尾張・越前の五藩の藩兵が皇居を封鎖する中、皇居内で一部の皇族・公卿や大名（尾張藩主・徳川慶勝《とくがわよしかつ》、松平春嶽、山内容堂、島津茂久、芸州藩世子《せいし》・浅野茂勲《あさのもちこと》）によって朝議がもたれ、旧制度の廃止と新政権の発足が決定し、天皇の承認をえたのである。

具体的には、摂政関白などの朝廷の旧制度と幕府が廃止された。岩倉が天皇の前で王政復古の大号令を読み上げ、新たに政治をになう三職（総裁《そうさい》・議定《ぎじょう》・参与《さんよ》）が置かれた。むろん議定にはクーデター参加組の五藩の藩主クラス、参与には五藩の藩士らが任じられたのはいうまでもない。こうして新政府が誕生したのである。

幕府が廃止されたわけだから、これをもって討幕がなったとみられがちだが、五藩の藩兵と長州藩兵という武力を背景にしているものの、当初、西郷らが目論んでいた武力討幕構想からはスケールダウンした計画になっている。何より討たれる側の慶喜がクーデター計画を知り、その対策を講じた節がないのだから、王政復古のクーデターを討幕と呼ぶことに違和感を覚える。

しかも、慶喜はクーデター後、懸命に巻き返しを図り、一六日に諸外国公使らへ引きつづき外交は徳川政府がおこなう旨を明言。慶喜は王政復古の大号令の取り消しを求め、二二日にはその主張がほぼ認められる。話は白紙にもどるかに思えた。そうなったら西郷らのこれまでの努力は水泡に帰す。

ところが旧幕府側は薩長両藩の挑発に乗ってしまう。鳥羽伏見《とばふしみ》で新政府軍と衝突するのだ。この戦いは両陣営の武力衝突だから、薩長側からみたら討幕になろうが、このときすでに幕府は消滅しており、徳川方は旧幕府軍と呼ばれている。新政府軍と旧幕府軍の内戦だ。よって、ここでも討幕という言い方は相応しくない。明確な武力討幕行動を経ずに明治維新は実現していたといえよう。

一方、挑発に乗せられた旧幕府軍だが、鳥羽伏見で十分に勝機はあった。むしろ、旧幕府軍が敗れたのが不思議なくらいだ。幕末の天下分け目の戦いといえる鳥羽伏見の戦況を見てみよう。

蛇蝎《だかつ》のごとく西郷と大久保を嫌った公家衆

明けて慶応四年（一八六八）。のちに明治と改元される正月二日の朝、「討薩」を掲げる旧幕府軍は「皇国」の「奸臣《かんしん》」である薩摩藩主の身柄引

日本の幕末チャート年表

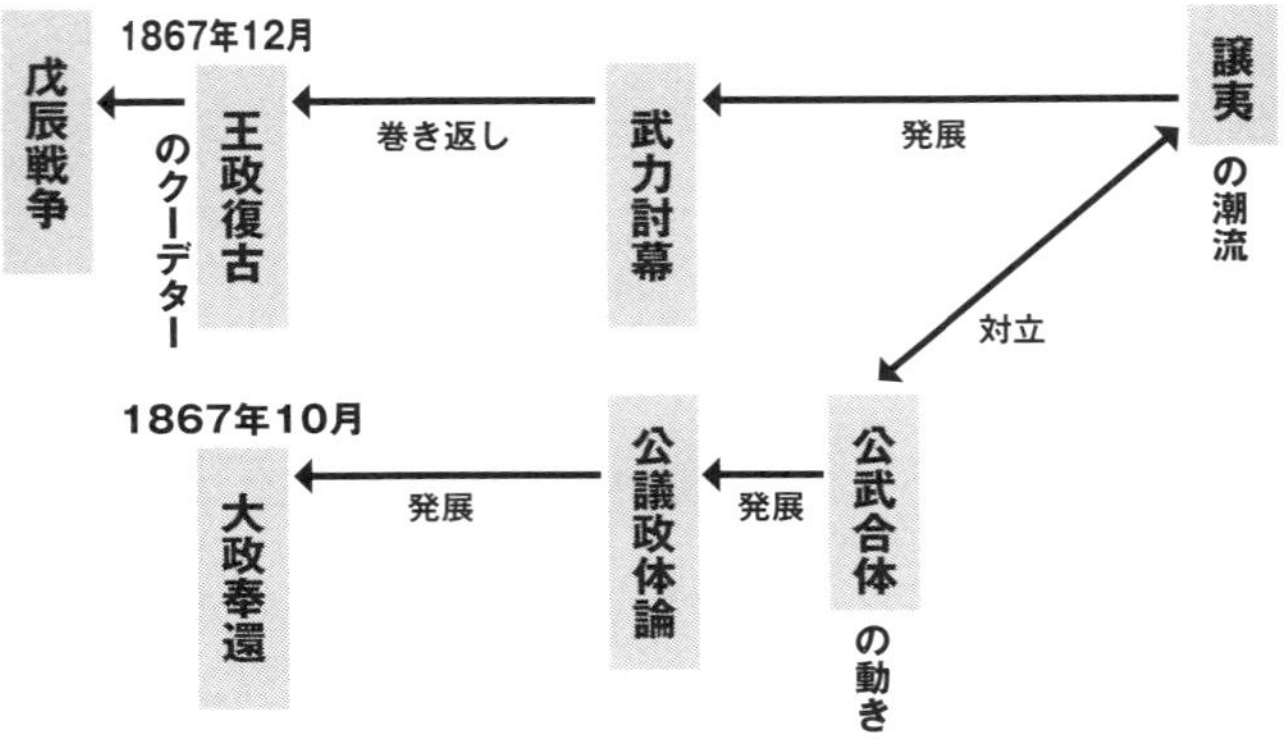

1853年 ペリー来航

1858年 日米修好通商条約調印

1860年 桜田門外の変

1863年 幕府が公武合体の動きに則り、文久の改革を実施
公武合体派の薩摩・会津藩が攘夷藩の長州藩を京から追う（八月一八日の政変）

1864年 禁門の変で長州藩が朝敵となる
長州藩内でクーデターが起こり、長州藩が武力倒幕を志向

1865年 長州藩と西郷隆盛ら薩摩藩内の討幕派が近づく

1866年 長州征討の失敗で幕府の権威が失遂

1867年 大政奉還派が主流派を占める土佐藩が将軍・徳川慶喜に大政奉還を建白

き渡しを求めて大坂から京へ進軍を開始する。進軍の目的はあくまで奸臣退治のためであって、朝廷に逆らうわけではないという意思表示だ。三日の夕方、淀《よど》と京を結ぶ鳥羽街道の小枝《こえだ》橋付近（京都市伏見区）まで進軍した旧幕府軍は、そこを守る新政府軍の砲声によって矛《ほこ》を交えることになる。同じころ伏見市街でも京から進軍してきた薩摩兵が御香宮《ごこうのみや》神社に陣どり、新撰組《しんせんぐみ》らがこもる伏見奉行所などとの間で戦端が開かれた。このとき新政府軍の兵力は、薩摩軍を主力とする五〇〇〇。一方の旧幕府軍は、会津《あいづ》・桑名《くわな》の両藩兵などを中心に一万五〇〇〇の兵力を擁していた。ところが、三倍の兵力をもつ旧幕府軍が大敗する。「錦旗《きんき》」（いわゆる錦の御旗）が戦場に登場したことにより、賊軍となった旧幕府軍の戦意喪失が敗北の理由とされているが、実際には、宮中に「開戦せり」との情報が達するや、公卿らは「皆色を失へり」というほど慌てふためいている。主戦派の西郷と大久保の顔を見かけるや、「蛇蠍のごとく近づく者なかりし」という状況だったという。

　朝廷は薩長に討幕の密勅を下したものの、旧幕府軍が鳥羽街道と伏見で新政府軍を破り、彼らが予定どおり「皇国」

戊辰戦争の銃弾跡が残る伏見市街の料亭魚三楼

の「奸臣」である薩摩藩主の身柄引き渡しを求めて入京してきたら、もしかすると旧幕府軍に「錦旗」が下されたかもしれない。兵力的にいっても旧幕府軍には一発逆転のチャンスが十分にあったのである。また薩長側の装備に比べ、旧幕府軍の装備が旧式だったともいわれるが、理由はそれだけではない。旧幕府軍が敗れた、より明確な理由が従軍した兵士の残した手記からうかがえる。

三日の午後、鳥羽街道の小枝橋付近で両軍が衝突した際、新政府側が「手切れ、手切れ」と呼ばわり、戦端が開かれた際、旧幕府軍の歩兵は小銃に弾を装塡《そうてん》していなかったという。

旧幕府軍はあくまで慶喜の先触れとして入京を優先しており、戦意がなかったからだ。また、まさか新政府軍側が大軍の旧幕府軍相手に戦いを挑んでくるとは思いもよらなかったのだろう。その意味では油断していた。

薩州兵と会津兵が高瀬川の堤で大砲戦を展開した「高瀬川堤薩州兵大砲戦」

旧幕府軍が鳥羽伏見の戦いで大敗すると、慶喜は正月一二日、新政府に恭順の意を示し、本営だった大坂から江戸へ帰ってきた。新政府軍が逃げた慶喜を追い、江戸へ進軍してくるのは目に見えていた。そこで旧幕府勘定奉行の小栗上野介忠順《おぐりこうずけのすけただまさ》は、慶喜に新政府軍を迎撃するプランを伝えたとされる。

小栗のプランでは、新政府軍が狭隘《きょうあい》な箱根山中に入ったところを見計らい、迎え撃つ幕府の陸軍が山中で新政府軍の先鋒に攻撃を仕掛ける。同時に幕府艦隊を駿河湾へ進めておき、新政府軍の後続部隊を砲撃し、先鋒部隊を山中で孤立させて壊滅するというもの。もしも実行されていたら、新政府軍の被害は甚大になったはずだ。

旧幕府軍は陸軍力はもとより、海軍力でも薩長を中心とする新政府軍を圧倒していた。しかし、慶喜はひたすら恭順した。一月七日、慶喜に追討令が下り、徳川が朝敵とされたこともあったのだろう。

それにしてもこの流れを振り返ってみると、一二月二二日に慶喜の意見がいれられ、王政復古のクーデターより前の状況にもどるところまで慶喜は巻き返していた。それがその二週間後には朝敵となっているのだ。極論するなら、慶応四年の年明けをはさみ、わずか二週間でガラガラポン。急転直下、二五〇有余年の間、この国を治めてきた徳川の世が一気に瓦解《がかい》したのである。これほどあっけない幕切れはそうはない。

その謎はやはり、ヨーロッパ列強諸国との関係で読み解いていくしかなさそうだ。

検証2 「イギリスvsフランス」から読み解く戊辰戦争の「黒幕」

フランス革命は終わらず！　最初の主役はフランスだ。当時、フランスは第二帝政時代に入り、ナポレオン・ボナパルト（ナポレオン一世）の甥にあたるルイ・ナポレオンが皇帝位について、ナポレオン三世として即位していた。

フランスでは一八世紀の後半、革命によってブルボン王家のルイ一六世が処刑され、共和政国家となっていたはずだ。それがなぜ帝政となっているのか。いったん共和政が成立するものの、立憲君主政の段階でとどまったイギリスの市民革命と違い、フランスはブルボン王朝の王政が倒れたあと、共和政・王政・帝政と変還し、生みの苦しみを味わっている。第一共和政が発足して以降のフランス革命の歴史を駆け足でたどっていこう。

第一共和政時代、主導権を握ったのはジャコバン派を率いるロベスピエールだった。彼は急進的な政治をおこない、公安委員会の力を背景に恐怖政治を断行したことから「独裁者」「吸血鬼」と呼ばれた。こうして一七九四年のテルミドール（七月）九日に開かれた議会で「暴君を倒せ！」の怒号が鳴りやまぬ中、ロベスピエールらの逮捕が可決された（これをテルミドール九日という）。

ロベスピエールの独裁政治の反省から権力の独占を防止するため、フランスでは五人の総裁による総裁府政府が誕生する。

その後、共和国国民軍の軍人ナポレオン・ボナパルトが外征でフランス領を広げ、英雄としてフランス国民の支持を集めた。彼は一七九九年のブリュメール（一一月）一八日のクーデターで総裁府政府を倒し、新たに発足した統領政府の第一統領として政権を掌握した。そして一八〇四年、議会の承認と国民投票の結果を経てナポレオンは皇帝となり、パリのノートルダム寺院でローマ教皇臨席のもと、戴冠式をおこなった。

ちなみにヨーロッパで皇帝といえば神聖ローマ皇帝を指すものの、ハプスブルク家出身の神聖ローマ皇帝フランツ二世はその影響力低下を恐れ、ハプスブルク家領と皇帝の称号を守るため、このときオーストリア皇帝と称した。一八〇六年、神聖ローマ帝国は一〇世紀のオットー一世以来の歴史を終えるのである。

さて、ナポレオンの第一帝政はロシア遠征の失敗などでナポレオンが地中海のエルバ島へ流されるまでつづき、混乱の中でブルボン家の王政が復活する。これをルイ一八世による第一次復古王政という。ただし、アンシャン・レジーム（旧体制）と呼ばれる絶対王政ではなく立憲君主政を政体としていた。

一八一四年、ナポレオン戦争後のヨーロッパの秩序を回復するためウィーン会議が開かれる中、翌年にはエルバ島を脱出したナポレオンがパリで復位するが、ベルギーのワーテルローでイギリス・プロシア（ドイツ）などの連合軍に敗れ、南大西洋の孤島セントヘレナ島に流される（百日天下）。その後、フランスではふたたびブルボン家による第二次復古王政時代を迎えた。しかし、一七八九年の革命当時と同じく小麦の価格が上昇し、王政側が復古的な政策を繰り返すようになったこともあって、ふたたびブルボン王家打倒の機運が高まりだす。

フランス帝国による「日本保護国構想」　こうして一八三〇年、日本を天保《てんぽう》の大飢饉《だいききん》が襲う三年前、七月革命が起きている。ブルボン朝で最盛期を築いたルイ一四世の王弟の系統であるオルレアン公家出身のルイ・フィリップが国王となった（七月王政）。ドラクロアの描く『民衆を導く自由の女神』やユゴーの小説で、映画『レ・ミゼラブル』の舞台となった革命はこのときだ。

しかし、この革命で生まれた七月王政も労働者層（プロレタリアート）の不満を吸収しきれず、一八四八年、二月革命でフランスは久しぶりに共和政（第二次）の時代を迎える。ようやく共和政にもどったフランスだが、やはり混乱がつづいた。

そして共和政下で大統領選が実施され、国民の支持を集めたのがまたもや、ナポレオン。とはいえ、あのナポレオンはセントヘレナ島で死去しており、ナポレオン一世の甥《おい》にあたるルイ・ナポレオンだった。ルイ・ナポレオンはクーデターによって反対派を粛清し、日本の浦賀にアメリカのペリー提督が来航する一年前の一八五二年、国民投票によってナポレオン三世として即位した。

まさに日本が幕末の動乱の真っ只中にあった時代、フランスはナポレオン三世率いる「帝国」だったのである。

ナポレオン三世は、第二共和政時の混乱からの脱却を願うフランス国民の熱烈な支持によって帝位についた以上、その〝強さ〟を見せねばならなかった。よって一八六一年、日本で尊王攘夷《じょうい》の嵐が吹き荒れる文久元年、スペインからの独立を勝ち取っていたメキシコへイギリス・スペインとともに出兵。これは新大陸に親フランス国を建設するための侵略戦争だった。しかし一八六七年、日本で幕末の動乱がクライマックスを迎える慶応三年にその出兵は失敗に終わった。その失敗を挽回《ばんかい》するためにナポレオン三世はプロシアに宣戦布告するのである。

元治元年（一八六四）、フランス軍がメキシコの首都メキシコシティを陥落させたころ、日本に赴任してきた駐日フランス公使のロッシュは幕府に近づき、製鉄所や造船所建設などの支援を惜しまなかった。フランスのライバルであるイギリスが薩長に友好的だったことが背景にあったのだろう。

このフランスの支援のもと、幕府は軍を洋式化し、日本の近代化を図ろうとした。このあたり内政干渉はするものの、自由な貿易によって本国の利益をえられればそれでいいというイギリスの態度とは好対照だった。

だからこそイギリスの駐日公使パークスの友人はロッシュの行動を「幕府を一種のフランス保護国にしようと狙っていた」と批判している。ナポレオン三世が新大陸におけるメキシコとアジアにおける日本を同じ目でとらえていた可能性は否定できない。ただし、そうした方針は本国フランス政府の指示とはいえず、ロッシュ個人の独走に近かったといわれている。

たしかに戊辰戦争で旧幕府軍がフランスの全面支援で戦って勝利した場合、幕府が巨額な借金を返済できず、最悪の場合、フランスの保護国にならないとは限らなかった。

一方、日本がフランスの保護国にならなくとも、旧幕府軍の勝利によって、薩長側と友好関係を築くイギリスは日本での権益を失いかねなかった。かといって薩長側が善戦して内戦が長引けば、貿易の利益を損なってしまう。

よってイギリス・フランス両国とも、それぞれの立場で内戦の初戦である鳥羽伏見の戦いに注目していたのだ。

鳥羽伏見で新政府が勝利したのち、イギリス・フランスの両公使は三月三日、御所に参内して明治天皇の謁見《えっけん》を受けた。天皇が外国人を謁見するのはこのときが初めてだ。その際、パークスとロッシュはそれぞれどんな思いを抱いていただろうか。

ロッシュは大部分の戦力を温存しながら、慶喜が恭順の姿勢を示したことに驚いた。事実、ロッシュは慶喜を追って江戸へもどり、江戸城を訪れて「二七〇年の歴史を持つ王権（幕府のこと）が二、三の藩主の反乱に対し、戦うことなく和を乞《こ》うとは、古今世界に前例を見ない」といって再起をうながした。しかし、慶喜は応じなかった。「賊」の汚名を着ながらも、早々と明治新政府に恭順して内乱の拡大を防いだのである。

しかし、それでもまだ新政府は江戸を攻めるという。内戦の片方の親玉が白旗を掲げているのだから、それで内戦ははや終結のはずだ。内戦の長期化はイギリスの望むところではない。そこでパークスは内政干渉した。いや、確実に内政干渉したという証拠はない。だが、状況からみてもそうだといえる。

江戸城無血開城の「黒幕」　慶応四年（一八六八）二月、新政府軍は有栖川宮熾仁親王《ありすがわのみやたるひと》を東征大総督《とうせいだいそうとく》に任じ、東海道と東山道（中山道《なかせんどう》）から旧幕府の本拠地江戸へ進軍をはじめた。

旧幕府軍の軍事一切を掌握していた勝海舟は、新政府軍との交渉のために山岡鉄太郎《やまおかてつたろう》（鉄舟《てっしゅう》）という旧幕臣を派遣し、一二日に江戸城へ帰って来た山岡から新政府軍の降伏条件が示された。それは、江戸城明け渡しとともに、

①慶喜（前将軍）の身柄を新政府側に預けること。

②幕府の軍艦・軍器すべてを渡すこと。

などであった。いわゆる無条件降伏の要求だ。

三月一三日、高輪《たかなわ》の薩摩藩下屋敷（現在のグランドプリンスホテル高輪・新高輪）で勝と新政府軍の大総督府参謀・西郷隆盛が会談し、翌日（一四日）、今度は薩摩藩下屋敷から蔵屋敷（港区三田）へ場所を変えて二回目の会談が行われた。

このとき幕府首脳の意見にもとづき、勝は新政府へ大幅譲歩を求めた。ところが、西郷はあ

っさり、

「委細承知した。しかしながら、これは拙者の一存にも計らい難いから、いまより総督府へ出掛けて相談した上で、なにぶんの返答を致そう。が、それまでのところ、ともかくも明日の進撃だけは、中止させておきましょう」

と言ったのだ。旧幕府側の要求を飲むというのだ。

西郷はすぐさま京都へ回答を持ち帰り、①慶喜は出身地の水戸で謹慎②軍艦・銃砲は引き渡したのち、相当分を差し返す——ことなどに決定。四月一一日に江戸城は無血開城となった。

しかも、この講和内容に反して、旧幕府軍の軍艦七隻は海軍副総裁の榎本武揚《えのもとたけあき》が率いて脱走し、銃砲の多くも脱走者に持ち去られて、ほとんど新政府軍に引き渡されなかった。旧幕府は新政府側との約束を反故《ほご》にしているのである。その後、勝が奔走し、榎本脱走艦隊の半分を品川沖まで引きもどしたものの、最新鋭の「開陽丸」ほかの艦船は引きつづき榎本が確保して、それがのちの函館《はこだて》戦争へとつながっていく。当初、強硬に無条件降伏を求めていた新政府が腰砕けになった印象がある。

ここにイギリス駐日公使のパークスが登場してくる。

三月一三日、大総督府から横浜に派遣された大総督府参謀木梨精一郎《きなしせいいちろう》（長州藩士）がパークスに面会していた。江戸城攻撃に備えて傷病兵の手当てなどで協力を求めるためであった。ところが、その際、木梨はパークスから恭順する慶喜を討つのは「万国公法」に違反するとして、寛大な処置を強く求められたのである。新政府としても、バックアップしてもらっているイギリスの意向には逆らえない。そこで新政府軍内の態度が急激に軟化し、それが翌一四日の「西郷・勝」会談の内容につながった可能性がある。

ただし、木梨がパークスと会った日付を一四日とする説もある。だとしたら、その日におこなわれた「西郷・勝」会談の結果はイギリスの意向とは無関係となる。

このあたり、どちらともいえないが、仮に「一四日説」をとったとしても、幕府への強硬論者だった西郷が一転して幕府への態度を軟化させたのは事実。そこには、なんらかの形でイギリスの意図が入りこんでいた可能性がある。これを「パークスの恫喝《どうかつ》」という。

イギリスこそが戊辰戦争という内戦の長期化を嫌い、江戸城を無血開城に導いた「黒幕」といえまいか。

東京・三田薩摩藩蔵屋敷での西郷隆盛と勝海舟「江戸開城談判」

第12章 エジプトの「維新」と日本の明治維新はつながっていた！

検証 エジプトの「近代化失敗」と日本との見えざる糸

日本の反面教師となった近代化政策

エジプトを支配してきたマムルーク朝は、日本で戦国の戦乱が全国に広がっていた一五一六年、北シリアのアレッポ北方でおこなわれたマルジュ・ダービクの戦いでセリム一世率いるオスマン・トルコ軍に大敗し、その翌年、セリム一世はカイロを征服してマムルーク朝は滅亡した。

その後、オスマン帝国のエジプト支配がつづき、一八世紀末にフランスのナポレオン一世がエジプト遠征を断行し、エジプトは一気に西洋化と近代化の波に洗われることになる。

フランス軍の撤退後、オスマン帝国が派遣したアルバニア人軍人ムハンマド・アリーがエジプト総督に就任するや、宗主国のオスマン帝国がイギリスと同盟していたこともあって、一八四〇年を境に猛烈な勢いで欧化主義にもとづく近代化を図った。日本で明治維新が実現する三〇年ほど前の話だ。アジア・アフリカ諸国の中でもっとも早く西洋的な近代化の洗礼を受けたのが、エジプトだったのである。

アリーは、国家の利益のほとんどを国営近代工場の建設や強大な軍隊の創設に振り向けた。明治維新がなりふりかまわず富国強兵や殖産興業建設に邁進《まいしん》したのと似ているが、エジプトは日本の上をいった。たとえば交通網。マルセイユ（フランス）―アレキサンドリアやボンベイ（インド）―スエズの蒸気船ルート、アレキサンドリア―カイロやカイロ―スエズ間の鉄道網などはヨーロッパ、とくに当時盛んだったイギリスの綿工場に原料の綿を供給するための輸送ルートとして整備された。日本で明治二年となる一八六九年にはスエズ運河も完成している。しかし、それらは巨額な借金、すなわち外債発行によってまかなわれた事業であった。つまり、西洋列強の便宜を図るため、エジプトはせっせと借金してインフラを整備していったのだ。結果、一八七六年にエジプトが初めて外債を発行して、わずか一四年で財政が破綻《はたん》する。外債の引き受け手は列強諸国だったから、エジプトはむろん債権者である列強諸国の管理下に入った。企業でいうと会社更生法を適用して事実上倒産したようなもの。エジプトに主権がなくなったことを意味する。

そうなると当然、民衆の中に列強諸国への不満や怒りから民族意識が芽生えてくる。一八八一年、日本で明治新政府へ国会開設を求める声が強まっていたころ、エジプトでは指導者の名をとってオラービー革命と呼ばれる反英運動が起きた。しかし翌年、イギリス軍がエジプトに上陸し、エジプト全土はイギリスの軍事政権下に置かれた。エジプトはイギリスの事実上の植民地である保護国となったのである。幕末の日本で下関海峡封鎖事件が起きた際、イギリスがあくまで日本との全面戦争を避け、自由貿易体制の維持を最優先させた話とはだいぶ違っている。エジプトがイギリスの近代産業を支える綿花の供給源だという事情もあるだろうが、エジプトが借金しまくって猛烈な勢いで欧化しようとしたツケがまわったといえよう。

幕末の日本でもその危険はあった。前項で述べたナポレオン三世のフランス帝国である。幕府が薩長勢力との戊辰戦争を本気で戦い、フランスからの援助で借金漬けになっていたら、財政が破綻し、日本がフランスの保護国になっていた恐れもあった。その意味でいうと、早々と明治新政府に恭順して内乱の拡大を防いだ徳川慶喜の慧眼《けいがん》には敬意を表したい。

ところで、前述したようにアジアとヨーロッパを結ぶ蒸気船ルートの中心にエジプトが位置し、幕末から明治にかけて日本人が渡欧する際、必ずといっていいほどエジプトを通過した。だから、日本人はエジプトの事情によく通じていた。明治の日本で極端な欧化主義だと批判された鹿鳴館《ろくめいかん》政策。この政策をおし進めた外務卿井上馨《かおる》（旧長州藩士）でさえ外務大臣を辞する年、

「日本はイヒジプト（エジプト）のようになっては困る」といったという。

日本はこうしてエジプトの近代化の失敗を反面教師とする一方、日本が手に入れた植民地支配のモデルとした。イギリスがエジプトを治めた仕組みを朝鮮半島の統治に使ったのである。

イギリスのクローマー卿と伊藤博文

まずは日韓併合に至る流れを簡単におさえていこう。

明治になって朝鮮半島への出兵問題、いわゆる征韓論が国内で盛んになると、明治新政府は江華島事件《カンファド》（日本の軍艦が挑発行為をおこない、江華島砲台と交戦した事件）を起こして李氏《りし》朝鮮にとって不平等な内容の条約（日朝修好通商条規）を結んだ。征韓論の背景には、ロシアの南下政策に対する脅威があった。李氏朝鮮にロシアの南下に備える防波堤の役割を望んだのだ。

ロシアの南下政策そのものが、イギリスが日本とロシアとの接近を阻むために流したブラフだともいわれるが、かの西郷隆盛もロシアが南下してきた際に備えて新政府の職を辞して鹿児島にもどり、私兵を養うために私学校を開設している（それが紆余曲折《うよきょくせつ》を経て維新後の最後の内乱といわれる西南戦争へとつながる）。だが、その危機バネが効きすぎた。

一八九五年に日清戦争で日本軍が勝利すると、宗主国を清からロシアに変える動きをみせた閔妃《ミンピ》（李氏朝鮮第二六代の王・高宗《ゴジョン》の妃）の動きが警戒され、同年一〇月、日本軍などによって惨殺される（乙未事変《いつびじへん》）。后を暗殺された高宗は一時的にロシア領事館へ退避し、その後王宮にもどるものの、王権は失墜した。一八九七年、そこであえて高宗は皇帝と称し、国号を大韓帝国と改称した。日清戦争の日本軍の勝利によって下関条約が発効し、それまでの清国への冊封関係が解消され、清の皇帝と同じ称号を称《とな》えることができるようになっていたからだ。

その後、日本とロシア両国によって韓国（大韓帝国）をめぐる主導権争いが激しさを増し、一九〇四年に日露戦争が勃発する。事実上勝利をえた日本は翌年調印されたポーツマス条約によって韓国における政治上・軍事上および経済上の卓絶した地位が承認された。さらに同年一一月の第二次日韓協約によって日本が韓国の外交権をえると、韓国は国際法上、日本の保護国となって日本から派遣された統監《とうかん》が置かれた。

一九〇七年六月、オランダのハーグで開かれた平和会議に韓国の高宗皇帝が密使を送り、日韓協約は日本の強圧によるもので無効だと訴えた（ハーグ密使事件）ものの、日本の妨害工作が功を奏した。日本の主張が国際社会の了承を取り付けていたため、欧米代表は韓国の言い分を取り上げなかった。初代統監の伊藤博文《いとうひろぶみ》（日本の初代総理大臣）は皇帝に抗議し、日本は一方的に高宗の譲位を宣伝している。韓国国内で不穏な情勢がつづく中、日本の傀儡《かいらい》として純宗《スンジョン》皇帝（高宗の長男）が即位する。一九〇九年一〇月には、満州のハルビン（現中国黒竜江省）駅で伊藤博文が朝鮮人活動家の安重根《アンジュングン》に暗殺された。こうして翌一九一〇年八月、日韓両国の間で「日韓併合に関する条約」に調印がなされ、日韓併合が実現した。

日本はすぐさま韓国内で土地調査事業をおこなう。日本が植民地化のために韓国内で実施した土地所有権の確定事業である。一九一八年までおこなわれ、多くの農地が取り上げられ、国有地に編入された。近年、韓国はこれを日本による土地の収奪とみなし、国内の農地のほぼ四割が奪われたと批判している。ただし、李氏朝鮮時代の土地政策はいわばいい加減で、所有者がはっきりしていない土地も多かった。

日本はイギリスがエジプトで実施した土地調査事業を詳しく検討し、日韓併合後の土地調査のモデルとしたのである。

そもそも一九〇五年の第二次日韓協約によって韓国が日本の保護国となってから、日本国内では、イギリスのエジプト統治を参考にすべきという意見が相次いでいた。たとえば明治のジャーナリスト佐藤房蔵《さとうぼうぞう》は日本が朝鮮を保護国としたものの、それはなにぶん初めてのことであり、「その模範は唯《ただ》これを外国に求むるの外なし」として、イギリスの「埃及（エジプト）経営」を参考にすべきだと訴え、さらに「英国の埃及に臨むや監督して施政せず、勉《つと》めて埃及人をして自ら治めしむるの方針を取れり」と、総督派遣を建議した。

日本は伊藤博文を初代統監（総督）として韓国に送りこみ、その伊藤に宛てて大隈重信（元肥前藩士）は、「（イギリスのエジプト駐在総領事である）クローマー卿の埃及における経営は我が韓国における保護政治の上に参考すべきもの多き」と考え、クローマー卿の演説集を送った。

だが、イギリスのエジプト支配が反英運動を呼び起こしたように韓国内で抗日運動が起きるのは当然の流れであった。ゆきすぎたエジプトの近代化を反面教師にした日本だが、そのエジプトへの統治方法については反面教師としなかったのである。

【参考文献】※本文中で紹介した文献も含む（順不同）

▼第1章＝山尾幸久著『日本古代王権形成史論』（岩波書店）／吉野正敏・安田喜憲編『講座　文明と環境　歴史と気候』（朝倉書店）／寺本克之著『倭国大乱　軍事学的に見た日本古代史』（新人物往来社）／橋本輝彦・白石太一郎・坂井秀弥著『邪馬台国からヤマト王権へ』（ナカニシヤ出版）／鈴木俊編『中国史』（山川出版社）／武田幸男編『朝鮮史』（同）／前澤輝政著「倭国大乱論争」（『歴史読本』一九九八年九月号）／安田喜憲「寒冷化と大化の改新」（『科学朝日』一九九四年一一号）

▼第2章＝森公章著『「白村江」以後—国家危機と東アジア外交』（講談社選書メチエ）／遠山美都男著『白村江—古代東アジア大戦の謎』（講談社）／鈴木靖民著『日本の古代国家形成と東アジア』（吉川弘文館）／鈴木俊編『中国史』（山川出版社）／武田幸男編『朝鮮史』（同）／中田興吉「乙巳の変の首謀者とその動機」（『大阪学院大学　人文自然論叢』二〇〇九年三月号）／半沢英一著「多賀城碑と藤原仲麻呂の新羅征討計画」（『古代史の海』通巻十五号一九九九年三月号）

▼第3章＝鈴木哲雄著『平将門と東国武士団』（吉川弘文館）／山本茂・藤縄謙三・早川良弥・野口洋二・鈴木利章編『西洋の歴史［古代・中世編］』（ミネルヴァ書房）／デヴィッド・ニコル博士他著・桑原透訳『シャルルマーニュの時代　フランク王国の野望』（新紀元社）／竺沙雅章監修・藤善眞澄編『アジアの歴史と文化②中国史—中世』（同朋舎出版・角川書店）／竺沙雅章監修・編『アジアの歴史と文化③中国史—近世Ⅰ』（同）／鹿島茂著『エマニュエル・トッドで読み解く世界史の深層』（KKベストセラーズ）

▼第4章＝武田幸男編『朝鮮史』（山川出版）／佐藤次高著『マムルーク』（東京大学出版会）／大原与一郎著『エジプト　マムルーク王朝』（近藤出版社）／杉山正明著『クビライの挑戦』（朝日新聞社）／村井章介著『海から見た戦国日本』、『中世日本の内と外』（筑摩書房）

▼第5章＝桑田忠親著『新編・日本武将列伝3』（秋田書店）／小川信著『山名宗全と細川勝元』（吉川弘文

館）／呉座勇一著『応仁の乱』（中央公論新社）／石田晴男著『応仁・文明の乱』（吉川弘文館）／佐藤賢一著「英仏百年戦争」（集英社）／堀越孝一著「ジャンヌ＝ダルクの百年戦争」（清水書院）／鹿島茂著『エマニュエル・トッドで読み解く世界史の深層』（ＫＫベストセラーズ）

▼第6章＝村井章介ほか編『地球的世界の成立』（吉川弘文館）／大隅和雄・村井章介編『中世後期における東アジアの国際関係』（山川出版社）／竺沙雅章監修『アジアの歴史と文化④中国史—近世Ⅱ』（同朋舎出版・角川書店）／梅木哲人著『新琉球国の歴史』（法政大学出版局）／豊見山和行・高良倉吉著『琉球・沖縄と海上の道』（吉川弘文館）／種子島開発総合センター編『鉄砲伝来前後』（有斐閣）

▼第7章＝高瀬弘一郎著『キリシタン時代の研究』（岩波書店）／安部龍太郎著『信長はなぜ葬られたのか』（幻冬舎）／平川新著『戦国日本と大航海時代』（中央公論社）

▼第8章＝吉村豊雄著『天草四郎の正体』（洋泉社）／煎本増夫著「新旧キリスト教の明暗を分けた宗教戦争」（『歴史読本』二〇一〇年十一月号）／平川新著『戦国日本と大航海時代』（中央公論新社）／村上直次郎訳『イエズス会士日本通信』雄松堂書店

▼第9章＝藤田覚著『田沼意次』（ミネルヴァ書房）／上前淳一郎著『複合大噴火』（文藝春秋）／石弘之著『歴史を変えた火山噴火』（刀水書房）／河野健二著『フランス革命小史』（岩波書店）

▼第10章＝赤城毅著「クリミア戦争の世界史的意義について」（『上越社会研究』一九九九年十四号）

▼第11章＝松浦玲著『勝海舟と西郷隆盛』（岩波書店）／矢田部厚彦著『敗北の外交官ロッシュ』（白水社）／毛利敏彦著「幕藩体制の終焉」（『近世日本の政治と外交』雄山閣出版）／井上勲著『王政復古』（中央公論社）

▼第12章＝『岩波講座　世界歴史21』（岩波書店）／中岡三益著『現代エジプト論』（アジア経済研究所）／杉田英明著『日本人の中東発見』（東京大学出版会）／宮嶋博史著「朝鮮「土地調査事業」研究序説」（『アジア経済』一九七八年九月号）

[略歴]

跡部 蛮（あとべ・ばん）
歴史研究家・博士（文学）
1960年大阪市生まれ。立命館大学経営学部卒。佛教大学大学院文学研究科（日本史学専攻）博士後期課程修了。出版社勤務などを経てフリーの著述業に入る。古代から鎌倉・戦国・江戸・幕末維新に至る日本史全般でさまざまな新説を発表している。
主な著書に『戦国武将の収支決算書』『幕末維新おもしろミステリー50』（いずれもビジネス社）、『「道」で謎解き合戦秘史 信長・秀吉・家康の天下取り』『秀吉ではなく家康を「天下人」にした黒田官兵衛』『古地図で謎解き　江戸東京「まち」の歴史」』『信長は光秀に「本能寺で家康を討て！」と命じていた』（いずれも双葉社）ほか多数。

超真説　世界史から解読する日本史の謎

2019年2月15日　　第1刷発行

著　者　跡部 蛮
発行者　唐津 隆
発行所　株式会社ビジネス社
〒162-0805　東京都新宿区矢来町114番地 神楽坂高橋ビル5F
電話　03(5227)1602　FAX　03(5227)1603
http://www.business-sha.co.jp

〈カバーデザイン〉大谷昌稔
〈組版〉茂呂田剛（エムアンドケイ）
〈印刷・製本〉中央精版印刷株式会社
〈編集担当〉本田朋子　〈営業担当〉山口健志

ISBN978-4-8284-2077-6